JN135259

映画学叢書　加藤幹郎［監修］

C i n e m a　S t u d i e s

映画とジェンダー／エスニシティ

塚田幸光［編著］

ミネルヴァ書房

『映画学叢書』創刊にあたって

映画は、その誕生から、ゆうに1世紀をこえ、人類史上、芸術的、政治的、経済的、文化的、イデオロギー的に重要な諸文脈を構成してきた。映画作品（フィルム）は映画史黎明期にはカフェやヴォードヴィル劇場などで上映されていたが、20世紀なかばからはテレヴィで放映されるようになり、今日ではコンピュータ（インターネット）上で視聴されるようになった。しかしながら映画史初期に映画館（シネマ）が誕生して以来、建築経済史的に興味深い考察を要するさまざまな変遷をとげながら映画上映専門館は今日なお存続しつづけている。

20世紀におけるフィルム＝シネマの爆発的流行と凋落にもかかわらず、映画が21世紀においてもなお人間の理性と感性に深甚なる影響をあたえる重要な文化資産でありつづけることは疑いを入れない。映画は文学（小説や戯曲や詩）や美術（絵画や彫刻）と同様、とりわけ文化的、政治的、芸術的に複雑な表象媒体である。にもかかわらず映画の固有性と他領域との関連をめぐる精密な議論と考察は長らく手つかずのままであった。唯一の例外はアメリカ合衆国における映画学（フィルム・スタディーズ／シネマ・スタディーズ）の成立と発展である。映画史が建国史の半分近くをしめるアメリカにおいては、映画産業はその最盛期には石油産業をさえ凌駕する高い国際経済力を有し、それゆえ今日のコンピュータ産業同様、世界各国から優秀な人材を集める高度な文化産業であった。アメリカでは1960年代には映画学は大学のカリキュラムに積極的に取り入れられ、それはその後、世界中の大学の学術制度再編成に多大な影響をあたえ、日本の国立大学でも１９９０年代に入ってようやく映画学で博士号が取得できる制度改革が実現した。

本叢書は、フィルム＝シネマの多様なアスペクトを多角的視点から柔軟かつ詳細に検討することによって、映画が人類の歴史においていかに重要な機能をはたし、それゆえ人間の実存といかに密接に関わるものであるかを論証する。それはまたたんなる映画と社会の関係の考察にとどまらず、むしろ社会と呼ばれる制度的人間共同体がいかに映画によって刷新され、いかに個人の局限された意識が更新されるのか、映画の重層的な意味と構造と歴史を探究することによって論証する。それによって映画の生きた真の価値の生成プロセスが明らかにされることだろう。

監修者　加藤幹郎

はしがき

合理的な観察者は、身体を持たない主体として、完全に世界の外側に存在し、遠くからのみ物事を知ろうとする。

マーティン・ジェイ
「モダニティの視覚形態」

ブラックマスクの白人ヒーロー《バットマン》とホワイトフェイスの白人ヴィラン《ジョーカー》。『ダークナイト』（*The Dark Knight*, 2008）の舞台、ゴッサムシティで展開する暴力の応酬に対して、我々観客はそれをフィクションとして、或いは、安全なスペクタクルとして消費する。大量虐殺を演出する銀行強盗シーンであれ、ヒロインを爆死させ、病院を破壊するシーンであれ、そこに本質的な差異はない。「スクリーン」というテクノロジーが、無秩序の恐怖から観客の理性を守り、そこから距離を取ることを可能にするからだ。スクリーンのこちら側と向こう側。ケヴィン・ロビンスが「視覚は接触に抵抗する」（ロビンス　27）と述べるように、観客はいわば「肉体を持たない主体」として、或いは保護された「眼」として、恐怖から遠ざかる。だが、果たしてそこには、違和感が残るだろう。何故、白人ヒーローのバットマンが黒い仮面を被り、白人ヴィランのジョーカーが白塗りの化粧をしているのか。そして、その違和感とは、メタフォリカルに人種やエスニシティ（民族、民族性）に持続しているのではないのか、と。

ジョシュア・フェブロヴィッツが指摘するように、２００１年９月１１日の同時多発テロ以降、ハリウッドが、マーヴェルやＤＣコミックスの実写化に顕著な英雄譚を量産していることは周知だろう。物語におけるヴィランとは、現実世界における恐怖の「投影《プロジェクション》」であり、排除すべき他者に他ならない。だからこそ、ヒーローはカオス的状況から秩序を回復し、囚われの姫を「救助《レスキュー》」し、社会の安定を取り戻す。大戦期であればジョン・ウェインが、冷戦期であればシュワルツェネッガーが担った役割が、マーヴェルやＤＣヒーローに割り振られているのは明白だろう。だが、例えばクリストファー・ノーランのバットマン三部作を見れば、そこに勧善懲悪のファンタジーは存在しない。バットマンはヒロインを救えないし、ハービーはツーフェイスへと変貌を遂げてしまう。バットマン／ブルースの仮面は剥がされ、財産を奪われ、そのラストは死をも暗示するからだ。９・１１以後、従来のような英雄譚はもはや存在しない。というより、それが受け入れられない社会的暗闇《ダークナイト》こそが、リアルであるといいたげだ。

『ダークナイト』において、善悪は相対的な価値観に過ぎず、それはバットマン／ブルースとジョーカーの鏡像関係に置換される。実際、両者共に、脱社会的存在であり、非合法な暴力を使い、幼少期のトラウマを抱える。両親惨殺（ブルース）や虐待（ジョーカー）というトラウマから脱出するため、恐怖を「敵」という外部に投影し、暴力でそれに対峙する。両者が相似形であり、鏡像であるのは明白だろう（両者が対峙するツーショットの多さとその映像的演出からも容易に確認できる）。そして、何より興味深いのは、二人が白人男性（アングロサクソン系の暗示）であり、ジェンダーと人種／民族のバイアスと無縁でない点である。ブラックフェイスのバットマンとホワイトフェイスのジョーカー。これは究極の逆ミンストレル・ショーなのか。シカゴを模した資本主義的格差都市ゴッサムにおいて、顔を「白」く塗った白人は富を奪い、スーパーリッチの白人は顔を「黒」で覆い暗躍する。ある意味において、ジョーカーは９９パーセントの持たざる者、バットマンは１パーセントの持つ者の権利を代弁しているようにも見えてしまう。冒頭シーンでジョーカーに強奪された数多の札束。それはマフィアが集め、銀行で洗浄された金ではなかったか。これを奪うのは、果たして正義なのか、悪なのか。『ダークナイト』は、資本主義と格差、そして人種を巡るアイロニーに他ならない。

『ダークナイト』が描く世界は矛盾に満ちている。９・１１後のアメリカが抱える混乱と不安は、バットマン／ブルースとジョーカーの鏡像関係、言い換えれば善悪の相対性を映し出し、両者のトラウマに接続するだろう。ならば、このようなテクストに対し、我々は如何なる批評的アプローチが可能だろうか。本書がその糸口とし、特化するのは、映画におけるジェンダー／エスニシティ表象・言説の考察である。

ブラックマスクの白人ヒーロー《バットマン》とホワイトフェイスの白人ヴィラン《ジョーカー》。例えばそこには、ジェンダー／エスニシティ表象・言説に接続する数多のヒントがある。ヒーローとヴィランという鏡像（ホモソーシャル的連帯）、現代社会の精神疾患者《スキゾフレニア》としてのブルースとジョーカー（分裂する自我）、囚われの姫を救助できない逆説的英雄譚（不能表象と回復しない男性性）、テクノロジーが覆う身体（脆弱な身体）、バットマンとジョーカー、そしてハービーの「顔」（暗示される人種・エスニシティ）等々。これらは少なくとも性や人種、エスニシティと無縁でいられない。物語のテーマと密接に結びつき、複数の解釈の可能性を示しているからだ。

本書は第Ⅰ部外国映画編と第Ⅱ部日本映画編の二部構成であり、映画とジェンダーとエスニシティの関係性について9つの視座から議論する。まず、清水知子「姫と魔女のエコロジー——ディズニーとおとぎ話の論理」（第1章）は、『白雪姫と七人のこびと』（*Snow White and the Seven Dwarfs*, 1937）を軸に、ディズニー映画の女性表象を考察する。ドイツのおとぎ話『白雪姫』が、２０世紀初頭、サール・ドーリーやフライシャースタジオによってアメリカで映像化されたのは有名だろう。だが、『白雪姫』考察において、１９３７年に公開されたディズニーの『白雪姫と七人のこびと』は無視できない。ディズニーは独自のひねりを加えることで、グリム童話にも実写映画にも為しえなかった新しいアメリカ的物語として『白雪姫』を描いたからだ。清水は、『白雪姫と七人のこびと』における女性表象を読み解くことで、ドイツのノスタルジックなおとぎ話『白雪姫』が、２０世紀の神話として、如何にアダプテート／アップデートしたのかを考察する。歴代のディズニープリンセスの幕開けとなる「白雪姫」、そして彼女を穿視するディズニーヴィランズたる「魔女」。ディズニー映画に特有の動物や小人たちと過ごす自然のなかのクロノトープ。社会的なテクノロジーとしてのアニメーションという制度／装置。それらは、どのようにおとぎ話に組み込まれ、如何にジャンルを変容させたのか。こうした問いに対し、清水はディズニー映画の女性表象を精神分析的な視点――女、視線、声――から考察する。そして、そのジェンダー表象が、ディズニー独自の動物／自然観への描き直しの手法とどのように接続するかを明らかにする。このジェンダーとネイチャーの構造は「姫と魔女のエコロジー」と呼びうるものだろう。なぜなら、以後、ディズニー映画が反復するおとぎ話の論理となるからだ。

　白雪姫と小人たちのおとぎ話から、現代の寓話へ。小原文衛「『レオン』におけるアイデンティティの変容・転換――〈子ども〉の抑圧とその回帰」（第2章）では、『レオン』（*Leon*, 1994）における殺し屋レオンと少女マチルダの「奇妙な」愛の寓話《カタチ》に焦点を当てる。米国観客が過剰に反応した二人の「怪しげ」な関係。それは、スクリーンに乱反射する拒絶と欲望だろう。ならば、レオンとマチルダが形成する「恋愛空間」の特異性とは何だろうか。『レオン』において、〈子ども〉は、性／ジェンダー、エスニシティという差異のシステムを無効化する。実際、少女マチルダは殺し屋レオンと恋愛的な関係に入り、〈大人〉の領域を侵犯するが、その物語構造は逆の動きを見せるのだ。つまり、アクション映画のパラダイムへの準拠や逸脱を繰り返すことで、巧みに〈子ども〉の力が封じ込められるというわけだ。マチルダが「何か」を成就することは抑止され、結果、彼女は〈子ども〉の領域に封じ込められる。ならば、何故このような〈子ども〉の抑圧が起こるのだろうか。それは、〈大人〉のシステムにとって、

〈子ども〉が危険な存在であるからに他ならない。『グロリア』（*Gloria*, 1980）と『レオン』の比較が明らかにするように、〈子ども〉は安定した差異の境界を侵犯することで、〈大人〉に自らが属する領域からの離脱を要請し、変容《チェンジ》・転換を迫るからである。〈子ども〉はジェンダーとエスニシティという差異のシステムに変化《チェンジ》をもたらし、その彼方にあるいまだ名付けえない領域を垣間見させる。『レオン』の三つのテクスト（オリジナル脚本、劇場公開版、『完全版』）における削除・編集の変遷史は、〈子ども〉とその〈彼方〉にあるものの抑圧、そして抑圧されたものの回帰を巡る複数の物語と言えるだろう。レオンはイタリア移民社会というエスニックな共同体を裏切り、マチルダは子どもであり、女性であることで、ジェンダーという差異のシステムを攪乱する。抑圧と逸脱、そして回帰。ジェンダーとエスニシティが織りなす物語は、奇妙にも悲劇でしかないのだろうか。

抑圧されたモノの回帰《リターン・オブ・ザ・リプレスド》。それはまるでエドガー・ポーの「黒猫」のエピソードだろう。しかしながら、ニューヨークの９・１１同時多発テロを考えるとき、その概念は寓話ではなく、現実となる。塚田幸光「ハイブリッド・エスニシティ――エドワード・ズウィック『マーシャル・ロー』と文化翻訳《カルチュラル・トランスレーション》の可能性」（第３章）では、アメリカとアラブ、キリスト教とイスラム教という二元論、或いはその対立軸に対し、抑圧とその回帰だけではない、双方を繋ぐ「文化翻訳」の可能性に言及する。オムニバス映画『11'09"01／セプテンバー11』（*11'09"01 / September 11*, 2002）におけるケン・ローチの短編を見よう。ここで描かれるのは、二つの９・１１。アルカイダが引き起こしたニューヨークのテロ（２００１年）と、アメリカが裏工作し、反政府勢力に蜂起させたチリのテロ（１９７３年）に関してだ。ローチは二つの９・１１を交差させ、共生への祈りを描く。そして、差異のメカニズムが憎悪を反復させることに警鐘を鳴らすのだ。そして、これらの考察は『マーシャル・ロー』（*The Siege*, 1998）に接続する。９・１１テロを予言したと言われるこの映画では、文化的・政治的・宗教的な「中間領域」をテーマに据え、二人の「通訳者」に焦点が当てられている。アラブ系アメリカ人男性フランク（ＦＢＩ）とレバノン育ちのアメリカ人女性エリース（ＣＩＡ）。二人はアメリカ人なのか、或いは違うのか。彼らはジェンダーとエスニシティの困難さを体現し、右傾化する国内で孤立する。二つの言語と文化を「翻訳《トランスレイト》」する二人は、如何に「アラブ」、そして「アメリカ」と向き合うのか。ハイブリッドな主体としての二人にこそ、ハリウッドの「公正さ」が描かれているのではないか。ここで考察すべきは、文化／文明の衝突ではない。その中間地点で熟慮するハイブリッド／クレオール的主体にこそ、共生の可能性があるという点である。

ジェンダーとエスニシティ表象に関して、制度《システム》は如何にして関与するのだろうか。例えば、アメリカの映画製作倫理規定（１９３４―６８）は有名だろう。性や暴力描写が、映画業界の自主規制として、制度化されていたからだ。その検閲は表象の枷である一方で、アメリカ映画が世界基準となる契機となったことも忘れてはならない。では、イギリスではどうだろうか。吉村いづみ「『因果応報』と『きずもの』における「民族自滅」とその背景」（第４章）は、イギリス映画における検閲とジェンダー、エスニシティの交差を論じる。アメリカ映画が移民の産物であることは周知だろう。だが、果たして、イギリス映画が産業革命の置き土産であることはあまり知られていない。産業革命は、都市への急激な人口流入をもたらす。街中に娯楽施設が増えていく中で、行政側や支配階級は、労働者の飲酒の習慣や好ましくない娯楽を統制する動きを強める。定期遊園地のブースや大衆演芸場で上映され始めた映画が、観客の身体の安全を脅かす娯楽として、統制の対象となったのだ。その最初の法令化は、１９０９年のシネマトグラフ・アクト。当初、この法律は防火対策を講じた施設に対し、映画の上映を認めるものであったが、一年ごとの許可証更新の際、映画の内容に踏み込む条件が課されるようになる。結果、映画業界は自分たちの利益を守るために自主的な検閲組織の組織化に乗り出し、ＢＢＦＣ（英国検閲委員会）を発足させるのだ。防火対策という安全確保のための法律が、精神《モラル》の安全規制へと転換した点は重要だろう。奇しくもＢＢＦＣは、検閲規程を有していない。だが、社会純潔運動や優生学の潮流の影響を受けながら、特に「性的にいかがわしいもの」に対して、フィルムの部分的削除や拒絶を行うようになる。１９１９年、ＢＢＦＣが発行した報告書は興味深い――「映画業界の長期的な利益は、フィルムの純潔性（purity）を守り、国民の信頼を得ることにかかっている」。ＢＢＦＣは検閲活動によって、英国映画を浄化し、映画の民族性を維持したのだ。この具体例は、英国版『きずもの』（*Damaged Goods*, 1919）に顕著だろう。これはＢＢＦＣの証明書を意識して製作された映画である。そのテーマは支配階級の民族自滅であり、それは優生学で懸念されていた「支配階級の人口減少と労働者階級の人口増加」と重なる。映画は、製作者の意図だけでなく、行政や外的な圧力を受ける媒体に他ならないのだ。

　アウトサイダー・インサイド。内なる他者としての「移民」を形容する際に使われるフレーズである。ＥＵが移民に門戸を開き、新たな共同体が生まれている現在、移民たちは如何に描かれるのだろうか。山本佳樹「ドイツ＝トルコ映画における女性像の変遷」（第５章）では、ドイツ＝トルコ映画という曖昧なジャンルに対し、〈越境〉と〈女性〉を軸に考察する。「ドイツ＝トルコ映画」とは、１９６０年代初期以降、ドイツ連邦共和国に「出稼ぎ労働者《ガストアルバイター》」として移住してきたトルコ人、およびその二世・三世の手によって作られた映画を指す。こうした移民集団は、ドイツ人にとっては隣人でありながら、同時に国民文化の規範の外にいる、きわめて前近代的で異質な存在だろう。しかしながら、トルコ人の人口がドイツ国内で２００万人を超えた現在、その存在は決して無視できない。トーマス・アルスランやファティ・アキンといった優れた映画監督の活躍もあり、ドイツ＝トルコ映画は、現代ドイツにおける「他者」の視線を表現する映画の代名詞としてドイツ内外で注目を集めているからだ。

　ここで興味深いのは、〈越境〉という主題が、地理的／精神的境界と二重化する点である。実際、ドイツ＝トルコ映画では、ドイツとトルコを行き来する場面がしばしば見られる。ドイツのみが舞台の映画でも、トルコという土地は多くの作品に精神的トポスとして存在しており、ドイツとトルコのあいだの越境こそが、その核心であると言えるのだ。また、このジャンルの特徴はその女性描写からも見て取れる。テヴフィク・バーシェル監督『４０平米のドイツ』（*40m² Deutschland*, 1986）において、ドイツの悪影響から守るため、夫は妻をアパートに監禁するが、このように抑圧された犠牲者としての女性こそ、典型的なドイツ＝トルコ映画の女性像ではなかったか。しかしながら、近年、この傾向に変化が生じている。ファティ・アキン監督『愛より強く』（*Gegen die Wand*, 2004）では、偽装結婚によって自らを解放しようとするトルコ人女性の悲劇が描かれ、ヤセミン・サムデレリ監督『おじいちゃんの里帰り』（*Almanya-Willkommen in Deutschland*, 2011）やブケット・アラクス監督『ピリ辛ソースのハンスをひとつ』（*Einmal Hans mit scharfer Soße*, 2013）では、40平米の閉鎖空間から解き放たれ、ドイツを自在に闊歩する女性が描かれるのだ。〈越境〉と〈女性〉というテーマの交差は、映画の魅力であり、移民の可能性を示唆するだろう。

ときに人は複数のエスニックなペルソナを被る。あるときは山口淑子、あるときは李香蘭、そしてシャーリー・山口、大鷹淑子。彼女は日本人なのか、中国人なのか、或いは朝鮮人か。羽鳥隆英「日本人・李香蘭帰る――『わが生涯のかがやける日』を結ぶ山口淑子の振幅」（第6章）は、「李香蘭」とエスニシティを巡る考察である。戦後、1946年4月2日付の朝日新聞朝刊において、「中国人か日本人か、はては朝鮮人かと騒がれた李香蘭が、〝私は立派な日本人だわ〟と上海から［中略］帰つて来た」と報じたことは重要だろう。周知の通り、日本人・山口淑子は「中国人歌手＝女優李香蘭」というペルソナを被り、戦中期を通じて、日本主導の国策映画のヒロインを演じていたからだ。彼女はいわばプロパガンダ・ヒロイン。このあまりにも有名な人物をめぐっては、当然のことながら、四方田犬彦編『李香蘭と東アジア』や四方田犬彦『日本の女優』などの先行研究がある。しかしながら、その映画史的／文化史的意義に関する考察は、戦中期に傾きがちであり、敗戦後の山口に関する論考は希薄である。敗戦後、山口は如何に「李香蘭」を脱し、日本の芸能界に復帰したのだろうか。そして、大衆は如何に彼女を迎え入れたのか。羽鳥は戦後／被占領期に焦点を絞り、これらの問いに対し、独自の答えを用意する。複数の「ヤマグチ」を通じて見えてくるペルソナに対し、戦中から戦後の連続／非連続について、ジェンダーとエスニシティの視座から接近するのだ。

演じる女性／女優から、創る女性／監督へ。視座の変換は、その表象と如何なる関係を切り結ぶのか。キンバリー・イクラベルジー「女が映画をつくるとき——浜野佐知の終わりなき再生産労働」（第7章）は、ピンク映画監督、浜野佐知をめぐる考察である。ギネス世界記録としても知られるように、浜野は1970年代初頭から現代に至るまで、300編を超える映画を作っている。女性監督が女性を欲望の対象とするピンク映画を撮る。それは、男性の欲望に加担する行為であり、倒錯的な営為ではないか。或いは、それは「映画監督は男性であるべき」という業界のバイアスに対する挑戦なのか。低予算の映画製作に対し、「300万映画」と揶揄されながらも、彼女の創作意欲は衰えない。イクラベルジーは、浜野の映画製作に対し、女性の価値の「再視覚化《リヴィジョニング》」を見出す。女性の視線を軸に映画を作り、男性的な視線に対抗する。つまり、浜野は、女性を主体とするテクストを目指すことで、主体と生を繋げ、性を活力の源として描くのだ。だからこそ、老人たちのセックスを撮ることもその一環であり、創作の大前提となる。女性がピンク映画を撮る意味とは何か。浜野が問いかけるのは、視覚的な刻印の中で見えてくる主体性と服従の〈調停＝仲裁〉だろう。

浜野が映画製作を通じて、女性の主体化を試みたのに対し、女優と監督は、如何なる関係性を有していたのだろうか。久保豊「『カルメン』二部作におけるリリィ・カルメンのサヴァイヴァル」（第8章）を見ていこう。久保は、木下惠介監督と高峰秀子の出会いとキャリアを辿りながら、性に関する共通点・問題点を見抜く。そこに、カルメンのジェンダー攪乱の萌芽があると示唆するのだ。まず、考えるべきは、木下監督の『カルメン故郷に帰る』（1951）が、日本映画初の長編総天然色映画であり、その色彩技術の革新性と占領期の女性身体の表象という二つの視点から論じられることが多い点である。映画をフルカラーで撮影する試みは、黄色人種である日本人俳優の肌色を強調する結果を招くだけでなく、高峰秀子を主役のリリィ・カルメンとして起用することで、カルメンのジェンダーやエスニック・イメージの表象にある効果をもたらすのだ。その効果とは、高峰の日本人離れした肌色、或いはその「白さ」が、彼女の演じるカルメンを異性愛規範から解放するだけでなく、視覚的に異質なものとして周縁化される危険性を孕む。この問題を考察するにあたり、久保はストリッパー同士であるカルメンとマヤ朱美の肌色を比較する。そして、統一された白さとバランスを欠いた白さ、および村人から彼女らに向けられる視線とその受容を分析するのだ。ここで重要なことは、カルメン／高峰のサヴァイヴァルが芸術性と無縁ではなく、そこに木下のクィアな感性が結びついている点である。女優と監督、両者の性規範からの逸脱が生み出す奇跡こそを見るべきだろう。

最終章は、紙屋牧子「占領期の田中絹代と小津安二郎――なぜ女は「制裁」されるのか」（第9章）では、小津作品において軽視されている『風の中の牝鶏』（1948）と『宗方姉妹』（1950）を取り上げ、同時代の社会的・政治的コンテクストに戻しながら、占領期日本のジェンダー／エスニシティとの交差を試みている。本章が興味深いのは、日本映画の「ぶたれる女たち」、言い換えれば暴力の系譜を辿っている点だろう。例えば、『支那の夜』（1940）において、李香蘭は長谷川一夫に頬を叩かれたことで愛情を確認し、『風の中の牝鶏』で田中絹代は、佐野周二に階段から突き落とされることで、売春から解放される。そして、『風の中の牝鶏』の暴力表象は、『白い野獣』（1950）に変奏され（三浦光子の階段の落下）、『宗方姉妹』における田中絹代の山村聡に対する被虐的関係に引き継がれる。また、『恋文』（1953）では、元恋人の蔑むような「暴力的」視線に堪えかねた久我美子が生死の境をさまようことも重要だろう。紙屋は、こうした複数の暴力表象に対して、女性たちの犯した罪とそれに対する罰という視点から考察する。果たして、女性たちの貞操を巡るこのような「罪」は、何故、如何に、男性たちによって生成、実体化されるのだろうか。そして、「日本的」貞操観念が、占領期を挟んで如何に断絶し、或いは継承されたのかを議論する。

本書に収められた9編の論考は、映画の批評的可能性の一部であり、その萌芽に過ぎない。ジェンダーとエスニシティを軸に一体何が言えるのか、という限定的テーマから、本書は企画を開始している。故に、網羅的・体系的な議論にはなっていない。しかしながら、短い紙面で複数の視点を提供するという、論文アンソロジーの役割は果たせているはずだ。読者諸氏には、各論考に込められた筆者たちの熱量を感じ取ってもらえればと切に思う。

二〇一九年四月　西宮にて

塚田幸光

引用文献

ロビンス、ケビン『サイバー・メディア・スタディーズ　映像社会の事件を読む』（原著１９９６年）、田畑暁生訳、フィルムアート社、２００３年。

Brooker, Will. *Hunting the Dark Knight: Twenty-Firtst Century Batman*. New York: I.B. Tauris, 2012.

Feblowitz, Joshua C. "The Hero We Create: 9/11 and the Reinvention of Batman." Eds. Richard J. Gray and Betty Kaklamanidou. *The 21st Century Superhero: Essays on Gender, Genre and Globalization in Film*. Jefferson: McFarland Publishing, 2011.

Langley, Travis. *Batman and Psychology: A Dark and Stormy Knight*. New Jersey: John Wiley & Sons, 2012.

映画とジェンダー／エスニシティ　**目次**

第Ⅱ部　日本映画×ジェンダー／エスニシティ

第Ⅰ部　外国映画×ジェンダー／エスニシティ

第1章

姫と魔女のエコロジー

——ディズニーとおとぎ話の論理——

清水知子

1　白雪姫の呪文を解く

１９３７年１２月２１日、クリスマスを目前に控えたロサンゼルスのカーセイ・サークル劇場で世界初の長編カラー・アニメーション『白雪姫と七人のこびと』（*Snow White and the Seven Dwarfs*, 1937）（以下『白雪姫』）のプレミア上映が行われた。千人を越えるスタッフ、１５０万ドルの制作費、３００万枚の原画。今ではＤ・Ｗ・グリフィスの『国民の創生』と並んで「歴史的価値のある名作」、「国家的偉業」として知られる『白雪姫』だが、意外にもその始まりは明るいものではない。

ウォルト・ディズニーが『白雪姫』に着手しようと決心した１９３３年、アメリカは大不況のさなかにあった。映画館では客寄せに長編映画が2本同時に上映され、短編映画を上映する時間も予算も大幅に縮減されていた。短編アニメーションは「つなぎ」にすぎず、アニメーションと言えば1分に1ネタが鉄則。当時の相場は6、7分で、そうでなければギャグのネタがつきてしまうと考えられていた。短編アニメーションの先行きは危うく、長編に失敗すれば会社が倒産することは疑いようがない。当時の業界紙には、『白雪姫』の製作は「ディズニーの道楽」にすぎない、長編製作は技術的にも経済的にも無謀で「危険な賭け」だという冷酷なコメントが溢れている(1)。

しかし、『白雪姫』の成功がなければ、『シンデレラ』（*Cinderella*, 1950）や『眠れる森の美女』（*Sleeping Beauty*, 1959）、『リトル・マーメイド』（*The Little Mermaid*, 1989）、『美女と野獣』（*Beauty and Beast*, 1991）、『アラジン』（*Aladdin*, 1992）、そして『アナと雪の女王』（*Frozen*, 2013）にいたるプリンセス映画もなかっただろう。口承から文芸へ、そしてスクリーンへ。時を経て語り継がれ、誰もが幼い頃に耳をかたむけるおとぎ話は、今ではシャルル・ペローやグリム兄弟よりもディズニー作品を思い浮かべる人のほうが多いのではないだろうか。

とはいえ、ディズニーのファンタジーには批判も少なくない。よく知られているのは、ディズニー映画にはセクシュアリティが欠如し、ヨーロッパのおとぎ話が備えていた民衆の情念や怖さが消去されているというものだ。(2)また、ディズニーは原作を大胆にアレンジしているため、原作を忘却させる「植民地化された想像力」であるという声や、ディズニー映画はロマンチックラブを描き受動的な女性像を再生産してきたという批判もある。だが、それにもかかわらず、なぜディズニーの女たちは国や時代、エスニシティを超えてこれほど世界的な影響力を持ち得ているのだろうか。

本章では『白雪姫』をもとに、ジェンダーと「アメリカ」という視点からディズニーのおとぎ話の論理を探っていきたい。ディズニー映画に不可欠な姫と魔女の形象は私たちに何を物語っているのか。映画という社会的な視覚装置はおとぎ話というジャンルをいかに変容させたのか。そして、そこで展開される複雑で象徴的なファンタジーの構造とは何かを考察していく。

2　グリムとディズニー——母の不在と分裂する女の身体

まずは、『白雪姫』の原作であるグリムとディズニーを比較してみよう。ジャック・ザイプスは、ディズニーによるおとぎ話の特徴を、同時代のアメリカを舞台に、驚くほど自伝的で「何か特にアメリカ的なもの」に変容させている点にあると指摘する。そして、その最たるものこそ、「1930年代の大恐慌期に希望と連帯をもとめて懸命に生きるアメリカ人の運命と結びつけ」、「文芸おとぎ話を全面的に盗用して、ディズニーという名前を20世紀でもっとも通俗的なタイプのおとぎ話の商標」（ザイプス　124）とした『白雪姫』であるという。ザイプスは、グリム兄弟やペローのおとぎ話を「漂白」して換骨奪胎し、アメリカン・ドリームの物語にすげ替えるその手法を

「ディズニーの呪文」と呼んで厳しく批判した。

たしかにザイプスの言い分も一理ある。じっさいラフォグラム（Laugh-O-Grams）社時代にディズニーが手がけた短編『長靴をはいた猫』（*Puss in Boots*, 1922）では農民ならぬ平民の若者が王の娘に恋し、長靴をはいた猫の妙案をかりて苦難を乗り越え、恋を成就する。また短編『シンデレラ』（*Cinderella*, 1922）では、シンデレラは典型的な郊外住宅に暮らし、カボチャの馬車ならぬ自動車に乗り、ジャズエイジを思わせる「フラッパー」さながらの丈の短いドレスで舞踏会に向かう(3)。どちらもよく知られたおとぎ話をモダンなアメリカ社会に暮らす平民の少年や少女の成功譚として描き直している。

けれども、そもそもヨーロッパのおとぎ話は口承から文芸へと変遷しながら語り継がれ、２０世紀初頭にはすでに歴史的、文化的な記号を付して制度化された民話となっていた。ペローやグリムのおとぎ話はあたかも貧しい庶民が炉端で語っていた民話を忠実に再現したように語られるが、採集された民話には入念に手が加えられており、それが虚構であることはすでによく知られている。グリム兄弟がおとぎ話を蒐集したのは、農民の口からではなく、彼らと同じ階級の女たちからであり、今日「赤頭巾ちゃん」として知られる少女に赤い頭巾をかぶせたのも「長靴をはいた猫」に長靴を履かせたのもペローである(4)。いずれもナショナリズムの運動が澎湃とわきあがるヨーロッパにおいて国民教育という理想に導かれて登場したものだ。

では、ディズニーの『白雪姫』はどうだろうか。この作品をお決まりの約束事からなるラブロマンスとして読み解くことは簡単だ。そう、王子と姫が出会って恋に落ち、魔女にかけられた呪いを真実の愛のキスで解き、末永く幸せに暮らすおとぎ話である、と。

けれども、ディズニーの『白雪姫』において、物語そのものを駆動しているのは、ほとんど登場しない王子と白雪姫のロマンスではなく、むしろ邪悪な継母＝魔女と白雪姫のサスペンスであり、白雪姫と小人たちが過ごす森のなかの牧歌的でユーモアに満ちた魔術的なひとときではないだろうか。

ディズニーはヨーロッパのおとぎ話を映像化するときには必ずタイトルバックのあとに原題を記した分厚い本をめくる実写の映像で幕をあける。そしてアニメーションによって物語が展開し、そのあと再び実写にもどって「そして2人はいつまでも幸せに暮らしました」という言葉とともに本を閉じてエンドマークを迎える。かねてから語り継がれてきたヨーロッパのおとぎ話と現代のテクノロジーによるアメリカ的なおとぎ話。実写とアニメーションによるこの二重の構造は原作へのオマージュを示すとともに、アニメーションを通じてディズニー独自の時空間を展開させるひとつの仕掛けとして機能している。

『白雪姫』の場合、アニメーションのファーストカットは遠景から城に向かうマルチプレーン・カメラによるトラックアップで始まる。物語は王妃が王の玉座にあたる高座に位置する大きな鏡に自分よりも白雪姫のほうが美しいと告げられ嫉妬の念が湧き上がる場面から幕を開ける。

王はすでにいない。王はなぜ不在なのか。フェミニズムの視点から『白雪姫』を読み解いたサンドラ・ギルバートとスーザン・グーバーによれば、鏡の声はあらゆる女性の自己評価を決定する王＝家長の裁きの声であり、継母はすでにそれを内面化している、と言う。それゆえ、この物語にはもはや王は登場する必要はなく不在なのだ、と（ギルバート／グーバー　54）。

一方、鏡の声は「母の内心の声というよりは娘のそれに近い」と指摘するのが、アメリカの心理学者ブルーノ・ベッテルハイムである（ベッテルハイム　272）。父の愛を獲得するのは娘の私である、というわけだ。なるほど、そうかもしれない。だが、どちらの見解にもその根底にあるのは、男が求める理想の女はもっとも美しい女で、女が欲するのは父＝男の愛であるという古典的な図式である。女たちは、そこからはじきだされることを恐れ、身を滅ぼしていくという構図。それは、女は美しくあるべきだという男たちの幻想の裏返しに他ならない。王妃である母は父の声を内面化する。白雪姫はまだその声を知らない。だが、そこには、この父権的な価値観から抜け出せない限り、いつか彼女も同じ運命を辿るかもしれないことが暗に示されている。

おとぎ話の世界では、魔法の鏡は重要なアイテムのひとつである。映画史のなかで初めて鏡が擬人化されたパーソナリティを獲得したのはマックス・フライシャーによる『ベティの白雪姫』（*Snow White*, 1933）である。興味深いことに、この鏡は男を表象＝代理しているが、気まぐれで、真実を客観的に映し出そうとする自負をもっていない。それどころか女王を皮肉り、最後にはドラゴンに変えて退散させる、というフライシャー・スタジオならではのユーモア溢れたコメディになっている。(5) とはいえ、おとぎ話の世界では、鏡は他者の視線、社会の視線、つまりは男の視線そのものである。あたかも〈美〉はつねに女たちとは関係のないところから生まれ、女たちを分断してきた、と言わんばかりだ。

ところで、ディズニーの『白雪姫』には、王である実の父だけでなく、実の母も登場しない。グリム兄弟の『白雪姫』では、1810年の草稿、1812年の初版には実母が登場し、実母が娘を虐待していた。しかし、当時のキリスト教的な社会の価値観にあわせて改訂が加えられ、グリム兄弟は実母による娘の虐待を回避するよう物語を書き直した。グリム兄弟による実母の削除について、おとぎ話の研究者であるマリーナ・ウォーナーは次のように述べている。

そもそも物語に存在していた実母たちを削除することで、グリム兄弟は素材の残酷さに反応した。ロマン主義的な理想主義を信奉するグリム兄弟は、母親という存在が両義的で危険であるのはがまんならず、意図的に実母を完全に追放した。彼らの立場からすると、理想が生きのこるためには、邪悪な母親は消えさらねばならなかった。「母親」が永遠に女性的なるものの象徴として、母なる国の象徴として生きつづけるために、そして家族そのものが、社会的に望ましい至高の価値を体現するために（ウォーナー 176）。

つまり、グリム兄弟は二つの顔をもつヤヌスの神のように、母という存在を善なる実母と邪悪な継母とに分裂させ、家族の物語の残酷さを和らげようとしたのである[6]。そして魔女と化す継母は「自分を越えて成長していく子どもへの嫉妬から、破滅する」ことで「子どもを安心させてくれる」のだ、と解釈されてきた（ベッテルハイム 258）。その背景として、以下の歴史があることをふまえておこう。18世紀には「無関心」で「子捨て」が一般化していたが、19、20世紀になって献身と自己犠牲からなる「母性という神話」が「付け加わった《プラス・ラブ》」こと、そして19世紀半ば、資本主義の進展とともに妻＝母になりうる「正当な女」と、そこからはじき出される「異端の女」とに分断されたこと、さらに19世紀末には、医学的、科学的な言説を通じて女たちが病理学的に語られてきたということ。つまり、女たちは妻＝母になるだけでなく、その価値観を内面化し、身体化することによって「自然な」ものとして「健全な」身体をもたねばならず、そうでなければ、心を病んだ「狂った」女としてレッテルを張られていったというわけだ（バダンテール）。

だが、ディズニーの『白雪姫』では、すでに実母は他界したところから物語が始まっている。それどころか、ディズニー映画には母のいない娘たちばかりが登場する。白雪姫、シンデレラ、そして『美女と野獣』のベルしかり。あるいは母と離れて森のなかに隔離され、妖精やゴーテルと少女時代を過ごす『眠れる森の美女』のオーロラやラプンツェルもそうだ。もちろん、母と子の関係は、バンビやダンボ、そしてピーターパンにおいてもウォルト・ディズニーの世界の核心をなしている。

なぜ彼女たちには実母がいないのか。理由のひとつは、娘に対する母の呪縛を回避できるからだろう。白雪姫の身体には、実母が白雪姫を身ごもったときに託した娘への願望――雪のように白い肌、血のように赤い唇、黒檀の窓枠の木のように黒い髪――がイメージとしてしっかりと描き込まれている。どれも身体的特徴である。そして、実母はすでに他界しているため、もはや娘を呪縛することはない。

実母の願望が棲み着いた身体をもつ白雪姫の存在は、後妻にとっては前妻の亡霊のようなものである。しかも前妻はすでにこの世に存在しない。しばしば後妻は「二番目の妻コンプレックス」に捕らわれると言われるが、この継母は親という社会的な役割よりも、徹底して自らの女としての欲望を追求する。あくまで女としての承認を求める彼女は、前妻の願望が棲み着いた若き娘の美しさに激しいコンプレックスを抱く。

同じような構造は『シンデレラ』にも見てとれよう。実母はすでに他界し、シンデレラは後妻とその連れ子たる姉たちと暮らす。後妻は、連れ子の娘たちの幸せを願うようで、じつのところ自分の利を娘に託す。シンデレラの義理の姉たちは完全に後妻の支配下にある。彼女たちはみな、あわよくば王妃の座を獲得しようと結婚による階級上昇を狙う女たちだ。ハイスペックな王子との結婚を夢見つつ、女を値踏みするのは女であると言わんばかりである。その姿は、継母に愛されることなく下女扱いされるシンデレラとは対照的だ(7)。

こうして、姫と継母＝魔女はまるで「女」のポジとネガを示すかのようにスクリーンに映し出される。だが、分裂した女を善と悪とみなすことを許容しているこの構造は何を意味しているのだろうか。

3　姫の身体、魔女の身体――声とまなざし

長編を制作するにあたり、ディズニーがまず獲得したのは、ディズニー特有の美学と言われる「生命の幻影」をつくりだすことだった。ディズニースタジオの伝説的アニメーター「ナイン・オールド・メン」のフランク・トーマスとオーリー・ジョンストンによれば、「生命の幻影」とは「自らの意志で考え、決断し、行動しているように

見える絵《ドローイングス》を生み出すこと」（トーマス／ジョンストン　13）である。じっさいにはこの「生命の幻影」はロトスコープを取り入れることによって実現した。

しかし、「生命の幻影」が興味深いのは、ディズニーがたんに「自らの意志で考え、決断し、行動しているように見える」よう「絵」に生命を吹き込んだからだけではない。改めて注目したいのは、黄金期のハリウッド映画が数々の男たちの視線と欲望をスクリーンに描き出してきたのとは対照的に、ディズニーが女たち――姫と魔女――に、より正確に言えば、女と動物たち――近代の歴史のなかで「人間」から疎外され、あるいは物理的に消滅していった存在――に生命を吹き込んだことである。

そもそもウォルトが世界初の長編カラー・アニメーションとして『白雪姫』を選んだのは、少年時代にカンザス・シティのコンベンション・センターでマーガレット・クラーク主演のサイレント映画『白雪姫』（サール・ドーリー監督、*Snow White*, 1916）を観たからである。新聞配達少年のために無料で開催されたこの上映会は、ウォルトが初めて観た劇場映画、いわば彼の原映画体験だった。のちに彼は『白雪姫』を最初の長編作品に選んだのは、世界中の多くの人びとに愛され、ストーリーがわかりやすく、動物や子どもたちの醸し出すユーモアを描き出すにはアニメーションがぴったりだと考えたこと、そして幼い頃に母が語ってくれた思い出とともに、このサイレント映画が自分の心に深く刻み込まれていたからだと語っている（Disney　7-8）。それゆえウォルトは、何よりも多くの女性と子どものために『白雪姫』を作りたいと考えていた。

では、ディズニー映画において女をめぐる視／知のおかれた条件とは何か。まずは、白雪姫という少女の身体について見てみよう。注目すべきは、彼女の容貌が２０世紀初頭のハリウッド女優のそれと置き換え可能になっていることである。そもそも『白雪姫』を制作しようとした当初、ディズニーには人物を描けるアニメーターがほとんどいなかった。そこでディズニーはフライシャー・スタジオからベティ・ブープを描いたグリム・ナトウィックを引き抜いた。白雪姫のコンセプト・ドローイングは何度も描き直され、最終的には1920年代に流行の最先端をいくショートカットの黒髪になった。だが、初期のドローイングには、どこかコミカルでザス・ピッツや悲しげなベティを思わせる大きな垂れ目と長いまつげに、キュッと締まった細いウェストをもつ白雪姫が記録されている。

とはいえ、ディズニーの白雪姫は大人の女ではない。ディズニーは原作では7歳だった白雪姫を、少女と大人の魅力をあわせもつ14歳（モデルは当時14歳の女優ジャネット・ゲイナー）に変更した。丸みを帯びた柔らかい目、ハリウッド女優さながらの美容と健康を物語る白い歯、ドライブラシで明るめのグレーを加えて柔和な印象に仕上げられた黒髪、白雪姫の顔色をよくするためにセルの一枚一枚に女性のアニメーターらが紅をさし、ふっくらと仕上げた健康的な頬（Johnson）。その容貌と肉体は、実母が望んだ身体的特徴を刻印しつつ、同時に最新のハリウッド女優のイメージを織り込んだフェミニンな視覚的暗号として構成されている。

ただし、白雪姫の身体を特徴づけているのはそれだけではない。というのも、白雪姫に限らず、ディズニー映画のヒロインの核心をなしているのは、その声だからだ。じっさい白雪姫の制作にあたってウォルトがまず探し求めたのは彼が抱いていたイメージにぴったりくる白雪姫の「声」の持ち主だった(8)。ディズニー映画において、少女たちの歌声はつねに男たちの呼びかけに成功する。しかし同時にその歌声は、日本の少女漫画が吹き出しではなく、主人公の心の声を書き出す二重話法的な私的語りのスタイルを発見したように、音楽に乗せて心の声を吐露する語りとなっている。音楽はそこにおいて他者へ訴える情動装置として作用し、最愛のひとの愛を勝ち取るための力となっているのだ。それは社会の上限たる王子に到達することもあれば、社会の最底辺をこえて自然や動物を動かすこともある。彼女たちの声は、社会の枠を越えた圧倒的な力をもっているのである。

映画の冒頭を振り返ってみよう。白雪姫は粗末な衣服に身を包み、願いが叶うといわれる井戸でまだ見ぬ王子との出会いを夢見て歌う。「美しく、若く、汚れを知らない」、「どこか現実離れ」した明るい歌声が、王子との幸せなロマンスを成就させたいという彼女の夢を私たちに告げる。偶然にもそこに白馬に乗った王子が通りかかり、美しい歌声と姫の健気な姿に心を奪われる。こうして二人の最初の出会いが設定され、王子はグリム童話のような屍体愛好者《ネクロフィリア》になることなく、恋に落ちる動機が組み込まれる（有馬　29）。白雪姫の内面は、明るい歌声とともに、音楽とリズムによって語られ、その夢が希望にあふれた未来を予言する鏡のように、井戸の水面に王子と姫が並ぶ姿が映し出される。

では、「ディズニー初の名悪役」である継母＝魔女はどうだろうか。ギスギスした痩せた身体、黒と紫という暗い色合いの衣服、そしてハ虫類のような冷酷な印象を与える目つき。物語に不協和音をもたらす女、それがこの継母＝魔女である。そのモデルを演じたルシール・ラ・ヴァーンは入れ歯を外してその邪悪な声を演じた(9)。口から頬、目、眉にかけて釣り合いが崩れた不均衡な表情を浮かべるその顔は、もはや「症候」としかいいようがないものとなっている。そして、その真骨頂ともいえるのが「狂った女」として彼女が魔女に変身する場面だろう。嫉妬に悶える彼女は、姫の殺害を企てるやいなや、秘密の地下室に向かう。地下室には膨大な書物と様々な実験器具、カラスやしゃれこうべが並ぶ。死を暗示する不吉さが漂うこの空間で、彼女は映画『ジキル博士とハイド氏』（*Dr Jekyll and Mr Hyde*, 1931）よろしく魔女に変身する。すると、それまで氷のように凍てついていた彼女の表情は、姫を殺す毒林檎をこしらえながら、これまでになく豊かなものになっていくのだ。その姿は、欲望の主体ではなくその対象でしかない女のヒステリー的な身体の「神話」を見事に描き出している(10)。

そもそも歌うことのない継母には自身を表現するための言葉がない。彼女の心の内はつねに沈黙と嫉妬に満ちた視線によって描き出されている。ただし、継母のこの無言の視線は、他者を自分の欲望の対象としてフェティッシュのなかに閉じこめる異性愛にありがちな視覚快楽的《スコポフィリア》なものではない。なぜなら、彼女がそこに視ているのは、自分自身、いや自分自身であったかもしれない女の姿だからだ。彼女はあたかも自分の享楽を盗まれたと言わんばかりに、白雪姫に嫉妬の炎を燃やし殺害を試みる。過去に囚われ、「内なる暴君」に棲まわれた継母は、「ロミオとジュリエット」のごとく愛の歌を交わす仲むつまじい2人をバルコニー越しに盗み「視る」。そしてすぐに卑屈な表情を浮かべてカーテンを閉じ、猟師に姫を殺害してその心臓を持ち帰るよう命じるのだ。

ここにおいて、「視る／視られる」の関係は、たんに異性愛的な視線による「視る／視られる」、「欲望する／欲望される」という関係ではない。そこには視る女と視られる女の非対称性が映し出されている。ただし、このとき視る主体としての女は、異性愛の枠組みからはじき出され、にもかかわらずその枠組みに取り憑かれたマゾヒズム的な女の視線を通じて描きだされているのである。

ディズニー・ヴィランズ特有の彼女のこの視線は王に対する服従化へのマゾヒズム的な愛着を形づくっている。その関係はしかし、継母に「この世で一番美しい者」を問われる「鏡に閉じ込められし男」（Slave in the Magic Mirror）にも見て取れる。継母の問いに鏡のなかから応じる、生気を吸い取られたようなこの男は、じつは継母と同じように主人に「自己保存の欲望」を搾取され、「存在しないよりは従属化された状態でいたい」という服従化のメカニズムを内面化している。

このように、ディズニー映画の女たち――姫と魔女――が歌声とまなざしによって描き出されているということは改めて確認しておきたい。声は身体と言語を結ぶ。声は身体から生じる。しかし、身体の部分ではない。そしてまた声は言語に属することなく言語を支えている。声とまなざし。精神分析家ジャック・ラカンが対象aと呼ぶそれは、欲望の原因としての対象であり、欲望の中心にある欠如の代理作用を指す。対象aは対象でありながら、対象性をもっていない。つまり、声とまなざしが示しているのは、欲望の対象が永遠に失われているということ、その「不在」なのである（ラカン　327―329）。言い換えれば、ディズニーの女たちは「不在」のスペクタクルとしてスクリーンに映し出されているのだ。この意味で、ディズニーの王子たちがつねに少女たちの歌声に魅了され

るのは、ある種の逆説であると言えよう。(11)

4 「ワイルド・センチメント」の世界へ

では、この他者の欲望が投影される「不在」の女たちの内面とも呼ぶべきものはどのようにスクリーンに映し出されているのだろうか。とりわけ、王子に一目惚れされ、継母の嫉妬をかう白雪姫の無垢さについてはどうだろうか。ここで重要なのが、デイヴィッド・ホイットリーが「ワイルド・センチメント」と呼ぶ、自然と動物を飼い馴らすディズニー独自の手法である。

「ワイルド・センチメント」とは何か。愛と平和を象徴する鳩に迎えられる白雪姫と死を象徴するカラスを手下にする魔女を思い出そう。姫と魔女のキャラクターはディズニー映画のなかでは二人をとりまく動物たちによって象徴されている。しかし、より興味深いのは、ディズニーの『白雪姫』の結末である。グリム童話では、魔女は火の中で熱した鉄の靴を履かせられ、踊り狂って息を引き取るという残酷な仕返しと復讐によって物語は幕を閉じる。しかし、ディズニー映画では、魔女はあたかも自然の摂理ないし不慮の事故のように落雷により崖から転落し、死を象徴する2羽の禿鷹がその光景をあざ笑うかのように彼女の最期を見届ける。観客はあたかも「自然」の成り行きで悪が退治されたかのようにこの物語の結末を受け取ることになる。もちろん白雪姫と王子が自身の手を汚すことはない。魔女は偶然にも転落し、2人はハッピーエンドを迎える。このように「ワイルド・センチメント」はおとぎ話の毒を抜きながら善悪の論理を提示する「ディズニーの呪文」のひとつとして機能している。(12)

さらに注目すべきは、自然の風景が彼女の内面を映し出す鏡として機能していることだ。もっとも典型的なのは、狩人による白雪姫の殺害未遂シーンである。森で花を摘む白雪姫は、両親と離れ迷子になった小鳥と出会い、自分と同じ孤独な小鳥を助けようと語りかける。小鳥を愛づる白雪姫の背後に短剣をもった狩人が忍び寄り、無表情のまま白雪姫に近づく。狩人の顔のショット。不穏な音楽が流れ、緊張感が高まる。小鳥に別れを告げる姫の背後に狩人の影が迫る。振り返る姫、短剣を振り上げる狩人。姫は驚愕の表情を浮かべ助けを求めて叫ぶ。その直後、短剣を握った狩人の手が震えだし、「私にはできない」と短剣を地面に落とす。狩人は跪き、怯える姫に森に逃げるよう告げる。

この殺害未遂のシークエンスは、いくつかの絵画的なカットでアクションを説明することもできた。にもかかわらず、あえてバラバラのカットを組み合わせる実写のモンタージュのテクニックによって構成されている。なぜなら、ショットとカウンターショットによって、苦悩する狩人と何も知らない健気で無垢な姫の人柄が強調されるからだ。

さらに森のなかをさまよい逃げる白雪姫の目には、木々や川に浮かぶ丸太の「風景」が化け物のように映る。恐怖に怯えて森のなかへ逃げ去る白雪姫の表情、そしてその内面を映し出したかのような森の光景。交互に映し出されるその対照的な光景によって、物語は一気に悲劇とサスペンスのモードに切り変わる。こうして白雪姫は、継母の視線の客体として描き出され、同時にその内面と呼ぶべきものは彼女の歌声と擬人化された「風景」によってスクリーンに刻印されていく。

一方、森のなかの自然の描写や小人たちの小屋はどうだろうか。その光景は、たんに視覚によって得られた情報をもとに模写したものではない。そこに創造された想念的な世界には、１７世紀にオランダの画家たちが人間の背景にすぎなかった風景を絵画の中心的な主題として登場させ、１９世紀にその新たな美学を創造して以来、哲学的、社会的、経済的、芸術的に大きな転回を迎えた風景画というジャンルとの接点を読み取ることができる（クラーク３２５）。

ディズニーは『白雪姫』に先駆けて「シリー・シンフォニー」シリーズの『風車小屋のシンフォニー』（*The Old Mill*, 1937）で数々の実験的な試みに取り組み、自然の世界を詩的に描き出す手法を探っていた。１９３３年には、アブ・アイワークスが発明したマルチプレーン・カメラによって「シネマティズム」と呼びうる「物語的な」奥行きへの運動の感覚を獲得している。それは、風景と風景を見る主体との関係に距離をつくり安定した関係もたらしたデカルト的な遠近法を想起させるものだ。しかし、複数のレイヤーを重ねて獲得されたこの自然の風景は、けっして現実の風景ではない。それは、ヨーロッパの風景を文学的表現と科学的知識によって描き直したフィクションである。

こうして森は、あるときには「背景」として、またあるときにキャラクターの内面を映し出す「鏡」として、さらにはヨーロッパの絵本を思わせるノスタルジックな「風景」として現れ、雄弁な語り手として機能していく。同じように、アルバート・ハーターをはじめとするヨーロッパの画家たちが描き出した森に暮らす小人たちの室内空間も、細部の装飾にいたるまで、古き良きヨーロッパを想起させる神話的な空間として描き出されている。その「リアル」な感覚は、文学や絵画を通してヨーロッパの想像力のなかで受け継がれ、すでに神話化されたイメージをアニメーターが意識的に再構築することによって獲得されたものだ。しかし、このヨーロッパ的な光景の中で起こる出来事が、きわめてアメリカ的な生活様式によって展開されているとしたらどうだろうか。

5　清潔の修辞学——姫は歌い、小人は踊る

グリム童話では、小人たちの室内空間は食器もベッドもきちんと整っていた。では、なぜ小人の小屋にたどりついた白雪姫が最初に目に留めるのは窓の埃であり、汚れた食器であり、部屋のあちこちにめぐらされたクモの巣な

のか。そう、ディズニーがあえて小人たちの部屋を散らかしたからである。白雪姫が理想の家庭《ホーム》を実現するために、そして動物たちとともに掃除にとりかかるために。

掃除、洗濯、料理――。なるほど、白雪姫は小人たちの小屋に泊めてもらうかわりに、動物たちとともに率先して家事労働に取り組む。たしかに白雪姫は「できる女」と「かわいい女」を兼ね備えた理想的な主婦の神話を体現しているようにみえ、この光景は、しばしばフェミニズムの視点から批判されてきた。

しかし、ここで注目したいのは、白雪姫が森の動物たちを取り仕切る指導的な役割を担っていることだ。というのも、この場面は、家事労働の分業化、再組織化、そして外在化を特徴とする新しい家政学が広がった１９世紀半ばのアメリカにおける社会改革の意識を想起させるからである。『家庭経済論』や『アメリカン・ウーマンズ・ホーム』を執筆し、新しい家政学を生み出したキャサリン・ビーチャーを思い出そう。彼女は、家事労働を通した女性の地位向上を目指し、奴隷を使わない家事を主張した。もちろん現代から見れば、私的領域において無償で家事労働を担うジェンダー化された女を象徴しているようにみえるかもしれない。しかしそれは当時、清教徒的な道徳観と科学的原理――家事労働のシステム化・合理化・能率化――に裏打ちされた、家庭という空間を支配する女性の解放を意味する、もうひとつのフェミニズムだった（柏木　２７―３２／ハイデン）。

さらにこの場面からは、２０世紀初頭から急速に欧米社会で高まった衛生化、殺菌をめぐる漂白意識――病原菌ゼロを目指す潔癖ブームないし清潔空間志向――を読み取ることもできる。これについては、ディズニーに対して「すべてがクリーンに洗浄された世界」であると指摘したリチャード・シッケルとともに、第二次世界大戦期の公衆衛生プロパガンダとして『白雪姫』の小人たちが使われたことを想起すれば十分だろう。１９２０年代、アメリカの家庭では電化製品が急速に広まり、１９３０年代から６０年代にかけて家事の電化＝ロボット化が進行する。いわゆる「アメリカ的生活様式」は、冷蔵庫、皿洗い機、洗濯機、自家用車、ラジオ、蓄音機が普及する「ポピュラーサイエンスの時代」において急速に「漂白意識」が高まっていく（原 7）。このようにみてくると、白雪姫はたんに家事労働に勤しむ少女ではなく、19世紀の家政学と20世紀初頭のきわめてモダンな光景を同時に想起させる少女だと言えよう。

とはいえ、興味深いことに、この場面にはもうひとつ注目すべき重要な点が描き込まれている。それは、この牧歌的かつ理想的なコミューンが動物と人間を隔てる境界を消失しているかのように描き出されていることだ。一見すると、動物たちは愉快なリズムにのって愉しげに皿を洗い、床を掃き、洗濯をこなしているように見える。しかし、陽気なコメディ形式で描き出されたこの場面には、じつは動物と人間を隔てる境界が巧みに描き込まれている。そもそも動物たちは白雪姫と共にいるときにしか室内に入ることはない。またよく見ると、動物たちは箒を使う白雪姫とは対照的にじかにその身体を使って埃や汚れを体内に取り込んでいる（Whitley 28-31）。

森の動物たちは、実物を参考にしつつも、愛らしくデフォルメされ、自立した存在というより、姫を慕い、人間のニーズに快く応じる子どものような存在として描き出されている。小人たちもまたしかりだ。それぞれの名前に象徴される個性あふれる小人たちは、「ハイホー」のリズムにのって炭鉱にダイヤモンド掘りに出かける労働する男たちであり、しかし同時に白雪姫を母のように慕い、彼女に諭され、清潔さを説かれる子どものようでもある。白雪姫と動物たちが善良な印象をもたらしているとしたら、それは彼女が理想的な母＝主婦像を軽々と演じるだけでなく、動物たちと意思疎通ができ、人間が動物や自然に対して優位性を保ったまま親和的な関係を築くことができる人間にとって理想的な世界が描き出されているからではないだろうか。

6 「野生」のファンタジーとその論理

白雪姫と森の動物たち。ディズニー映画の背後にはジョルジョ・アガンベンの影がぼんやりと浮かび上がる。アガンベンは人間が自らを他の動物と区別して認識するメカニズムを「人類学機械」と呼んだ。この機械は、人間／動物、人間／非人間という対比によって人間を規定しようとする点でつねに排除と包摂によって作動しており、「一種の例外状態、つまり外部が内部の排除でしかなく内部が外部の包摂でしかないような未確定の領域」を抱え込んでいる（アガンベン 59）。アガンベンによれば、この「未確定の領域」はしかし、実のところまったくの空洞で、つねに新たに転位されると同時に、動物たちが「自己自身から分断され排除された剥き出しの生」として不気味なかたちで現れてくる裂け目でもある。

では、人間と動物を分断し分割する政治はどのように展開してきたのだろうか。その一端を探るべく、最後に「コモディティ・フェティシズム」として広く愛されているテディ・ベアについて少し触れておきたい。テディ・ベアと言えば、狩猟を趣味とし、野生と自然の栄華と勇壮さを語ることに自身の名を貸したルーズベルト大統領とアメリカ自然史博物館との密接な関係を思い出す者もいるかもしれない。「偉大なる白人ハンター」と白人男性の主体の形成との深い結びつきだ（Haraway 20–64）。

しかしながら、ここで改めて注目したいのは、そうした帝国主義的な視座やマスキュリニティの問題だけではなく、ディズニーの『白雪姫』に透けて見える１９３０年代の残滓が、アメリカ、動物、女性の表象にいかに接続しているのかという点である。

テディ・ベアは子ども部屋の装飾に決定的な変化をひきおこした。このクマのぬいぐるみに求められるのは野生動物のリアルさではない。ぬいぐるみはその野生性を削ぎ落とし、鋭い爪や牙、性的器官など、所有者である中産階級の子どもたちを脅かすことがないよう変身を余儀なくされている。ぬいぐるみに働くこの馴化の論理は、擬人化という近代の叙述法の歴史――物理的に消滅していった動物を人間が文化的に記録していくプロセスの展開――とも深く結びついている。ぬいぐるみとは、人間が自らを規定するために動物を産出し、にもかかわらず動物とのあいだに再び調和をつくりだそうと試みた「部分的なトーテム装置」（Warner）であり、人間の夢と欲望の詰め物《スタッフ》なのだ。

『白雪姫』に登場する森の動物たちが、それぞれの動物の習性を組み込みつつぬいぐるみのような可愛らしさを備えているとしたらどうだろうか。彼らはもはや既成の人間社会の秩序、政治的構造への驚異や汚れを象徴する存在ではない。『白雪姫』では、動物たちは人間を脅かすどころか、城から逃亡した姫の生を刷新する役割を担っている。この意味で、森は「死」と「再生」の理念を象徴する異世界の舞台であると同時に、人間の優位性と動物との境界を保持しつつ、しかしその境界を取り消したいという人間の切な欲望を叶えるファンタジーの舞台として機能しているのである。白雪姫と善良な森の動物たちとの親和的関係は、西欧社会の歴史的な野生との分離（とその隠蔽）を背景にして逆説的に感情的に再発明されたものなのである。それゆえ、白雪姫が小人や動物たちと過ごす森のなかのクロノトープにこそ、ディズニーがグリムに加えた「ワイルド・センチメント」の核心をなす独自のひねりが隠されていると言えよう。

こうして、ディズニーは古くから語り継がれるドイツのおとぎ話をモダンで「民主的」な家庭を象徴するアメリカのおとぎ話へと変貌させた。そこでは小人や動物たちが暮らすドイツのノスタルジックな室内空間は、アメリカ的な家政学が教示される空間として提示され、同時に人間と動物との境界が魔術的に解消される「ワイルド・センチメント」によって独自のファンタジーの世界が展開することになる。また、姫と魔女という分裂した女の物語も自然や動物に彩られた善悪の論理によってスクリーンに描き直される。女という「不在」のスペクタクルは、こうしたディズニーならではの野生の論理とパラレルになってスクリーンに映し出されているのだ。人間社会から放擲され孤児的な境遇に陥った姫は自然界と手を組んで成長し、王子のキスによって目を覚ます。すると姫は小人と動物たちを森に残して晴れやかな笑顔で高くそびえ立つ城へ王子と戻る。小人と動物たちはそれが当たり前であるかのように祝福して二人を見送り、そして魔女は自然界の成り行きによって崖から転落する。

もちろん、おとぎ話とは何よりもまず「変容の可能性」を示してくれるものだ。そして物語はつねに語り手と聞き手の双方によってつくられる。それゆえ、おとぎ話のハッピーエンドは、読者／観者の手に委ねられた、よりおおいなる物語のはじまりにすぎない。しかし、『白雪姫』に描き出された自然や動物と女たちの関係を徴づける「ワイルド・センチメント」とそれによる善悪の論理は、『シンデレラ』や『眠れる森の美女』をはじめとするディズニーの世界のなかでその後も幾度となく反復されていくことになる。この意味で、『白雪姫』はディズニー映画のプロトタイプ的存在と言えるのではないだろうか。そして、姫と魔女のエコロジーとも呼びうるこの構造にこそ、私たちは現在にいたるディズニーならではのおとぎ話の論理を読みとることができるのである。

註

（１）ディズニーの『白雪姫と七人のこびと』のプレミア上映については *Time*（December 27, 1937）および『白雪姫と七人の小人』のＤＶＤ特典映像を参照されたい。

（２）ディズニーのおとぎ話はしばしばセクシュアリティの欠如が指摘されている。しかし、たとえば２０１６年にはカタールの私立学校で生徒の親からの「性的な描写を連想させる」というクレームを受けて図書館から撤去されている（Walker and Sheble）。

（3）ザイプスは『長靴を履いた猫』について、平民が苦難を乗り越えて成功し、ロマンスを手にしている点、この平民の若者が「一般人」ではなく「進取の気性にとんだ若者」であり、「技術を効果的につかう企業家」であるという点、そして息子（この場合、平民の若者）が父親（王）に恥をかかせ、父の一番大切な愛の対象である娘を奪って逃げ去るという、それ以前にディズニーが他の作品で繰り広げてきた「幼児的ギャグ」がエディプス的欲望に由来する「幼児返り」として描き出されている点に注目している。また、おとぎ話は貧しい家庭に育ち、情の薄い父親にこき使われ、昔の恋人に邪険に扱われるという半生を乗り越え、抜け目なさ、勇気、能力を発揮して、兄ロイのような有能な画家や経営者を身の回りに集めることで成功できたウォルトの人生の「比喩」であると指摘する（ザイプス　119）。

（4）シャルル・ペローの「昔話」の生まれた背景と変容については工藤を、グリム童話についてはエリスを参照されたい。エリスによれば、1823年に刊行された初の英訳版『白雪姫』では、継母の命令で白雪姫を殺害する場面も、継母が恐ろしい破滅と死を迎える結末の場面も穏健なかたちに書き換えられている。つまり、英語版の『白雪姫』では、この物語の残酷な光景はその始まりから希薄なものとなって描き出されていたのである（エリス　125―129）。

（5）フライシャー・スタジオは、1921年にユダヤ系アメリカ人のマックス・フライシャーとデイブ・フライシャー兄弟によって設立された。1933年、ディズニーに先駆けてベティ・ブープの短編アニメーション『ベティの白雪姫』（***Snow White*, 1933**）を公開している。当時パラマウント映画に女優として出演していた人気歌手ヘレン・ケインをモデルにしたベティは典型的なフラッパーであり、甘さと生意気さを兼ね揃えたコケティッシュさをもつ。彼女は、性的な意味で「女性」を演じた最初のアニメーションキャラクターだ。『ベティの白雪姫』は1934年に採用された新しい映画製作倫理規定（いわゆるヘイズコード）以前に絶頂期にあった彼女の最高傑作である。しかし、この作品には王子は登場しない。もっぱら女王によるベティ退治とその顛末に焦点があてられ、「セント・ジェームズ病院」を歌うキャブ・キャロウェイ、可塑性に満ちたキャラクターの身体、そしてデイヴ・フライシャー特有の奇怪で奇抜なイメージとユーモアに溢れたコメディに仕上がっている。

（6）同じような変更は王と王子にも加えられた。1810年の手稿では白雪姫を救い出すのは実の父親だったが、1812年の初版では姫を救い出すのは家族とは無縁の王子に差し替えられ、父親／夫の愛をめぐる家庭内の抗争は、その特殊なコンテクストを免れている。グリム兄弟は、蒐集した話を潤色／削除しながら、当時のブルジョワ的な道徳観に照らして書き換えていったのだ。また1810年の草稿では、父と娘の関係が重要な意味をもっている。というのも、妃が白雪姫を森に捨てるのは王が戦争に出かけたとき小人たちの小屋で白雪姫の亡骸を見つけるのも戦争から戻ってきた王である。王は医師に命じ、白雪姫は息を吹き返すが、四つ裂きにされた拷問のような荒っぽい方法によってであった（エリス　127―128／小澤　176―259）。

（7）　1950年にディズニーの『シンデレラ』が公開される以前から『シンデレラ』は「夢に向かって努力を続ければ、誰もが必ず成功できる」というアメリカン・ドリームとも相性が良く、アメリカでは19世紀からシンデレラ絵本の出版がブームを迎えている。日本でも、2016年4月23日から6月22日にかけて、日比谷図書館で展覧会「シンデレラの世界展――アメリカに渡ったシンデレラ・ストーリー」が開催された。シンデレラにはかねてより様々なバリエーションが世界中に残っているが、よく知られているのはグリムによる『灰かぶり姫』とペローによる『サンドリヨン』である。魔法使いが登場することなく、母親の墓のそばに生えたハシバミの木にくる白い小鳥がドレスと靴（1日目は銀の靴、2日目は金の靴）をもってくるグリム童話に対し、ガラスの靴とカボチャの馬車というモチーフを加えたのがペローだった。

（8）　当時18歳のアドリアナ・カセロッティの歌声は150人もの応募者から選ばれた。彼女の声はディズニーの白雪姫に欠くことのできない重要な要素である。また荻上によればヴィランズたちが歌を歌い始めるのは『リトル・マーメイド』に始まるいわゆるディズニー・ルネサンス期になってからのことである（荻上　124）。

（9）　ルシール・ラ・ヴァーンは、『二都物語』（1935）でしわがれた声で髪を振り乱し、貴族への憎悪に燃える女を演じた舞台女優である。ちなみに1934年10月22日の会議記録には次のように記されている。「マクベス夫人と『三匹の子ブタ』に出てくるビッグ・バッド・ウルフを合わせたような容貌で、邪悪な美しさで熟れきった感じ。体は豊かな曲線美をもつ。毒を作るため液体を混ぜ合わせているときの顔は、ひどく醜く恐ろしげである。その毒液を飲むと、王妃は年寄りの意地悪そのものの魔女に変身する」（フィンチ　49）。

（10）　『ジキル博士とハイド氏』の変身シーンについて監督のルーベン・マムーリアンは次のように述べている。「ジキルが飲み物を飲んで物理的に変貌するシークェンスは厄介だった。いかに観客にこの変身を信じさせるか。わたしは観客にジキルが何を感じているのかを感じさせようとした。発狂して研究室がグルグルと回ってみる彼の主観を見せるよう、グルグルとカメラを回し、セットの四面の壁を完全に照らし出した。スクリーンではなされたことのないことだった。カメラマンはカメラの上部に結び付けられたという（Mamoulian 134-135）。

(11) アメリカの言語学者カルメン・フォートとカレン・エイゼンハウアーは『白雪姫』から『アナと雪の女王』にいたるディズニーのプリンセス映画を分析し、『シンデレラ』を除くとディズニー映画を言語によって支配しているのは圧倒的に男性キャラクターであると指摘する（Guo）。二人によれば、ウォルト・ディズニーが制作したクラシック時代には男女のせりふは同等もしくは女のほうが少し多いこともあった。だが、『リトル・マーメイド』以後、いわゆるルネサンス期以後になると、男たちはすべての女たちの2倍以上話しているという。男たちは何を話しているのか。女たちの「外見的なもの」についてだ。女たちはその能力よりも外見を褒められ、一方、男たちは外見よりもスキルを褒められる。姫たちは主役であるにもかかわらず、つねに脇役男性よりも言葉が少ないという。この事実もまた、ディズニー映画の逆説を示していると言えよう。

(12) デイヴィッド・ホイットリーの「ワイルド・センチメント」に限らず、ディズニー映画においてジェンダーと〈自然〉をめぐるポリティクスは重要な問題であり、これについては別稿にて改めて考察する予定である。

引用文献／映画作品

アガンベン、ジョルジョ『開かれ――人間と動物』、岡田温司／多賀健太郎訳、平凡社、２００４年。

有馬哲夫『ディズニーの魔法』、新潮社、２００３年。

ウォーナー、マリーナ『野獣から美女へ――おとぎ話の語り手たち』、安達まみ訳、河出書房新社、２００４年。

エリス、ジョン・Ｍ『一つよけいなおとぎ話――グリム神話の解体』、池田香代子／薩摩竜郎訳、メルヒェン叢書、１９９３年。

荻上チキ『ディズニープリンセスと幸せの法則』、星海社新書、２０１４年。

小澤俊夫『素顔の白雪姫』、光村図書、１９８５年。

柏木博『家事の政治学』、岩波現代文庫、２０１５年。

ギルバード、サンドラ／グーバー、スーザン『屋根裏の狂女――ブロンテと共に』、山田晴子／薗田美和子訳、朝日出版社、１９８６年（ただし原文に照らして適宜翻訳を変更した）。

工藤庸子『いま読むペロー「昔話」』、羽鳥書店、２０１３年。

クラーク、ケネス『風景画論』、ちくま学芸文庫、２００７年。

ザイプス、ジャック『おとぎ話が神話になるとき』、吉田純子／阿部美春訳、紀伊國屋書店、１９９９年。
トーマス、フランク／ジョンストン、オーリー『ディズニーアニメーション 生命を吹き込む魔法――The Illusion of Life』、高畑勲編、徳間書店、２００２年。
ハイデン、ドロレス『家事大革命――アメリカの住宅、近隣、都市におけるフェミニスト・デザインの歴史』、野口美智子／藤原典子訳、勁草書房、１９８５年。
原克『ポピュラーサイエンスの時代――２０世紀の暮らしと科学』、柏書房、２００６年。
バージャー、ジョン『見るということ』、飯沢耕太郎監修、笠原美智子訳、ちくま学芸文庫、２００５年。
バダンテール、エリザベート『母性という神話』、鈴木晶訳、筑摩書房、１９９１年。
フィンチ、クリストファー『ディズニーの芸術――The Art of Walt Disney』、前田三恵子訳、講談社、２００１年。
ベッテルハイム、ブルーノ『昔話の魔力』、波多野完治、乾侑美子訳、評論社、１９７８年。
ラカン、ジャック／ミレール、ジャック＝アラン編『精神分析の四基本概念』、小出浩之／鈴木国文／新宮一成／小川豊昭訳、岩波書店、２０００年。
Guo, Jeff. “Researchers have found a major problem with ‘The Little Mermaid’ and other Disney movies,” *The Washington Post*, January 25, 2016. https://www.washingtonpost.com/news/wonk/wp/2016/01/25/researchers-have-discovered-a-major-problem-with-the-little-mermaid-and-other-disney-movies/?utm_term=.7b4ae5910ee4（最終閲覧日２０１７年３月１日）
Haraway, Donna,“Teddy Bear Patriarchy,” *Social Text*（1984/1985）vol.11, winter. 20–64.
Johnson, David. “Not Rouge, Mr. Thomas!,” *Inside Animation*, http://www.animationartist.com/columns/DJohnson/Not_Rouge/not_rouge.html（最終閲覧日２０１６年１２月２６日）
Mamoulian Rouben, “Rouben Mamoulian,” in Charles Higham & Joerl Greenberg eds, *The Celluloid Muse: Hollywood Directors Speak*, Henry Regnery Company: Chicago, 1969, pp.128–143.
Time（December 27, 1937）pp.19–21.
Walker, Lesley and Riham Sheble, “Qatar school pulls Snow White book for being ‘inappropriate’,” Doha News, January 21, 2016. https://dohanews.co/qatar-school-pulls-snow-white-book-for-being-inappropriate/（最終閲覧日２０１９年３月１０日）

Disny, Walt. "Why I chose Snow White," *Photoplay Studies*, November 10, 1937, pp7–9.
Warner, Marina. *From The Beast To The Blonde: On Fairy Tales and Their Tellers*, Vintage Digital, Kindle. 2015.
Whitley, David. *The Idea of Nature in Disney Animation: From Snow White to WALL-E*, Routledge, 2012.
『白雪姫（原題 *Snow White and the Seven Dwarfs*）』デヴィッド・ハント監督、１９３７年、ＤＶＤ（ウォルト・ディズニー、ブエナ・ビスタ・ホーム・エンターテイメント、２００６年）

第2章

『レオン』におけるアイデンティティの変容・転換

――〈子ども〉の抑圧とその回帰――

小原文衛

１　『レオン』という〈記憶〉

『レオン』（*Leon*, 1994）。リュック・ベッソン監督のハリウッド進出第一作。この物語を構成する暴力の層の中心人物は、殺し屋＝掃除人レオン・モンタナ（ジャン・レノ）であるが、彼以上にこの映画の暴力性を際立たせる要素はもちろん、あの汚職捜査官スタンスフィールド（ゲイリー・オールドマン）に他ならない。愛の層の中心人物は、レオンと１２歳の少女マチルダ・ランドー（ナタリー・ポートマン）である。マチルダとレオンの特殊な〈愛〉は、１９９０年代を映画観客として過ごした人々によって、長きにわたって記憶されることになる。

暴力の層において、この映画は度を越えた無情さを示す。特にマチルダの家族がスタンスフィールドをリーダーとする麻薬捜査官たちに射殺されるシークェンスにおいて、まだ4歳の子ども（マチルダの弟）が惨殺されるシーンは、換喩的な表現に留まるとはいえ、極めて凄惨な印象を与える。しかし、さらに規格外なのは、やはり、愛の層だろう。マチルダによるレオンへの愛の呼びかけから二人が形成していく特殊な関係もまた、ハリウッドの標準的な物語行為にとっては規格外なものの一つであることは間違いない。むしろ、暴力の層よりもこちらの愛の層のほうが、ハリウッド、そしてアメリカの観客にとっては、看過できない問題だと判断されたはずである。実際に、アメリカ側の配給会社であったコロンビア映画の意向で、ロサンゼルス郊外において実施された試写会での観客の反応は散々なものであった（小林　３１）。

特に問題となったのが、麻薬捜査局に拘束されたマチルダをレオンが救出し、アパートに戻った後に始まるシーンである。ここでマチルダはレオンがプレゼントしたピンクのドレスを着て、彼に牛乳を差し出し、自分は初体験を大切にしたい、だから、レオンに最初の体験の相手になって欲しい、との気持ちを伝える。しかし、レオンはそれを受け入れず、自分が19歳の時に愛していた女性のこと、その女性は家柄の違いから二人の関係に怒った彼女の父親に殺されたこと、そして、彼女の死は「事故」とされ、今度は無罪として釈放されたその父親を射殺したことを打ち明け、それ以来誰も愛したことはなく、自分はいい恋人にはなれない、と告げる。そこで、マチルダはまた別の提案をする。ベッドを共にしようというのである。レオンは椅子に座ったまま眠るのが常なので、これは「一緒に寝よう」という一義的な提案である。二人の様子は恋人ではなく、親子のように見える（『レオン　完全版』［以下、『完全版』］1時間38分―43分22秒）。アメリカの観客たちはこの一連のシーンにおけるマチルダとレオンのやり取りに過剰に反応したようである。ベッソン自身が当時の状況をこう記述する。

ところがアメリカ人はこのシーンを違った目で見、一斉に抗議の声があがった。あちこちでブーイングが起こった。「バカな（ノー・ウェイ）」と叫んでいる者がいる。女性は憤慨し、男性は馬鹿みたいにニヤけていた。要するに、ひどい有り様だった。それは映画の最後の20分を台なしにしてしまった。初めの段階でストップがかかってしまったのだ。「あの娘はセックスがしたいんだ。まるで雌犬だ」、「彼はノーと言うのをためらっている。あれはサディストだ」。

レオンとマチルダに〈サディストと雌犬〉という名が与えられた。（ベッソン　45）

ベッソンは、「怒りを感じると同時に、打ちのめされた」と語る（ベッソン　45）。結局、アメリカ公開ヴァージョン（これは同時にインターナショナル・ヴァージョンを意味する）では、問題のシーンは削除されることになる。『レオン』の成功が、それもインターナショナルな成功が、この削除と密接な関係にあるとしたら、そこに何らかの〈抑圧〉が関与していたことを看取するのはたやすいことである。ただし、当時社長であったマーク・カントンを含むコロンビア映画側の重要人物を相手にした内輪の試写会では、また別の反応があったとベッソンは述懐している。

みんな感激していたが、同時に少し戸惑ってもいた。彼らには、この不思議な、よそから来たものを、どうやったら〈売る〉ことが出来るのか、よくわからなかった。これは純粋にハードなアクション映画ではない、従来の恋愛映画でもない。フランス風の心理ドラマでもない。つまり、彼らはどんなステップで踊ればよいのか、わからないのだ。彼らは検閲のこともひどく心配していた。バイオレンス・シーンについては不安は小さかったが、レオンとマチルダの〈恋愛〉関係については大いに気をもんでいた。（ベッソン　44）

コロンビア映画側の懸念の半分（マチルダとレオンの関係性の描写に関する問題）は当たっていたと言えるが、ここで同時に推測できることは、（後の現象としての）この映画に対する、特に、削除作業を施される前の『レオン』に対する一種の拒否反応は、倫理的・道徳的な感情から生じたというよりは、ここで描かれる恋愛、もっと言えば、この映画自体が、〈不可解〉、〈わからない〉ことによって生じていたのではないか、ということである。〈サディストと雌犬〉というレッテルはあまりに感情的であり、自らの認知的な枠組みに吸収不可能なものに対する、本能的な防衛反応、認識のヒビを繕うための絆創膏のようなものであったのではないか。『レオン』が記憶されるのは、とりもなおさず、この〈愛〉が〈わからなかった〉ものであるからなのではないだろうか。ジークムント・フロイトの次の公式が想起される。「こういう〈わからなかったもの〉は、やがてふたたび立ち現われてくるのである。それは救済されない霊魂のように、解決や救済をうるまでは浮かばれないのである」（フロイト　258）。レオンとマチルダの〈わからない〉物語は、我々の記憶に憑依し続ける。本章は、この〈わからない〉物語の本質と仕組みに少しでも接近しようという試みである。

2　アクション映画のパラダイム――準拠と逸脱

本章では便宜上、アクション映画を一つのジャンルと想定して考察を進める（実際には、〈アクション映画〉は漠然とした用語であるとか、そもそもジャンルではないという議論もあることは認識している[1]）。その上で、アクション映画というジャンルの下位区分としてのいくつかのサブジャンル（モチーフと呼んでもよい）を想定し、『レオン』の物語が、アクション映画のパラダイムとしてのサブジャンルに典型的な物語パターンに、どのように準拠し、どのように逸脱するのか、という問題の考察を行うことで、『レオン』の物語構造を明らかにして、その構造内部で何が起こっているのかを知るための手掛かりとする。

『レオン』は、特定のサブジャンルのみで構成されておらず、むしろ、いくつかのサブジャンルが重層的に絡み合ってこの映画をつくりあげている。本章では、『レオン』の内部に明示的なサブジャンルとして、以下の三つを想定してみよう。

①師弟＝マチルダはレオンに〈掃除人〉の弟子入りをさせてほしいと懇願し、レオンはしぶしぶそれを了解する。

②仇討ちあるいは復讐＝マチルダはレオンに、弟を殺したスタンスフィールドの殺害を依頼するが、拒否される。そして、自分で仇を討つために敵の居場所である麻薬捜査局に赴く。

③殺し屋＝レオンは、イタリア系マフィアの一員と目される人物の仕事を請け負う腕利きの殺し屋である。

本章では、『レオン』をこれら三つのサブジャンルに解きほぐし、各サブジャンルに典型的な物語パターンを有すると想定できる、（ハリウッド的物語パターンの典型と目されるＳＦや西部劇の作品を含む）アクション映画作品との比較を行うことで、『レオン』の構造的特異性の分析を試みる。この分析によって、前節で提起した〈わからなさ〉の謎の解明に一歩でも近づこうというのが本来の目的である。

①〈師弟〉のサブジャンル

〈師弟〉のサブジャンルが極めて明示的であるのが、『スター・ウォーズ』シリーズであろう。ジョージ・ルーカスが脚本の執筆段階で依拠したのが、ジョーゼフ・キャンベルの『千の顔をもつ英雄』が提示した普遍的かつ基本的な神話・物語構造（「英雄の神話的冒険」）だったということは有名な逸話であるが、『スター・ウォーズ　エピソードⅣ／新たなる希望』（*Star Wars Episode IV: A New Hope*, 1977）におけるオビワン＝ケノービ（アレック・ギネス）とルーク・スカイウォーカー（マーク・ハミル）の師弟のような関係、翻っては『スター・ウォーズ　エピソードⅠ／ファントム・メナス』（*Star Wars Episode I: The Phantom Menace*, 1999）におけるクワイ・ガン＝ジン（リーアム・ニーソン）とオビワン＝ケノービ（ユアン・マクレガー）の師弟関係（ジェダイ＝マスターとパダワンの関係）はアクション映画における〈師弟〉の元型的なイメージを形成していることは疑いがない。とりわけ『エピソードⅣ』において冒険への導き手としてのオビ＝ワン・ケノービが果たす役割とその運命は、このサブジャンルを支配する重要な論理を明らかにする。

クワイ・ガン＝ジンとオビ＝ワンは、（ジョージ・ルーカスが依拠した）神話学者ジョーゼフ・キャンベルのいう「守護者」（the guardian）とか「超自然的な力で助けてくれる人」（the supernatural helper）という神話的な役割を果たしている。「自然を超越した力で助けてくれる人は男の姿をしていることが多い。民話では森に棲む小さい人々や魔法使い、世捨て人、羊飼い、鍛冶屋などがいて、姿を現しては英雄が必要とする魔除けや助言を授ける。高尚な神話になると、案内人、導師、渡し守、魂を死後の世界に導く者という崇高な姿になって、その役割を発揮する」（キャンベル　107―111）。クリストファー・ボグラーが、「賢者（メンター。キャンベルでは「守護者」にあたる――筆者註）は助言を与え、ときには魔法の武器をくれる。オビ＝ワンがルークに与える、父親のライトセーバーがこれに当たる」（ボグラー／マッケナ　81）と指摘するように、『スター・ウォーズ』シリーズは、「英雄の旅」という普遍的で基本的な物語構造＝モノミスの一具体例である。

ボグラーはこう指摘する。「賢者は主人公にできるだけ付き添う。最終的には、主人公は自分で未知に立ち向かわなければならない」（ボグラー／マッケナ　81）。彼はここで、「賢者」の一例として『ジョーズ』（*JAWS*, 1975）のサメ狩りのプロであるクイント（ロバート・ショー）を挙げている。ダース・モールに殺されるガン＝ジンや、ダース・ベイダーとの闘いで死ぬオビ＝ワンは同様、クイントもサメに食われて死ぬ。〈師弟〉の物語は、〈師〉＝賢者＝守護者は死ぬことを要請する。次の段階は、〈弟子〉＝英雄による〈師〉の死の乗り越え、そして「未知」あるいは敵との対決である。

マチルダも、レオンから銃を与えられ、ライフル射撃の術を伝授される。彼女を英雄（キャンベルによれば、英雄は「男女は問わない」（キャンベル　58））、レオンを賢者と想定して、スタンスフィールドとの戦いを軸に形成されるマチルダという英雄の冒険の物語構造を吟味してみる。

すると、この構造がキャンベルの基本パターンを成していないとわかる。実際、麻薬捜査局でのスタンスフィールドとの対決場面におけるマチルダは英雄からは程遠い。確かに彼女は、レオンという師に出会うし、この映画にはしつこいくらい単調な〈弟子の生活〉＝修業のシークエンスも含まれている（『レオン　オリジナル版』［以下、『オリジナル版』］　50分54秒―52分49秒）。しかし、マチルダは、スタンスフィールドとの戦いにおいては、易々と英雄の役割を手放すか、取り上げられてしまう。彼女には、レオンという〈師〉の死を乗り越えてスタンスフィールドと対決する余地も与えられない。レオンの死はスタンスフィールドに対する捨て身の一撃であり、守護者と敵はもろともこっぱみじんとなり、消え失せてしまうからだ。

さらに、マチルダは倒すべき敵であるスタンスフィールドの前では完全に無力になる（『オリジナル版』1時間12分35秒—16分58秒）。「弟の所へ行くか?」と囁くスタンスフィールドに対して、マチルダは「ノー」と首を振る。「生きていたいか?」と聞かれて、「イエス」と答える。そして、彼女はスタンスフィールド一味に簡単に拉致されてしまう。この物語の戦いでは、〈弟子〉マチルダは、けっして〈師〉レオンを乗り越えることはできず、むしろ屈辱的な状況に置かれる。

〈弟子〉による〈師〉の乗り越えという定型的なストーリーは、マシュー・ヴォーン監督の『キングスマン』（*Kingsman*, 2014）にもはっきりと見て取れる。この映画でも、〈弟子〉としての若者が、〈キングスマン〉＝ハリー・ハート（コリン・ファース）に導かれ、ジェームズ・ボンドが使用する類の特殊武器を与えられる。彼もまた、自らの〈師〉であるハリーの（少なくとも本作には出来する）死を乗り越え、人類を暴徒化あるいは狂人化して殺し合わせて、人口を減らそうと画策するアメリカ人企業家ヴァレンタイン（サミュエル・L・ジャクソン）と対決し、勝利を収める。同じくボーン監督の『キック・アス』（*Kick-Ass*, 2010）では、11歳のヒットガール＝ミンディ（クロエ・グレース・モレッツ）が、父であり師であるマクレディ（ニコラス・ケイジ）の死を超えて、本作の主人公であるキック・アスと名乗るにわか仕込みの青年コスプレヒーローと共に悪人をせん滅する。父の仇という仕事をあと一歩でこのキック・アスという年長の新参者にやはり簒奪される点も考慮すると、アンドリュー・バーモンも指摘するように、ミンディのキャラクター造形にはマチルダのイメージが及ぼした影響は大きいと推測できる（Burmon）。

このように、キャンベルが抽出した〈師弟〉の神話構造はアクション映画の世界では近年も幅を利かせている。

しかし、『オリジナル版』の『レオン』は、このパターンを逸脱する。マチルダは師であるレオンを超えられず、師を継がず、学校に戻る。学校とはフィリップ・アリエスによれば「一種の隔離状態」（アリエス 3）である。もともと子どもは「徒弟修業」のなかで大人と接触して「直接に」人生について学んでいたが、大人から分離されていき、「学校」に閉じ込められたのだという（アリエス 3）。マチルダは、最後に大人から分離されて、学校に幽閉される（ミンディが学校に戻るのは、マチルダの場合とは違い、敵を倒した後である）。『レオン』は、このサブジャンルでは、アクション映画の標準的なパラダイムから逸脱している。

②仇討ちあるいは復讐──レオンはジョン・ウェインなのか？

『レオン』のストーリーを構成するもう一つの明白なサブジャンルは、〈仇討〉〈復讐〉である。マチルダは、レオンのもとで殺し屋になるための修業・徒弟生活を送るが、実際にスタンスフィールドを殺すのは、師であるレオンなのである。彼女は自分で仇を討つ機会をレオンに簒奪される。マチルダは仇を討てない。それどころか、誰も殺すことはできない。では、マチルダに殺しの才が全くないのか、というと、どうもそうではないようだ。例えば、『オリジナル版』にも登場する、ライフル狙撃の訓練シーンにおいて、レオンの指導に従い、狙った相手に一発でペイント弾を命中させている（『オリジナル版』47分40秒―50分53秒）。それにもかかわらず、彼女は自分の手で復讐をしようとすると、たちまち無力になるか（スタンスフィールドによる拉致）、自分が本来すべき〈仕事〉を取り上げられてしまうか（レオンによるスタンスフィールドの殺害）してしまい、自分の手で復讐を遂げることはできないのである。それはなぜか。殺し屋としての修業を積んだはずの彼女が、なぜ仇を討つ機会を逸するのか。

（レオンに頼まれた牛乳その他を買うために）偶然外出していたマチルダはスタンスフィールド一味による家族の殺戮の場に居合わせることなく難を逃れ、レオンの部屋のドアを叩く。レオンはしばらく躊躇するが、結局彼女を部屋に入れ、命を救う。レオンが「掃除人」＝殺し屋であることを知ったマチルダは、可愛がっていた弟の仇であるスタンスフィールドの殺害を依頼するが、高額であったため、「何でもやるから殺し方を教えて」と取引を持ちかける。しかし、レオンはこれを拒否し、マチルダをいったん寝かしつける（『オリジナル版』３６分４０秒―３８分３４秒）。翌朝、レオンはマチルダに部屋を出ていくように告げる（寝ているマチルダを、射殺しようとしたができなかった）。そこで彼女は一枚のメモをレオンに渡す。レオンは英語が読めない。そこには「私も〈掃除人〉になりたい」と書いてあった。無理強いをするマチルダに、レオンは「助けてやったのになぜこんなことをする」と諭すが、マチルダは、「助けたからには責任がある、今放り出したら助けなかったことと同じになる」と反論し、押し問答では完全にマチルダが優位に立つ。困り果てたレオンは、「君はまだ子どもだから無理だ」と釘を刺す。すると、マチルダは突如リボルバーを手に持ち、アパートの窓から外に向かって乱射し、レオンの度肝を抜く（『オリジナル版』４０分４秒―４２分３５秒）。マチルダのこの行動が契機となって、レオンは不承不承、マチルダと行動を共にするようになる。結果として、レオンはマチルダの持ちかけた取引に応じる。

１２歳の少女マチルダが論争では優位に立って大人であるはずのレオンを言葉巧みに説得し、最後には一種の豪胆さを見せつけて、奇妙なリスペクトのようなものを獲得し、自分の復讐に巻き込んでいくという『レオン』のプロットは、ヘンリー・ハサウェイ監督、ジョン・ウェイン主演の『勇気ある追跡』（*True Grit*, 1969）のプロットを想起させる。

父親を殺された１４歳の少女＝マティ・ロス（キム・ダービー）による仇討ちの依頼。マティは、酒好きで好戦的な連邦保安官補ルース・コグバーン（ジョン・ウェイン）に追跡を依頼し、父を殺し、父の馬を奪って逃げたチェイニー（ジェフ・コーリー）を捕らえようとする。コグバーンは、マティを子どもとみて、高額の報酬を要求してくるが、彼女は、父親の馬を預かっていた馬小屋のオーナーを言葉巧みに説き伏せて、盗まれた馬の代償として３００

ドルを支払わせる。この映画でも、〈少女〉の交渉能力＝知力は、まさに大人顔負けのものとして描かれる。コグバーンや、別の殺人事件の犯人としてチェイニーを追跡しており、二人に同行するテキサス・レンジャーのラブーフ（グレン・キャンベル）との駆け引きでも一歩も引かない。また、川の渡し場でコグバーンとラブーフに置き去りにされても、馬に乗ったまま川を渡るという荒業をやってのける。コグバーンは「俺みたいなことをしやがる！」（51分52秒）と感心して、結局はマティの同行を認めることになる。こうして、マティは知力と勇気を兼ね備えた人物として描かれる。

知力と豪胆さ。この二つをもって、マティは周りの〈大人〉を振り回し、支配さえもする。この点、マチルダは、マティと同じものを共有している。二人が同じ名前をもつこと（マチルダ［Mathilda］の愛称はマティ［Mattie］）も偶然ではないだろう。さらに、『レオン』の「最高のゲーム」のシーン（『オリジナル版』52分51秒―55分）を吟味すると、二人の少女の関係性がより密接なものに見えてくる。トレーニングと単調な生活に飽きたマチルダは、レオンに「最高のゲーム」をしようと提案する。それは、お互いに物真似をして、誰を真似ているのかをあてるというもの。ここで、レオンが真似るのが、他ならぬ、ジョン・ウェインである。彼は、ジョン・フォード監督『リバティ・バランスを撃った男』（*The Man Who Shot Liberty Valance*, 1962）のジョン・ウェインの物真似をするのだ。マティもマチルダも、〈ジョン・ウェイン〉を前にしているのだ。

ハサウェイ版『勇気ある追跡』が、チェイニーの最期の描写において、チャールズ・ポーティスの原作における描写をほぼ踏襲していることは、意義深い。ポーティスの原作の終盤、マティは父親の仇であるチェイニーに向けて発砲する（これ以前にもマティはチェイニーを撃ったが、1発目は脇腹に命中したものの、2発目は不発、チェイニーに捕まる）。最後はチェイニーに向けて撃った大型拳銃の反動で後ろに吹き飛ばされた彼女は、後ろの穴に落下してしまう。穴の底には、ガラガラヘビが群居している。彼女は助けを求める。すると、上から男の声が聞こえる。「トム・チェイニーの声だ！　私はまだチェイニーを殺す仕事をやり遂げていなかった！」（ポーティス　２８７）。マティは、ここで「トム、ロープを投げて！　あんただって、わたしを置き去りにするほど卑怯者じゃないはずよ！」（ポーティス　２８７）と、父親の仇に助けをもとめるのだ。そこにコグバーンが駆けつけ、ライフルの銃床でチェイニーの頭を砕いて殺害する。ハサウェイ版でも、穴に落ちてガラガラヘビを見たマティは、チェイニーに向かって叫び、助けてくれるように懇願する。そこにコグバーンが駆けつけて、チェイニーを射殺するのである（１時間５２分３７秒―５３分１７秒）。

結果として、マティは自分では仇を討てない。ここでも、〈少女〉は〈守護者〉に仇を討つ〈仕事〉を簒奪されるのである。この点、『レオン』は『勇気ある追跡』を反復し、〈仇討〉のパラダイムに準拠しているといえる。マティとマチルダは、命を失う危険が決定的に迫ると、自分の仇敵にさえ、命乞いをしてしまうという屈辱（逞しさともいえるが、行動の一貫性からすれば屈辱となる）をも共有している。マティが肌身離さず携行する、父親の形見であるコルト・ドラグーンは、マチルダの物語における、レオンに習った掃除人の〈テクニック〉と渡されたハンドガンに相当するが、二人は仇敵を前にしても武器をうまく使えず、不自然な挫折が起こる。

ただし、仇討の観点からすると、２０１０年のマティは違う。コーエン兄弟によるアダプテーション『トゥルー・グリット』（*True Grit*, 2010）のマティ（ヘイリー・スタインフェルド）は、父親のドラグーンを撃ち、チェイニー（ジョシュ・ブローリン）を射殺する。(2) コーエン兄弟は、ハサウェイ版の映画からは距離をおいていた（**Turner 356**）（コグバーン役のジェフ・ブリッジズの指摘はカール・コズロースキー（**Kozlowski**）を参照）。コーエン兄弟は、ハサウェイ版の〈リメイク〉ではなく、あくまで、ポーティスの原作からの別のアダプテーションとして『トゥルー・グリット』を製作しており、特に、四十に届こうとするマティの語りをフレームとしている点、当時１３歳のスタインフェルトをマティ役にキャスティングしている点（キム・ダービーは２１歳でこの役を演じた）などにおいて、原作に忠実なアダプテーションを行っている（Turner 364）。しかし、コーエン兄弟版では、マティはチェイニーを自分で射殺し、仇討に成功するのだ。この変化を引き起こした要因の一つが、１９６９年（ハサウェイ版）と２０１０年（コーエン兄弟版）の間で何かが変わった。この変化を引き起こした要因の一つが、１９９４年の他ならぬマチルダだったのではないだろうか。コーエン兄弟版マティの仇討成就への道を開いたのはマチルダという〈可能性〉だったのではあるまいか。

ハサウェイ版の『勇気ある追跡』はラルフ・ラマー・ターナーが指摘するように、「古典的な西部劇」である（Turner 361）。ジョン・ウェインはこの作品でアカデミー主演男優賞を受賞しているが、それは、マノーラ・ダーギスが指摘するように、彼が「ジョン・ウェイン」という伝説的な人物を演じきった功績によるものなのだ（Dargis）。ハサウェイ版のコグバーン＝ジョン・ウェインはハリウッドの基本的な神話構造のいわば番人として、マティに人殺しをさせなかった。仇討の仕事を〈娘〉〈少女〉から簒奪した。それも見事に。本章の視点からすれば、ジョン・ウェインの真の功績は、ここにある。

『レオン』が古典的な西部劇の仇討物語の構造と掟に準拠しているがゆえに、マチルダによるスタンスフィールド殺害、ひいては〈殺し〉自体が抑止されている。殺し＝仇討というクライマックスをマチルダから簒奪するレオンはやはりジョン・ウェインなのだ。

③機械性の領域からの逸脱――殺し屋（ターミネーター）の人間化

１９９４年９月１５日のル・モンド紙における『レオン』についての報道記事にはこう書かれている。

彼は単なる殺しのプロではない。殺人マシーン。完璧に調整され、効果絶大、ほとんどしゃべらず、人間工学的。マシーンはそれが作られた目的をきっちりと果たす時において、皮肉ともなる。目をみはる動き、正確さはスイス製の時計なみ。あるギャングの一味を機械的に全滅させるシーンがあるが、彼らはまさに殺されるために呼び出され、レオンの能力はまったく疑う余地がない。（ベッソン　２０２）

他ならぬジャン・レノも、自分が演じた人物について、「彼は契約を執行し、彼の金はトニーが管理する。彼の生活の巡り方はすべて機械的、自動的で、そこには精神の入る余地がない」と述べる（ベッソン　１０２）。確かに、レオンの生活の全ての要素＝行動が、殺し＝〈掃除〉の仕事の成功と連結する。殺し屋の領域には、偶然の余地がない。全てが合理的・必然的で、反復・再現可能であり、この領域に住む人間＝殺し屋のターゲットになりうる人間を、レオンは〈女子ども以外〉と同定する。

機械的なレオンはまさに理想的な殺し屋である。彼は、ジャン＝ピエール・メルヴィル監督『サムライ』（*Le Samouraï*, 1967）のストイックな殺し屋にも似ている。レオンのコートと丸目のサングラス、そして彼の日々のトレーニングを初めとした計算された行動は、アラン・ドロン扮する殺し屋が〈仕事〉に向かう際の〈正装〉＝コートと帽子、そして全ての行動の合目的性を想起させる。他面、冒頭のギャングへの強襲、麻薬取締局の襲撃、そして、クライマックスのＳＷＡＴ部隊との激しい銃撃戦における、無慈悲なレオンは、ジェームズ・キャメロン監督『ターミネーター』（*The Terminator*, 1984）における殺人マシーンをも想起させる。

ターミネーター「Ｔ－８００」（アーノルド・シュワルツェネッガー）は、未来から送られた戦士カイル・リース（マイケル・ビーン）の説明通り、理想的な殺し屋を具現している。「奴には取引も理屈も通用しない。同情も後悔も恐怖もない。絶対にあきらめないんだ。君の死を見届けるまではね」（４２分５４秒－４３分１２秒）。レオンはターミネーターと機械性・合目的性を共有している。

ただし、『ターミネーター』と『レオン』は、以下の意味では、方向性が違う。『ターミネーター』においては、最初〈人間〉と思われていた者の皮膚が徐々に剥がれ落ちていき、その内部にある〈機械〉・〈自動人形性〉が暴露される。一方、『レオン』では逆のことが起こる。ここでは、最初〈機械〉あるいは殺人マシーンだと思われていた殺し屋が実は紛れもない人間だとわかるのである。ただし、ターミネーター（T─800）も『ターミネーター2』（*The Terminator 2: The Judgment Day*, 1991）では、ジョン・コナー（エドワード・ファーロング）との関係性のなかで、「徐々に〈人間化〉"humanizing"していく」（Tasker 83）。ある出会いをきっかけに、機械＝怪物が人間化する。(3)

機械＝殺し屋の〈人間化〉、『レオン』でもこれと同じことが起こっている。レオンもマチルダという偶然的要素との接触によって、人間化していく。レオンがマチルダの練習用のスナイパーライフルをトニーの店で受け取るシーン（『オリジナル版』46分26秒─47分41秒）において、トニーはレオンにいう。"Change ain't good."「殺しの手口は変えるな」、と。レオンの人間化という文脈を考慮すると、このトニーの言葉は、「変化《チェンジ》はよくない」という警告にも聞こえる。〈変化〉＝レオンの人間化が、実はトニーに代表される、エスニシティと掟に支配された（ジャック・ラカンの用語を借りれば）象徴的とでも呼ぶべき領域からの離反を意味する、ということがここには暗示されているのかもしれない。

そういえば、この場面でトニーとレオンが話している間、トニーの背後の壁に面したテーブルに、レオンに向かい合うかたちで一人の老人が腰かけている。この老人は、よれた背広姿で、彼が登場するもう一つの場面（56分14秒─59分12秒、ここではレオンがトニーに預けた金について相談をする）では、同じ場所だが、レオンと隣りあい、トニーに向かい合うかたちで座っており、うつむいて目を閉じている（図1）。ところが、先の「変化はよくない」のシーンでは、レオンを凝視している（図2）。まるで、ある掟に支配された領域があって、そこから離反して変化しようとする（人間化しようとする）レオンを厳しく見張っているかのように見える。象徴的な領域＝〈女子ども以外〉の領域から離れるレオンの最期を予兆しているかのような不吉な場面である（この老人は、イタリアン・マフィアの掟の審級あるいはエスニシティの番人なのかもしれない[4]。

マチルダが置かれる領域は、〈子ども〉の領域と呼ぶべきだ。先ほどのレオンが金の相談をするシーンで、トニーに「女に出会ったのか?」と聞かれたレオンは即座に首を横に振る。レオンはごまかしのつもり（＝テクストの一義的な表層）でも、この行為遂行的な挙措によって（＝テクストのポリセミックな深層）、マチルダは少なくとも〈女〉ではなくなる。加えて、マチルダはレオンというインターフェイスを利用して、〈女子ども以外〉の領域に参入するため、自分を〈機械化〉（プロの冷酷さの領域への参入）しようとするが、レオンのほうは、〈人間化〉によって〈機械〉の領域から遠ざかってしまう。マチルダに恋の告白をされた後、レオンはそれを否定はしたものの、愕然とした後、〈掃除〉に出かけるが、帰宅すると戦闘で胸を負傷しており、その後その銃傷と思われる傷口を自分で縫合する（1時間24秒―1分57秒、1時間7分17秒―9分3秒）。端的にいうと、人間化すること＝パトスが目覚めることで、レオンというプロ＝殺人マシーンに不調が生じる。人間化すればするほど、レオンは殺し屋・機械の領域から遠ざかり、マチルダの〈子ども〉の領域に近づいてしまう。このため、マチルダは、本来目指した〈女子ども以外〉の世界への道を閉ざされてしまうのである。そして、レオンがスタンスフィールドと共に爆発によって消え去ることで、マチルダの前に開きかけていた〈女子ども以外〉の領域は完全に消失する。マチルダはレオンの死によって、完全にこの領域から締め出されてしまう。人間化した機械・怪物は、結局死なければならないとすると、このことは、〈子ども〉を何らかのかたちで〈締め出す〉ことと表裏一体である。『レオン』のトニーが最後に言う。「ゲームは終わりだ！　レオンは死んだ！」（『オリジナル版』1時間39分49秒―41分38秒）。〈子ども〉と〈女子ども以外〉の間に生じた一つのインターフェイ

図1　『レオン　オリジナル版』
（リュック・ベッソン監督、56分38秒）

図2　『レオン　オリジナル版』
（リュック・ベッソン監督、47分22秒）

い。

さて、アクション映画のジャンルにおいて、①『レオン』は〈師弟〉の標準的なパラダイムからは逸脱する。マチルダはけっしてレオンを乗り越えられない。②『レオン』は、〈仇討〉のパラダイムにおいては、古典的な西部劇としての『勇気ある追跡』のパラダイムに準拠する。マチルダは仇を討てない。自ら手を下すという意味では。③『レオン』は、殺し屋の人間化とそれに付随する殺し屋の犠牲的な死というパラダイムにも準拠する。結局〈子ども〉は殺し屋の領域から締め出される。これら3つのアクション映画のパラダイムについての考察から得られる商は一体何であろうか。

『レオン』においては、何らかの力がマチルダというキャラクターを封じ込めようとしている。マチルダが典型的な物語構造で歩むはずの道は、『レオン』のアクション映画の基本的なサブジャンルのパターンへの準拠と、そういうパターンからの逸脱の動きの中で、常に、そして、不自然に閉ざされてしまう。ここには、何らかの検閲・抑圧の力が働いていることが見て取れる。マチルダは重層決定的に、〈女子ども〉の領域というよりは、〈レオンによるマチルダの女性の暗示的な否定が典型的に示すように〉〈子ども〉の領域に抑留され、〈大人〉・〈男〉の領域の開口部は、彼女の前で閉じてしまう。

しかし、最も重要なことは、この〈抑圧〉という試みこそが、裏を返せば、マチルダが、『レオン』のテクストにおいて、一種御しがたい、そして、抑圧しなくてはならない、隔離しなくてはならない、未知の力を代表している、ということの証左になる、ということだ。『レオン』のテクストは、内部にマチルダ＝〈子ども〉という御しがたい力を宿しつつ、それを〈抑圧〉している。①～③のサブジャンルにおける準拠と逸脱の動きにはそのことが示されている。これが『レオン』というテクストに現れる症候なのだ。

3　差異のシステムの攪乱──『レオン』と『グロリア』

もちろん、〈子どもの抑圧〉は、『レオン』に始まったことではない。精神分析学者ニコラ・アブラハムが遺した断片には、こう書かれている。「いかなる文明であれ、〈子ども〉の意味を抑圧している」（アブラハム／トローク 361）。「人々は呼吸をするように、ごく自然に〈子ども〉を抑圧する。フロイトのおかげでわれわれはやっとこうした考えに気づき始めているのである」（アブラハム 363）。もちろん、ここでアブラハムが言及している〈子ども〉は、あくまで「〈子ども〉という観念」（アブラハム 365）のことを指し、個々の人間存在を意味するというよりは、〈子ども〉の意味作用を考察することの重要性がここでは説かれている。不完全なままに遺されたアブラハムの原稿では、彼の〈子ども〉についての思考がどのような結論に至ったのかを特定できない。しかし、アブラハムが、意識的な思考を決定づけるかと思いきや時にそれを攪乱する、抑圧されたものとしての〈無意識〉を「永久に子ども的なもの」（アブラハム 366）と呼んでいる点を考慮すれば、『レオン』の分析の中で看取された御しがたい力としての〈子ども〉が、アブラハムのいう〈子どもという観念〉と極めて近い位置にあることは確かである。これから論ずるように、特に『レオン』において、〈子ども〉は、〈無意識〉と同様、抑圧されつつ、しかし、回帰するからだ。

〈子ども〉は何らかの理由で抑圧される。『レオン』のなかで起きていることは、この抑圧に対する〈抵抗〉、あるいは〈子ども〉の〈回帰〉なのではないか。本章の議論は、マチルダを〈女性〉とする見方とは距離を置いている。先に言及した、レオンが「女に出会ったのか」と言われて首を振る挙措も、テクストの深層における意味作用としてはそのことの妥当性を支持しているが、『レオン』の元型として言及されることが多い[5]『レオン』と同じくコロンビア映画製作ジョン・カサヴェテス監督の『グロリア』（*Gloria*, 1980）との比較は、マチルダは、〈女性〉ではなく、〈子ども〉なのだ、という確信をさらに強めることになる。

ここで、『レオン』と『グロリア』の間にあるプロット上の類似点を列挙してみる。

①ある組織に関係していた父親の何らかの行為（密告、着服）が原因で、家族を殺された〈子ども〉が〈孤独な隣人〉に救われる。この〈隣人〉は偶然的に巻き込まれる。

②この〈隣人〉は、何らかの特殊能力を備えており、それを駆使して、この〈子ども〉を守る〈守護者〉となる（『レオン』の殺しのテクニック、『グロリア』の場合は躊躇なく敵に発砲する度胸、および、逃走能力の高さに相当し、グロリア［ジーナ・ローランズ］の行動は合目的性にしたがっており、無駄がない点では、レオンの殺し屋としての行動と酷似している）。

③〈子ども〉は、この〈守護者〉に性的な呼びかけをする。マチルダはレオンに恋をし、フィル（ジョン・アダムズ）は、寝るときはいつもパンツだけを身に着けたほぼ裸で、グロリアに「僕のことを愛している？」と聞く。

④年齢だけではなく、エスニシティという境界が、主要登場人物二人の境界を強化している。レオンはイタリアからの移民であり、フィルはプエルトリコ系の母親を持つ子どもである。また、どちらも英語が苦手という点でも共通している。レオンは最初英語が十分に読めず、フィルも英語で話すのが下手である。前者に対してはマチルダが読み書きを教え、後者に対してはグロリアがその英語力の低さをなじることで自分との差異を際立たせようとする（両作品において、一般的な性のカテゴリーでは〈男〉と目される重要な人物＝レオンとフィルが低い英語力しか持たない、ということも注目に値する）。

⑤偶然的な要因で巻き込まれた〈守護者〉だが、〈子ども〉に逃げられたり、拒絶されたりしても、この〈子ども〉との関係性を重視する（フィルはグロリアと一度別れるがグロリアは彼を探しやはり救出する、レオンはマチルダに愛の告白をされた後でドレスをプレゼントするが、マチルダは気のない表情で、これを軽くあしらう）。
⑥本来は、巻き込まれたはずのこの〈隣人〉は、〈子ども〉のために自分の命を危険にさらす（グロリアは、マフィアに殺されかけるが生還し、レオンはスタンスフィールドもろと爆死する）。

『レオン』と『グロリア』の物語構造は、酷似している。また、『レオン』の殺し屋＝守護者は男、家族を殺された〈子ども〉は女の子、そしてこの男はイタリア系で英語が苦手＝言語能力が低い、これに対して『グロリア』のマフィアの元情婦＝守護者は女、家族を殺された〈子ども〉は男の子、そして、この〈子ども〉はプエルトリコ系で英語ができない＝言語能力が低い。一般的な差異のカテゴリーにおける、この徹底的な対比は、むしろ、この二つの映画が実は構造的に非常に似ていることの証左になりうる。ただし、前節で『レオン』内部に確認された〈師弟〉〈仇討〉〈殺し屋〉といったサブジャンルは、『グロリア』には少なくとも明示的なかたちでは現れない。それにも関わらず、『グロリア』を観てから『レオン』を観るときには、必ずデジャブ感が生じるはずだ。そして、このデジャブ感覚が、上記五つの物語構成要素に見られる〈大人〉と〈子ども〉の特殊な関係に起因することは明らかだ。

『レオン』における『グロリア』的なものとは何なのか。『レオン』においても、『グロリア』においても、〈子ども〉は〈大人〉を変える。グロリアは何故戦うのか？　フィルの存在が彼女を変える《チェンジ》＝転換するからだ（彼女自身、実はフィルの家族を殺した者共の「友達」なのに）。これは同時に、〈子ども〉が〈大人〉の安定した領域・世界を攪乱する力を有しているということを意味している。グロリアは、フィルを助けるためであれば、レオンなら「女子ども以外」と呼ぶであろう領域に躊躇なく立ち戻る。フィルが彼の友人の父親（＝マフィアの手下）に拉致され、彼を救出する場面でも、グロリアは躊躇せずにこの父親を射殺する（1時間13分5秒―17分12秒）。〈子ども〉は、それに接触する者が所属する領域の安定性に揺らぎを生じさせる。『レオン』が『グロリア』から受け継いだ『グロリア』的なものとは、〈子ども〉のこのような作用なのではないか。

もう一つの共通点に、両者のプロットの極めて重要なシークエンスにおいて、〈変装〉のモチーフが出来する、ということがある。『グロリア』のラストシーンでは、グロリアはもう死んだものと考えているフィルが、誰のものともわからない墓の前に立ち、グロリアの霊に話しかけていると、一台のリムジンがそこにかけつけ、停車する。中から現れたのは老婆に変装したグロリアで、彼女は「おばあちゃんにキスして」という。スローモーションでグロリアのもとに走り寄るフィル。抱き合う二人。グロリアの白髪のカツラをフィルが外すと、彼女の美しいブロンドが現れる。二人の姿は下からワイプするエンドロールの漆黒の中に消える（1時間55分22秒―59分17秒）。

『レオン』においても、〈変装〉のモチーフが現出する。すでに言及した「最高のゲーム」のシーンにおいて、マチルダはマドンナ、マリリン・モンローといった典型的な女性・セクシャルシンボルの物真似をするが、レオンが言い当てられないため、その後、チャールズ・チャップリン、ジーン・ケリー、つまり男性の物真似をする（52分51秒―55分）。また、最後の特殊部隊による強襲からレオン・マチルダの脱出に至るシーンでも、レオンは特殊部隊の戦闘服を身に着けて〈変装〉し、現場の脱出を図る（1時間33分31秒―39分48秒）。〈子ども〉は自らも変容《チェンジ》・転換《トランスフォーム》する（マチルダ、彼女のお気に入りのアニメは『トランスフォーマー』シリーズ）が、それと同時に、〈子ども〉との接触は〈大人〉の側にも変容《チェンジ》・転換《トランスフォーム》を引き起こす可能性を秘めている。

〈子ども〉がもたらす、〈大人〉の側の変容・転換をもっとも典型的に示しているのは、男であるはずのレオンの〈ジェンダーというよりは〉〈性の揺らぎ〉である。マチルダに恋心を伝えられたレオンが、愕然とした後、〈掃除〉

に赴き、胸に銃傷のようなものを受けて帰宅し、それを自分で縫合するシークェンスにはすでに言及した。これは、シャワーのシーンである。誰かの足もとをフレーミングしているのだが、足をつたって、バスタブに血が流れている（『オリジナル版』1時間8分37秒―38秒）。このシーンの少し前に、マチルダが、レオンに「あなたに恋をしたみたい」と告げ、腹部を手でなで、「お腹が温かいの。締め付けられるような感じが消えたわ」（1時間23秒―1分24秒）という、ある意味〈女〉への越境的な表現をするシーンが用意されているため、先の「足」・「血液」はマチルダのもの（初潮の記号）か、と一瞬見間違える（図3）。このシャワー＋足をつたう血液という組み合わせは、ブライアン・デ・パルマ監督『キャリー』（*Carrie*, 1976）の冒頭で、主人公キャリー（シシー・スペイセク）がシャワー中に初潮を迎えるシーンを直接に想起させるが、実はこの血液は、男であるレオンのものである。彼は怪我をして、その血が流れている。傷の痛みにあえぎ、手に付着した血液を見つめるレオンのショット（図4）にも、自己から流れ出た血液を見つめて驚くキャリーのショット（図5）がフラッシュバックしているように見える。これらのシーンでは、レオンもキャリーも〈女〉になる。レオンは、マチルダの代わりに〈女〉になる（これはマチルダとレオンが、ラカン的な意味で、自他未分の想像的な空間にいることの証左でもある）。すると、レオンが胸から流れ出る血液（＝ミルク？）を止めようとする場面も、極めて両義的に見える。流れ出る血液を、（まるでランボーのように）傷を縫合することで止めようとするレオンの挙措は、自らの女性化を阻止せんとする男性的な抵抗の表象の一例と見ることもできそうだ。この行為はもちろん、差異のシステムを攪

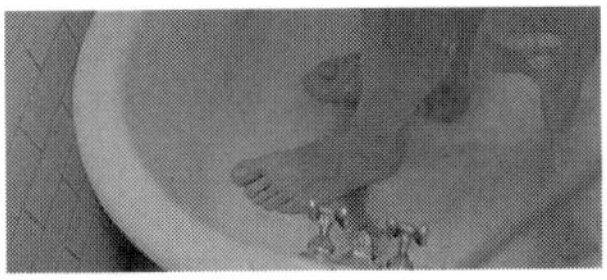

図3　『レオン　オリジナル版』（リュック・ベッソン監督、1時間8分37秒）

図4　『レオン　オリジナル版』（リュック・ベッソン監督、1時間8分45秒）

図5　『キャリー』（ブライアン・デ・パルマ監督、4分12秒）

乱する、マチルダという〈子ども〉の〈侵犯的な力〉への抵抗でもある。

ここまでの考察を踏まえると、『レオン』における『グロリア』的なものとは、まさに、〈子ども〉の〈侵犯的〉な力の抑圧である、ということもできるかもしれない（これこそが映画『グロリア』のグロリア的＝グロリアスな？　要素なのかもしれない）。マチルダの子ども／大人の境界を侵犯する力（彼女は最初からタバコを吸っていたりもする）、同じくマチルダの男／女の境界を侵犯する力（変装）、フィルの子ども／大人の境界を侵犯するポテンシャル（「僕を愛してる？」）、そしてフィルとマチルダの〈変える力〉（グロリアとレオンの変装＝変容・転換がその隠喩である）、これらの〈子ども〉のポテンシャルの無意識的な認識と、それを抑圧しようとするストーリーラインを、両者は共有しているのだ。特に、『グロリア』における、ラストのグロリアとフィルの再会の場面で採用されているスローモーションと最後のワイプは、フィルという御しがたい力を〈子ども〉の領域に留めるための装置なのだとも考えられる。グロリアが生還することで、フィルは〈子ども〉の領域に留まり、そこにあるのは、少なくとも単なる男と女の関係ではありえない。グロリアが母親になりたいと言ったとき、フィルはこう答えていた。「あんたは僕のママでパパで家族だ。それに友達だね。恋人でもある」。するとグロリアはこう切り返した。「家族がいいね」。まるで、グロリアの中の〈大人〉がフィルの翻弄する〈変容・転換の力〉に蓋をするかのようだ（1時間27分46秒—28分45秒）。レオンもグロリアも〈変容・転換の力〉に抵抗する。

ここで、両作品におけるエスニシティの問題に言及しておこう。両作品においては、〈大人〉と〈子ども〉の間にある、エスニシティ（イタリア系・プエルトリコ系）という差異でさえも、〈子ども〉の御しがたい力を前にしては曖昧化、ひいては無効化される。レオンはマチルダによって〈英語化〉される。彼はこの変容・転換をいとも簡単に受け入れる。本来、「レオンは英語ができない」ということは、マチルダとレオンの間にあるもう一つの境界、つまり、エスニシティの重要な指標である。レオンもマチルダも〈白人〉である（と目される）ため、（イタリア系移民であるため）「英語ができないこと」は逆にエスニックな属性となり、二人の間の境界を維持するためには特に重要なファクターとなりうる。このため、レオンはマチルダに読み書きを教わることで、もうトニーを頼る必要がなくなり、その結果、トニーの支配から離脱することになる。これはとりもなおさず、レオンが、トニーが代表するイタリアン・エスニシティからかい離する、ということである。だからこそ、トニーの店にいた、あのエスニシティの番人のような老人は、レオンを睨みつけるのだ。彼は、マチルダという変化《チェンジ》の種子を内部に宿したレオンを睨みつけるのである。この老人が代表しているエスニシティ概念は、かなり保守的なものである。エスニシティは、あらかじめ与えられた「血、人種、言語、地域性、宗教、また伝統」つまり〈与件〉に由来するという「原初性論者（primordialist）」のいう「エスニシティ」（土田　7—8）に近い。しかし、マチルダに英語化されることで、レオンは自国語という与件から離れ、同時に、少なくとも部分的には、自らのイタリア系としてのエスニシティからも離れていくことになる。このように、マチルダ＝〈子ども〉は、想像的な関係にあるレオンを媒介にして（レオンを英語化して）、エスニシティ＝〈大人〉の掟の領域に影響力を及ぼす。一方、グロリアの場合、彼女は英語を楯にして（＝フィルをエスニックとして扱って）、そして、原初性論的なエスニシティ概念に依拠して、フィルの力を封じようとする（＝〈お前は他者だから影響力がない〉）しかし、ここでも、〈子ども〉との想像的な関係性に彼女が取り込まれることで、原初性論的なエスニシティ概念に依拠した差異の定立は無効化され、彼女は変容・転換される（＝グロリアは自分が住んでいた世界の様々な掟を破り、フィルのために命を賭けることになる）。

〈子ども〉はエスニシティの壁を越えて、〈大人〉を変容・転換する。〈子ども〉はレオンとグロリアに寄生して、エスニシティを攻撃し、その安定性を揺るがせにするのである。こうして『レオン』も『グロリア』も、エスニシティとは、所与的・不変である以上に、有機的・可変的な差異のシステムである、ということを例証することになる。

ここで我々が目の前にしているのは、〈子ども〉の表象をめぐって発生する、性／ジェンダー、エスニシティという差異のシステムの不安定化、そして、アイデンティティの〈変容・転換〉あるいは攪乱の動きなのである。『レオン』と『グロリア』の重ね読みが明らかにしていることは、ジェンダーとエスニシティは解きがたく結ばれたアイデンティティの要素であり、その対極に〈子ども〉という変容・転換の動因《エージェント》がある、ということである。〈子ども〉はあらゆる差異のシステムを不安定化するものの代表なのだ。『レオン』と『グロリア』はこのことを指し示す。

4　三つの『レオン』と〈抑圧されたものの回帰〉

我々は、ここに至ってようやく、『レオン』の三つのテクストの比較的な読解作業に着手することができる。まず、「オリジナル脚本」と『完全版』を比較する。『完全版』は前述のとおり、『オリジナル版』（劇場公開版）で削除されたシーンが追加されており、件の試写会で公開されたものに最も近いヴァージョンである。まず、「オリジナル脚本」を見てみよう。すると、そこには、レオンとマチルダの〈肉体的な〉関係の描写がかなり明白なかたちで存在していることがわかる。

彼女は立ち上がり、恥じらいながらパンティを脱ぐ。スカートははいたままで。レオンは泣き出す。拒否することができない自分の無力さに。マチルダは若すぎる。美しすぎ、愛らしすぎ、優しすぎる…。彼女はゆっくりと、彼の上に乗る。（ベッソン　198）

もう一つの決定的な差異は最終場面にある。レオンはスタンスフィールドに殺される。その現場にマチルダが現れる。

彼女はスタンスフィールドの目をまっすぐに見て、ニッコリ笑った。スタンスフィールドにはわからない。マチルダはポケットから何か取り出し、それを彼に向って放る。スタンスフィールドは飛んできたものを捕らえる。鉄のリングだ。スタンスフィールドにはますますわからない。マチルダはオーバーの裾を広げる。内側には、十個ほどの手榴弾があちこちに縫い付けてある。その撃ちの一個のピンが外れている。スタンスフィールドはすべて理解した。大爆発——物凄い——全面的。（ベッソン 201）

リュック・ベッソンのオリジナル脚本では、マチルダはレオンと肉体的に交わり、そして、仇を討つ。ライフルの狙撃の場面でも人間を射殺し（ベッソン 179）、トレーニングのシーンでも麻薬の密売人を射殺する（ベッソン 188）。マチルダの〈殺し〉、レオンとマチルダの〈肉体的な交わり〉、そして、マチルダによる〈仇討〉＝スタンスフィールドの殺害（同時にマチルダも死ぬが）は、オリジナル脚本には存在している。そしてもちろん、試写会で観客に嫌悪感をもたらしたと想定される『完全版』においても、プロットの変更と削除が行われ、上記の二つの決定的な要素は姿を消している。

ここで、「オリジナル脚本」のマチルダが〈女子ども以外〉の領域を侵犯する、という事実は意味深長だ。マチルダは〈師〉（の死）を乗り越え、〈仇敵〉スタンスフィールドを殺す。ここには、マチルダ＝〈子ども〉という、変化と境界攪乱の種子の〈力〉が噴出している。『完全版』が「オリジナル脚本」に現出しているこれらの要素の〈抑圧〉の上に成り立っていることは明らかだ。「オリジナル脚本」とは、『レオン』の変遷史における原場面（プライマル・シーン〉なのだ。

『オリジナル版』（劇場公開版）では、さらに抑圧の動きが活発化する。マチルダによるレオンへの性的な申し出に関する場面（『完全版』1時間38分―43分22秒）、また、〈掃除〉の仕事に同行する場面（『完全版』1時間13分18秒―23分6秒）の削除は、マチルダという〈子ども〉の侵犯を阻止している。確実な〈性〉と決定的な〈暴力〉（＝殺し）をマチルダから簒奪することで、少なくとも表向き、『オリジナル版』は、〈ドラマ〉というよりは〈アクション〉映画と呼ぶべきものを形成したのだ(6)。

「オリジナル脚本」→『完全版』→『オリジナル版』というプロセスで発生している一種の検閲的な作用は、〈子ども〉の抑圧〉を見事に成し遂げているように見える。しかし、実際には、『オリジナル版』のヒットを原因としてこそ、『完全版』がその後観客の前に姿を現わしたのである。この『オリジナル版』→『完全版』のプロセスでは、今度は逆の動きが発生して、〈子ども〉が〈回帰〉する。〈抑圧されたものの回帰〉である。ここで回帰しているのは、〈子ども〉という力である。〈大人〉という領域をさえも壊乱・解体するポテンシャルを備えたこの恐るべき力が抑圧されている。（三つのテクストによって構成される）『レオン』変遷史では、〈子ども〉という概念は、性やジェンダー（そして前節でみたようにエスニシティ）の境界にまつわる〈変化〉・〈侵犯〉・〈攪乱〉と密接な関係にある。そして、〈子ども〉によって発生する一種の不安定感こそが、〈アメリカ〉の観客の内部に生まれた拒絶感の、より根本的な原因だったのではないか、というのが本章の推論である。この拒絶感は、道徳・倫理のコードのみに起因するものではなく、実はさらに深刻なもので、「オリジナル脚本」からは削除されたが、『完全版』のみならず『オリジナル版』にも回帰する。この点、抑圧は失敗している。そして、可能性という形でほのかに回帰する、マチルダの肉体的な〈行為〉と殺しは、〈大人〉の象徴的現実が立脚する、ありとあらゆる境界を転覆する危険性を備えており、このことにこそ、観客たちは少なくとも無意識的に拒絶反応を示したのであろう。

5 〈彼方〉の磁力

ここまで、『レオン』という映画の内部で〈子ども〉がどのように〈抑圧〉され、〈子ども〉がいかに回帰するのかを検証した。〈子ども〉は、性でもジェンダーでもエスニシティでもないがゆえに、あらゆる差異のシステムの安定性を危険にさらし、同時に〈子ども〉／〈大人〉の二項対立をも無効化する〈力〉として『レオン』のテクストに現出した。(7) この恐るべき〈力〉を内に宿す映画『レオン』は、観る者の内部にある、大人／子ども、男／女、エスニシティという、アイデンティティ構築の基盤となる境界、あらゆる差異を徹底的に脅かす。そこに一種の拒絶反応、いや、抵抗が生じる。これは、〈子ども〉が拓く〈彼方〉を前にした怖れでもあるのかもしれない。

そういえば、あのホテルでマチルダは「マッギルフィン」"McGilfin" という偽名を使った（1時間8分25秒）。"McGilfin" という名前に、我々はヒッチコックの「マクガフィン」"MacGuffin" のエコーを聴取する（*Internet Movie Database* にもこのことについての言及がある）。マクガフィン＝登場人物たちにとっては重要であっても、観客にとっては何物にも代替可能な物語要素。この等式が正しければ、レオンとマチルダの〈愛〉は、大人／子ども、そして男／女という二項対立に立脚する視点にとっては、永遠にマクガフィンに留まり続ける。ペドフィリア、倒錯、あるいは真実の愛、云々――どのようなレッテル＝シニフィアンを代替的にあてがっても意味はないだろう。この〈愛〉は何物でもありうるし、何物でもありえないのだから。ただ我々に分かることは、そして、我々にとって重要なことは、この〈愛〉は中身が空の箱であるけれど、(8) 実はその中身の〈空虚〉こそが、実は不可視の〈彼方〉を指し示す、ということだ。これが「マッギルフィン」（＝レオンとマチルダの愛）と（ヒッチコックの）「マクガフィン」の違いである。レオンとマチルダの愛の場合、マクガフィンの場合とは違って、「なんの意味もないほうがいい」（トリュフォー／ヒッチコック 127）ということにはならないからだ。我々はその意味を追い求めるからこそ観客なのである。

抑圧された〈子ども〉が通道を拓く〈差異の彼方〉。〈分からなさ〉に変装したこの〈彼方〉。我々はそれに憑依され、『レオン』を記憶し、マチルダとレオンの愛の意味を追い求める。そして、安定した差異の世界（ジェンダーとエスニシティ）の〈彼方〉を垣間見せるこの関係性は我々の語りに寄生し続け、『レオン』が宿した〈彼方〉は、境界を脅かしつつ、不可知の仮面をかぶって、我々を翻弄する。『レオン』の磁力はこの〈彼方〉にこそある――これが、本章の暫定的な結論である。

註

（1）「アクション映画」をジャンルではないとする説についてはヘイワード（Hayward 3）を参照。一方、ブランドフォードらにとっては「アクション映画」は、「多くの暴力と身体的アクションを呼び物にする物語テンポの速い映画を漠然と指」し、「集合的に、アクションをもつ傾向にあるジャンルを指すためにも用いられる」（ブラントフォード／グラント／ヒリアー 11―12）。

（2）コーエン兄弟のマティは仇を自分で殺すことで、〈男性〉を侵犯しつつ、〈子ども〉の境界を越境するため、異質な〈女〉としてフェミニズム的な議論の対象ともなりうる（例えば、ヘイメン［Hamen 95］を参照）。ただし、本章では、マティ＝マチルダをまず〈子ども〉と措定するので、マティ＝マチルダが〈女〉であることを前提とする議論は保留している。

（3）もちろん、物語の別の層（サラを〈英雄〉とした場合）では、彼女は自分の〈守護者〉＝〈賢者〉であるカイルの死を乗り越えて、ジョン・コナーの母となる。『ターミネーター2』では、ターミネーター（T―800）がカイルの役割を引き継ぐ。この善玉と化したターミネーターは、これまたジョン・ウェインよろしく、レバーアクションのショットガンをくるりと回して発砲し、サラを援護し、〈賢者〉となる。しかし、この賢者も、〈女性〉であるサラから敵を倒す＝新型ターミネーター（T―1000）の破壊というアクションを簒奪してしまう。ショーン・フレンチも、我々のものとは別の文脈で、このようなアクションの簒奪に注目しており、この簒奪は観客の期待を裏切るものであると指摘している（French 68）。
（４）ここにはイタリア系アメリカ人とマフィアを結びつける、アメリカ映画のステレオタイプ的なイメージが看取される。イタリア系アメリカ人のステレオタイプ的表象については、ベンショフとグリフィンの議論を参照（Benshoff and Griffin 64–67）。
（５）例えば、ソニー・ピクチャーズ・エンタテインメント発売のＤＶＤ版『グロリア』の作品解説にも「『レオン』の原形とも言えるハード・ボイルド作品」との記述が見られる。
（６）ジャーガン・ミュラーは、反対に、『オリジナル版』ではカットされた場面の『完全版』における復活に触れて、「この隠された二六分が、レオンとマチルダのふつうでない関係をよりあざやかに描きだしただけでなく、映画の性格全体を変えたのである――つまり、アクション映画に見えたものが、アクションの要素が入っているドラマに変わったのである」（ミュラー　２１０）。
（７）この点で本章の議論は、ジュディス・バトラーの「〈セックス〉と呼ばれるこの構築物こそ、ジェンダーと同様に、社会的に構築されたものである」（バトラー　２９）という議論と軸を一にしており、（ジェンダーどころか）生物学的と目されるセックスの「二元的枠組み」（同）をも転覆しにかかる力として〈子ども〉を措定している。
（８）「マクガフィン」の定義については、ブラントフォード／グラント及び、トリュフォーへのヒッチコックの説明を参照のこと（ブラントフォード／グラント　３５３―３５１、トリュフォー／ヒッチコック　１２５―２７）

引用文献／映画作品

アブラハム、ニコラ／トローク、マリア『表皮と核』、大西雅一郎／山崎冬太監訳、松籟社、２０１４年（原著１９８７年）。

小林敏明「リュック・ベッソン・ストーリー」、『フィルムメーカーズ①リュック・ベッソン』所収、キネマ旬報社、１９９７年。

アリエス、フィリップ『〈子ども〉の誕生――アンシァン・レジームの子どもと家族生活』、杉山光信／杉山恵美子訳、みすず書房、１９９４年。

キャンベル、ジョーゼフ『千の顔をもつ英雄（新訳版）上』、倉田真木ほか訳、早川書房、２０１５年（原著１９４９年）。

土田映子「〈エスニシティ〉概観：コンセプトの形成と理論的枠組」http://eprints.lib.hokudai.ac.jp/dspace/handle/2115/52864

（2018年2月20日閲覧）。

トリュフォー、フランソワ／ヒッチコック、アルフレッド『定本　映画術』、山田宏一／蓮實重彦訳、晶文社、1981年（原著1966年）。

バトラー、ジュディス『ジェンダー・トラブル――フェミニズムとアイデンティティの攪乱』、竹村和子訳、青土社、1999年。

ブランドフォード、スティーヴ／グラント、バリー・キース／ヒリアー、ジム『フィルム・スタディーズ事典――映画・映像用語のすべて』、杉野健太郎／中村裕英監訳、フィルムアート社、2004年。

フロイト、ジークムント「ある五歳男児の恐怖症分析」、『フロイト著作集5』、高橋義孝ほか訳、人文書院、1969年。

ベッソン、リュック『レオン　リュック・ベッソンの世界』、山崎敏訳、ソニー・マガジンズ、1996年（原著1995年）。

ボグラー、クリストファー／マッケナ、デイビッド『物語の法則』、府川由美恵訳、アスキー・メディアワークス、2013年（原著2011年）。

ポーティス、チャールズ『トゥルー・グリット』、漆原敦子訳、早川書房、2011年（原著1968年）。

ミュラー・ジャーガン『シネマ90s』、Suda Shiho 他訳、タッシェン・ジャパン、2003年（原著2002年）。

『キャリー』、ブライアン・デ・パルマ監督、1976年、DVD（20世紀フォックス・ホーム・エンターテイメント・ジャパン、2013年）。

『グロリア』、ジョン・カサヴェテス監督、1980年、DVD（ソニー・ピクチャーズ・エンタテインメント、2012年）。

『ターミネーター』、ジェームズ・キャメロン監督、1984年、DVD（20世紀フォックス・ホーム・エンターテイメント・ジャパン、2003年）。

『トゥルー・グリット』、ジョエル・コーエン／イーサン・コーエン監督、2010年、DVD（パラマウント・ホーム・エンタテインメント・ジャパン、2012年）。

『勇気ある追跡』、ヘンリー・ハサウェイ監督、1969年、DVD（パラマウント・ホーム・エンタテインメント・ジャパン、2012年）。

『レオン　オリジナル版』、リュック・ベッソン監督、1994年、DVD（パラマウント・ホーム・エンタテインメント・ジャパン、2004年）。

『レオン　完全版』、リュック・ベッソン監督、１９９４年、ＤＶＤ（パラマウント・ホーム・エンタテインメント・ジャパン、２００４年）。

Benshoff, Harry M. and Griffin, Sean. *America on Film: Representing Race, Class, Gender, and Sexuality at the Movies*. Massachusetts: Blackwell, 2004. Print.

Burmon, Andrew. "How Luc Besson's 'Leon: The Professional' Created a New Type of Action Movie." *Maxim*. Nov. 19, 2014. Web. 15. Feb. 2016.

Dargis, Manohla. "Wearing Braids, Seeking Revenge." *The New York Times*. 21. Dec. 2010. Web. 13. Feb. 2016.

French, Sean. *The Terminator*. London: British Film Publishing, 1996. Print.

Hamen, Susan. *How to Analyze the Films of the Coen Brothers*. Minneapolis: ABDO, 2013. Print.

Hayward, Susan. *Cinema Studies: The Key Concepts*. Routledge: New York, 2013. Print.

Kozlowski, Carl. "The Coen Brothers & Jeff Bridges Talk True Grit." *Relevant Magazine*. 22. Dec. 2012. Web. 3. Feb. 2018.

Internet Movie Database. "Lèon: Trivia." Web. 24. Feb. 2016.

Tasker, Yvonne. *Spectacular Bodies: Gender, Genre and the Action Cinema*. New York: Routledge, 1993. Print.

Turner, Ralph Lamar. "'Why Do You Think I am Paying You if Not to Have My way?' Genre Complications in the Free Market Critiques of Fictional and Filmed Versions of *True Grit*." *The Journal of Popular Culture*, vol. 48, No. 2, pp. 355–370, 2015. Print.

第**3**章

ハイブリッド・エスニシティ

——エドワード・ズウィック『マーシャル・ロー』と文化翻訳《カルチュラル・トランスレーション》の可能性——

塚田幸光

我々が秩序を愛するのは、カオス（あらゆる構成物の決定的破綻）を恐れるからである。形のないもの、決められた形式に従わないものは、恐怖を喚起し、我々を脅かす。我々がまるで中毒患者のように自分の信念に拘るのも、精神の秩序が崩れる危機を減らすためなのである。
　J・B・ポンタリス「生命の息吹き」

その正義とやらは、お前たちだけの正義じゃないのか?
　さいとう・たかを『ゴルゴ13』

1　二つの9・11――『11'09"01／セプテンバー11』

二〇〇一年、9・11同時多発テロは、一体、誰にとっての悪夢なのだろうか。そして、そこには如何なる「正義」が生起するのだろうか。

「自由と恐怖、正義と野蛮は絶えず抗争し続けてきた。そのあいだで、神は中立ではない」。ジョージ・W・ブッシュ大統領によるテロ後の議会演説は、宗教的であり、映画的だ。ハルマゲドンから人々を救い出す救世主／大統領《メシア》。超大国のリーダーが抱いたセルフイメージとは、西部劇のアイコン、ジョン・ウェインか、巨大隕石から地球を救うブルース・ウィリスか。光と闇、敵と味方という二元論のレトリックが福音派やネオコンの情動を煽り、その思考は限りなく原理主義に接近する。[1] 宗教が政治を飲み込み、それは極めて映画的「物語」《シネマティック・ナラティヴ》となるからだ（奇しくもそのヒロイズムは、暴力を肯定し、思考停止を促すだろう）。しかしながら、アメリカは、果たしてテロの犠牲者であり、その正義は正当と言えるのだろうか。我々はまず、一本の映画を見る必要がある。[2]

『11'09"01／セプテンバー11』（*11'09"01 / September 11*, 2002）は、テロ直後にプロジェクトが開始され、その一年後に公開された反戦オムニバス映画である。[3] ショーン・ペン、ダニス・タノヴィッチ、ユーセフ・シャヒーン、そして今村昌平に至る世界的な映画作家一一名が参加し、それぞれが一一分九秒一フレームで、反戦への祈りを描いたことは有名だろう。だがここで興味深いのは、『11'09"01／セプテンバー11』が「もう一つの9・11」を歴史的に焙り出している点である。ケン・ローチの短編を見よう。俳優／ナレーターであるウラディミール・ヴェガは、9・11の犠牲者に宛てて手紙を書く――「九月一一日にニューヨークで肉親や友人を亡くした方々へ。私はロンドン在住のチリ人で、あなた方と共通点を持っています」。その内容は、一九七三年九月一一日に起こったチリの9・11について。しかしながら、ヴェガは、『レディバード・レディバード』（*Ladybird Ladybird*, 1994）の主人公ホルへのように、架空の物語を語るのではない。現実の殺戮を生き延びた生存者《サヴァイバー》として、その悪夢とトラウマを告白する。チリの9・11とは、アメリカによるテロリズムに他ならないからだ。[4]

一九七〇年、チリのサルバドール・アジェンデは、自由選挙による社会主義国家の樹立を目指した。大統領就任後は、外国企業の資本を凍結させ、鉱山の国営化を促進し、キューバなどの共産主義国家と連携する。労働の対価に目を向け、国家の富を共有し、教育を重視するその改革は、国民の絶大な支持を得るに止まらない。隣国ペルーの革命支援に顕著なように、アジェンデは途上国の社会主義的連帯を促し、「共生」を目指すのだ。これはアメリカ的資本主義・民主主義国家の対極であり、彼らに突きつけた刃となるだろう。当然、ヴェトナム戦争の敗戦のトラウマを抱えたアメリカは、この動きに敏感に反応する。ヘンリー・キッシンジャーのアジャンデ批判に続き、リチャード・ニクソン大統領も経済制裁を発動し、ＣＩＡは、チリの反乱分子ネオ・ファシストやピノチェト将軍を支援する。その結果、軍部が蜂起し、大統領府を襲撃されたアジェンデは、クーデターの最中に殺害されてしまう（自殺説など諸説あり）。そして、アジャンデ亡き後のチリ国民を待ち受けたのは、軍事政権による強制収容と無差別殺害であり、一般市民を含む死者は三万人にも膨れあがるのだ。ピノチェト将軍による国家転覆に対し、キッシンジャーは祝辞を送り、新政権には巨額の米ドルが流れ込む。両国の政治的・経済的思惑が合致し、その利益のために三万もの命が奪い去られる。これを冷戦イデオロギー、或いはヴェトナムの別ヴァージョンと呼ぶには余りに悲劇だ。[5]

ここで重要なのは、ローチの短編において、ヴァガの語り／回想が過去と現在、チリとニューヨークを繋ぐ文化的な結節点になっていることだろう。ヴェガの回想に挿入される映像は、再現ではない。それは、軍事政権が行った暴力と殺戮のニューズリール映像であり、歴史的リアルである。もちろん、その映像が編集によってヴェガの回想に接続する場合、そこに作り手の意図は逃れようもなく介在する。ヴェガの語りはチリの９・１１の悲劇そのものであり、自身の経験であるゆえ、客観性を有していないからだ（彼が英国に亡命したエスニック・マイノリティであり、だからこそ祖国への複雑な想いは隠せない）。だが、ニューズリールが映し出す光景は、一方的に殺害されるチリ人のリアルであり、それはフィクションではない。脳漿が飛び出している死体、切り裂かれた死体、母子が寄り添う死体。数多の死体とそれを踏みつける軍部。ヴェガの回想／ローチの編集が興味深いのは、ヴェガの語りが「静」の語りであり、彼の歌が鎮魂歌であるのに対し、ニューズリールが暴力的「動」の語りとして機能する点だろう。これはトラウマとの和解であり、共生への祈り。二つの９・１１を繋ぎ、二つの暴力を「翻訳《トランスレイト》」し、善悪の二元論を解体する契機となる。

本章では、アメリカとアラブ／イスラム世界、キリスト教とイスラム教という二元論に対し、その対立軸を解体し、双方を繋ぐ「文化翻訳《カルチュラル・トランスレーション》」を考察する。9・11の「ネガ」は、如何に映像化され、そこには如何なる意味が付与されるのだろうか。そして、そのテクスト／コンテクストには、どのような性と民族の表象が浮かび上がってくるのだろうか。ニューヨークの9・11のネガとして、『11'09"01／セプテンバー11』の二編、サミラ・マフマルバフ監督が描くイランの難民キャンプと、ダニス・タノヴィッチ監督のボスニア紛争後の日常、そしてエドワード・ズウィック監督『マーシャル・ロー』（*The Siege*, 1998）におけるハイブリッドな主体を取り上げ、映像とエスニシティの関係性と可能性に言及したい。

2　井戸と煙突——アフガン難民キャンプの政治学

テロリズムとは究極のスペクタクルであり、政治的意味が付随する自己顕示欲であることに疑問の余地はないだろう。テロリズムとはメディアとの双生。四方田犬彦が言うように、それは「不特定の他者の眼差しを前提として行使される暴力」であるからだ（四方田 4）。世界貿易センタービルへの航空機突入や、その後のタワー倒壊は、映画的スペクタクルであり、我々観客は既視感さえ抱くだろう。そして、その映像がメディアで反復され続けることで、我々は皮肉にもテロリストの欲望に加担していることに気づく。スペクタクルの反復。それはテロリストの行為と結果を称賛するメディアの陥穽ではないか。実際、スペクタクルの氾濫によって、我々は恐怖を飼い慣らし、カオスをスクリーンの向こう側へと追いやるのだ。ピーター・ベンソンが言うように、「映像は、快楽を恐怖から分離し、保護することに貢献する」（Benson 113）。ならば、我々は恐怖の消費者に過ぎないのか。

ここで興味深いのは、『11'09"01／セプテンバー11』の短編の大半が、テロリズムや貿易センタービル倒壊に代表されるスペクタクルと無縁であり、テロへの直接的な言及を避けている点である。一一の短編の多くは、女性を主人公に据え、男性兵士の存在感は希薄なのだ。そして、舞台の多くは、ニューヨークはおろか、アメリカですらない。例えば、サミラ・マフマルバフ編の主人公は、イランのアフガン難民キャンプの女性教師であり、アモス・ギタイ編では、テルアヴィヴの爆弾テロを取材する女性レポーター。ミーラ・ナイール編では、テロの容疑者とされた息子を持つ母親、クロード・ルルーシュ編では、聾唖のフランス人女性写真家であり、ダニス・タノヴィッチ編では、ボスニアで反戦運動に参加する女性たちが物語の視点人物である。女性たちが現実を生きる一方で、男性たちは亡霊か、トラウマに囚われた日々に悩んでいる点も看過すべきではない。例えば、ユーセフ・シャヒーン編において、主人公はベイルートの自爆テロで死んだアメリカ兵の幽霊である。シャヒーンは、その幽霊にアメリカの「戦争」を見せ、自爆テロを決意する青年を見せるのだ[6]。前述のケン・ローチ編はどうだろう。ここでは、チリの9・11を生き延び、ロンドンに住むヴェガが、軍事政権時代のトラウマを告白していたはずだ。本物の戦場は、「戦場」にはない。その恐怖は、「日常」にこそ生起し、人々の生活を苛むだろう。ならば、『11'09"01／セプテンバー11』の女性たちは、如何なるメッセージを述べるのか。マフマルバフとタノヴィッチの対極的な二編を見よう。

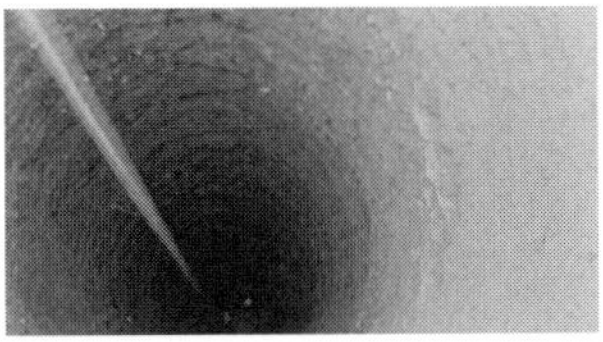

図1　『11'09"01／セプテンバー11』（サミラ・マフマルバフ編、3分12秒）

図2　『11'09"01／セプテンバー11』（サミラ・マフマルバフ編、13分37秒）

　マフマルバフ編の舞台はイランのアフガン難民キャンプ。奇しくも物語は、井戸に始まり（図1）、煙突で終わる（図2）。井戸と煙突とは、地下を抉り、地上を穿つメタフォリカルなツインタワーだろう。だが、それは富の象徴でもなければ、ナショナルな権力のアイコンですらない。この難民キャンプは、老人と女子どもが大半であり、屈強な兵士など皆無である。冒頭の井戸のシーンに顕著なように、老人が縄を引いても、バケツはなかなか上がらない。井戸の中とその周囲を取り巻く老人たちのショットはクロスカットし、不毛な大地と枯れかけた井戸だけが強調される。そう、ここは何もない土地であり、生きるだけでも困難な場所なのだ。しかしながら、キャンプの人々は、アメリカ軍の攻撃に備え、日干し煉瓦でシェルターを作る。少ない水を粘土に混ぜ、少年たちがそれを捏ね、造形し、並べる。彼らは水で顔や身体は洗わない。ラストショットの煙突は、その煉瓦を焼く窯「煉瓦のタワー」である。だが、皮肉にも、その煙が示唆するのは、テロ後の貿易センタービルの姿だろう。

この短編の視点人物は、難民キャンプでは異質な女性教師である。カメラは彼女をフォローし、我々はその視座から難民キャンプの現実を見る。路地から路地へと移動するカメラが捉えるのは、当然のことながら、通常の生活ではない。シェルター作りが日常となった生活、つまり、戦争の恐怖と表裏一体の生活である。だが、このような空間において、彼女はキャンプの人々に共感しない。「煉瓦のシェルターなど、核爆弾には何の役にもたたない」とは彼女のセリフだが、彼女の常識と、彼女が対峙する現実との間には、あまりにも大きな溝がある。実際、彼女はイスラム圏における「女性教師」であり、高等教育を受けていると推測できる。だからこそ、キャンプの不毛な努力は、苛立ちにしか映らない。例えば、その苛立ちは、繰り返されるパターンによって増幅されるだろう。トラッキングショットから彼女の背後を捉え、刹那、正面のバストショットやクローズアップへとカメラが切り替わる。映像は我々観客に対し、彼女に感情移入せよと促すのだ。結果、我々が彼女に同化、同期すればするほど、キャンプは不毛の場所となり、苛立ちの対象となる。

誤解を恐れずに言えば、女性教師はアメリカ的視座を代弁し、合理的にしかキャンプを見ない。だからこそ、その本質が分からないのだ。そして、そのズレは「神様の議論」で頂点に達するだろう。彼女は子どもたちに、9・11テロを想像するように求め、贖罪の祈りを促す。誰がそのテロを起こしたのか。彼女はその事実を知っているだけでない。むしろ、子どもたちがムスリムだからこそ、彼らにも罪があると言いたげなのだ。しかしながら、アメリカ的論理を振りかざす彼女に対し、子どもたちが無邪気に語る「神様の議論」は、我々の独善性を逆説的に穿つだろう――「神様が壊すのは人間だけだもん」、「神様は世界を作って壊してまた作り直すんだよ」。「神様」を「アメリカ」に置き換えれば、子どもたちのお喋りは、無秩序な覇権を行使するアメリカ批判となる。実際、この短編の衝撃は、子どもたちのイノセントな言葉の中に、リアルが語られることにある。彼女は子どもたちにテロの悲劇を教えることができない。そうではなく、事件の両面を双方向的に見よと、彼らから眼差される。直後、彼女が子どもたちに黙祷をさせようとすることは示唆的だろう。彼女は子供たちを直視できないからだ。素直に黙祷しない子どもたちの無邪気さは、彼らが黙祷する理由がないことを暗示し、彼女の偽善を暴く。

マフマルバフ編の女性教師は、教育を受け、労働に束縛されず、コミュニティで自立し、アメリカ的価値観を全開する。ヴェールが覆うのは女性性ではない。それは反転したジェンダー、或いは置き換えられたエスニシティであり、彼女自身がメタフォリカルな「アメリカ」を体現するだろう。ファリックな塔／煙突に寄り添う教師とは、キャンプにおける「他者」であり、アメリカの鏡像に他ならない。

一方、タノヴィッチ編はどうだろうか。例えば、『ノー・マンズ・ランド』（*No Man's Land*, 2001）における、ボスニアとセルビアの「中間地帯《ノー・マンズ・ランド》」を想起しよう。そこは生と死が交差し、人間の存在が問われる究極の場所である。ここではボスニアやセルビアというネイションとは無縁であり、そのエスニシティは意味をなさない。しかしながら、この「中間地帯」とは、戦場にしか生起しないのだろうか。その答えは少なくとも否だろう。タノヴィッチは戦場や兵士を描かない。彼が主人公に選んだのは、心を閉ざした女性セルマだからだ。

不眠症のセルマ。彼女の顔半分は、闇に覆われ、皮膚はその闇に溶け込む。彼女に何が起こり、何故沈黙し、どのように傷ついているのか、その理由は一切語られない。映像は彼女の変わらない日常を捉え、過去を再現することを拒む。闇と孤独は同期し、そこにコミュニケーションは皆無である。だが、車椅子の青年ネディムだけは、彼女に行為を示し、寄り添うのだ。彼女には言葉がない。そして彼には足がない。心を閉ざす女性と身体を欠損した男性。二人は毎月一一日に平和集会に参加する。平凡な日々が過ぎ、あるときニューヨークのツインタワー倒壊のニュースが流れる。デモ行進を自粛しようとする女性たちに対し、セルマは家族の写真を見て立ち上がる。そもそもボスニアに介入し、セルビア人を孤立させ、ＮＡＴＯ軍として爆撃をしたのは、アメリカではなかったか。彼らの不在の「声」や「足」は、アメリカ介入の代償であり、その暴力の結果だろう。

女性たちの行進には、音がない。語り得ない感情を語らない。結果、究極の反戦が語られるのだ。タノヴィッチが描いたのは、あるべきものが失われた日常である。紛争という暴力が、セルマの家族を奪い、ネディムの身体を壊す。不在の家族のもとでは、女性は「女性」であることを保証されず、足を失った男性が「男性」に戻ることもない。この物語では、ネディム以外の男性は殆ど出てこないし、彼自身も男性的に振る舞わないだけではない。彼らはメタファーとしてのセルビアであり、この「男性のいない世界《ノー・マンズ・ランド》」において、被害者としてカテゴライズされるのだ。

マフマルバフとタノヴィッチ。両者は戦場が不在の「戦争映画」を描く。日干し煉瓦を作る難民キャンプも、紛争後の変わらない日常も、そのコンテクストに見え隠れするのは、アメリカの暴力であり、逆説的な性差構造と尊厳を失った民族表象だろう。暴力は常に可視化されるわけではない。その闇は平凡な日常にも巣くい、不可視の暴力として、人々のトラウマとなる。暴力を巡るテクストとコンテクストの分析こそが、現在的《アクチュアル》な考察への橋渡しとなる。

3　アラー・イン・ブルックリン――内なる他者《アウトサイダー・インサイド》としてのアラブ

9・11同時多発テロを予告した映画は少なくない。大統領機ハイジャックとマンハッタン墜落を描く『ニューヨーク1997』（*Escape from New York*, 1981）。アラブ系テロリストによる航空機ハイジャック『エグゼクティブ・デシジョン』（*Executive Decision*, 1996）。ユナイテッド航空九三便テロの予知夢『乱気流／タービュランス』（*Turbulence*, 1997）。麻薬取締局の極秘作戦に潜む利権とテロリズムの問題を描いた『ソードフィッシュ』（*Swordfish*, 2001）。高層ビルのテロで妻と息子を失った男が、コロンビア人のテロリスト集団と戦う『コラテラル・ダメージ』（*Collateral Damage*, 2002／上映延期）等々。当然のことながら、これらの映画は、テロや憎悪の標的となるアメリカを「被害者」へと導くだろう。それによって、アメリカは理由ある暴力を駆使し、テロリストを武力で殲滅できるのだ。そして、ホワイトアメリカを正義のヒーローとする一方で、テロリストのエスニシティを絶妙にずらし、特定の国家や民族だけを敵にしない配慮も看過すべきではない。

しかしながら、一九九三年二月二六日、六名の犠牲者を出した貿易センタービル地下駐車場の爆破事件によって、テロの恐怖はフィクションではなくなってしまう。九八年のケニアとタンザニアで起こったアメリカ大使館同時爆破テロも、テロ恐怖を煽るに十分だ。特に、この大使館爆破事件が重要なのは、その首謀者が国際テロ組織アルカイダであり、ハリウッドがこれを契機に、アラブ人によるテロをイメージする映画制作に本腰を入れるからだ。『マーシャル・ロー』で描かれるテロは、まさにその延長線上にある。

『マーシャル・ロー』が描く世界とは、あり得たかもしれない「もう一つの9・11」である。(7) ニューヨークで頻発するテロの犯人が全てアラブ人という設定により、彼らはハリウッド映画の絶対的恐怖の象徴となる。この恐怖は、遠く離れた他者による恐怖ではなく、身近である故、一層の緊迫感を生み出すのだ。冒頭シーンが興味深い。モスクの尖塔に昇り、礼拝の呼びかけ「アザーン」をするアラブ人男性。カメラは礼拝堂に接近し、内部を映し出す。これは中東の風景なのか。上空に舞い上がるカメラは後方に退き、街全体が見えてくる。奇しくも、遠方にはツインタワーやエンパイヤステートビルがあるマンハッタンの摩天楼が映る。とすれば、ここはマンハッタンの東南、ブルックリン。「他者」としてのイスラム世界が、アメリカの心臓部に存在する。アラブ人はニューヨーカーであり、アラーはイエスの隣人なのか。ニューヨークの喧騒にはイスラムの祈りが溶け込んでいるのだ。まず、『マーシャル・ロー』の分析に入る前に、映画におけるアラブ／イスラムのステロタイプを見ていこう。そもそも何故、ステロタイプが要求されるのだろうか。(8)

浅黒い肌と鋭い眼光、手には刀か機関銃。凶悪なテロリスト、あるいは部族の長。放牧に人生を捧げるムスリムや、ハーレムでの酒池肉林に溺れる石油王。「アラブは性欲過多の変質者であり、邪な企みには長けていても、本質的にはサディストであり、腹黒い下等な人間として描かれる」（サイード（下）２００）。エドワード・Ｗ・サイードが嘆くように、ハリウッド映画が描くアラブ人は、西欧にとっての「他者」であり、ステロタイプの域を出ない。西欧が想起する「恐怖」が具現化すれば「アラブ人」になると言いたげだ。

しかしながら、政治家から歌手に至るまで、多様な出自を有するアラブ系アメリカ人は、アメリカ国内に３００万人を超える。ジョージ・Ｗ・ブッシュ政権内では、エネルギー長官でレバノン系のスペンサー・エイブラハムや行政管理予算庁長官のシリア系ミッチ・ダニエルズが有名だろう。ＤＪのケイシー・ケイスンがウェブで公開したアラブ系のリストは、スポーツ、ファッション、実業界など多岐に及ぶ。レバノン移民二世の環境運動家ラルフ・ネーダーもアラブ系だ。ここで重要なのは、彼らはサイードが嘆くアラブ表象とは無縁であり、出自も宗教も異なる点だろう。

実のところ、アラブ人表象のステロタイプ化は、映画やメディアにおける観客の問題と密接に結びつく。物語、配役、セリフ、衣装、セットなど、アラブ人が「敵」や「堕落」の記号であることで、白人主人公に同一化する観客は、安全で安心な映画内クルーズを享受できるのだ。例えば、『レイダース／失われた聖櫃』（*Raiders of the Lost Ark*, 1981）は興味深い。「インディ・ジョーンズ」シリーズは、聖櫃や聖杯などのキリスト教的要素を軸に、善悪二元論の構造を有する。『レイダース』の舞台はエジプトと周辺砂漠だが、そこで描かれるアラブ人は「良いアラブ＝主人公に協力」と「悪いアラブ＝主人公に敵対」に分けられるに過ぎず、物語には何の意味も持たない。彼らは物語に異国情緒を加味するための「背景」に過ぎないのだ。同種の考古学アドベンチャーでも、エジプトの他者性が強調され、アラブが「恐怖」として描かれれば、『ハムナプトラ／失われた砂漠の都』（*The Mummy*, 1999）となるだろう。

『レイダース』とは、キリスト教的要素を軸に、アラブ的要素が加味されるエジプト冒険譚であり、ハリソン・フォードを通じて見る「安全な」異文化体験である。クロースアップと切り返しによる主人公への同化は、観客に感情移入を促し、その価値観を共有させる。観客は何の疑いもなく、アラブ人を他者とする物語に没入できるというわけだ。ここで興味深いのは、イスラム教の宗教色はそぎ落とされ、あくまでイメージだけが残存し、観客の想像力の枠を出ないアラブ表象が求められる点だろう。実際、「安全な」アラブ・コードは、ハリウッドにおける初のアラブ系映画『シーク』（*The Sheik*, 1921）から継続するコードである。物語を少しだけ見よう。主人公は酒場で踊る白人の踊り子を強引に拉致するが、奇妙にも二人には恋愛感情が芽生えてしまう。ここで障害になるのは、彼女が白人で、彼がシーク（アラビア語で「族長、家長」の意）であることだ。白人女性がアラブ人男性と結ばれることとは、当時の常識ではあり得ない。だが物語の核は、彼が実はスコットランドの伯爵、つまりアラブ人ではなく白人であったという結末にある（これは、ジャングルに捨てられ、サルに育てられたターザンが、実は白人であったというパ

ターンを想起させる）。白人同士ならハッピーエンドというわけだ。(9)

砂漠で拾われアラブ人に育てられた白人。アラブ人に「通用《パッシング》」する白人。『シーク』はカラーライン（人種の線引き）を混乱させるが、解体はしない。もちろんこの映画は、エキゾチックなサイレント映画スター、ルドルフ・ヴァレチノゆえに成立する物語であるが、ここで注意すべきは人種混交に対する恐怖だけではない。差別に付随する一種の羨望と欲望こそが、アラビアン・ラブロマンスを希求し、同時に否認するという、逆説的なメカニズムを誘発する点である。つまり、ヴァレンチノの外見が醸し出すエキゾチシズムの裏側には、危険なアラブを求めながら、アラブを安全に消費しようとするハリウッドの相反する欲望が透けて見えるのだ。

ハリウッド映画では、アラブ人はアメリカの鏡像的他者であり、イスラム教は公正に描かれない。(10)この事実は、サイレント期から現在に至るハリウッド映画を調査したジャック・G・シャヒーンの分析に顕著である。(11)彼の結論では、アラブ人が登場する映画九〇〇編中、「真実のアラブ人」が描かれた映画は存在しないに等しい（シャヒーンが製作に参加した『スリー・キングス』（*Three Kings*, 1999）は、ハリウッドがアラブに配慮した数少ない例外である）。だが、我々はここで立ち止まるべきだろう。果たして、「真実のアラブ人」とは何であるのか。それはフィクションであり、幻想ではないのか。公正なエスニシティを描こうとしても、そこには製作サイドの恣意的な判断が介在し、観客全てが同意することはない。映画における宗教・民族表象の安易な批判は、一義的な見方や判断に過ぎないのだ。重要なことは、複数の視座から見た「公正さ」である。この困難な主題に対して、テロリズムとイスラム信仰を重ねて描く『マーシャル・ロー』は如何なる返答をしているのだろうか。映画の示す複層性を考えてみよう。

4　反転する暴力――クロスカッティングとエスニシティ

『マーシャル・ロー』のオープニング・シークエンスは衝撃的である。サウジアラビアの米軍宿舎爆破のニュース映像と、クリントン大統領の非難声明がクロスカットする。刹那、そこに挿入されるのは、首謀者とされるイスラム原理主義者アーメッド・タラル。ざらついた解像度の低い「顔」。そして、テレビモニターの顔から、砂漠を移動する「顔」へ。衛星で捕捉する映像は、何処までもタラルを追い続ける。そして、家畜の移動で車を止めた瞬間、米軍が彼を拉致し、画面が切り替わる。密室の暗闇で、祈る彼を見つめるのは、米軍陸軍将デブローだ。興味深いのは、衛星が空からタラルの事を補足するという上下の構図が、その数ショット後、デブローがタラルを見下す構図に接続する点だろう。支配と被支配の構図が、オープニングを通じて反復されているからだ。

物語に戻ろう。タラルの拉致に対し、過激派は国内での報復テロを開始する。ブルックリンでのバス爆破。ブロードウェーの劇場爆破。小学校立てこもり事件。そしてFBIビル爆破へと、テロはエスカレート。FBIのハバード（デンゼル・ワシントン）とフランク（トニー・シャルーブ）が捜査にあたるが、解決の糸口は見えない。国家はこの混乱を回避するために戒厳令《マーシャル・ロー》を発令。軍はブルックリンを占拠し、アラブ人狩りが始まる。CIAのエリース（アネット・ベニング）の協力により、テロの主犯は殺害するも、彼女はその犠牲になる。さらにハバードは、デブロー将軍（ブルース・ウィリス）を人権侵害の容疑で逮捕し、ニューヨークの混乱は収束する。

全体を概観して気づくのは、『マーシャル・ロー』と従来のテロ・アクション映画との微妙な差異である。当然、この映画は、イスラム教をテロリズムに結びつけ、それをスペクタクルとして提示する点において、従来の映画と大差ない。だが、実行犯たちは、自己顕示的にメディアを利用する一方、彼らはあくまで匿名、不可視であり、

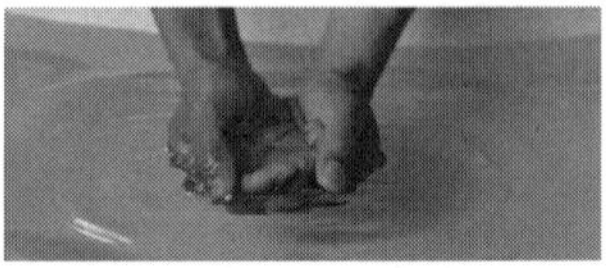

図3　『マーシャル・ロー』（エドワード・ズウィック監督、1時間3分44秒）

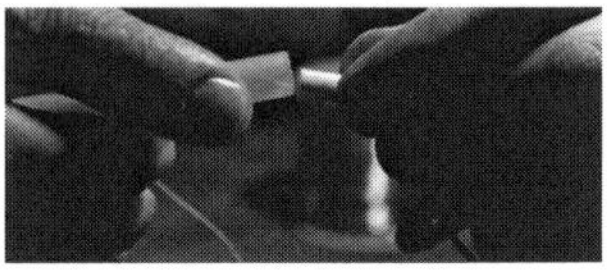

図4　『マーシャル・ロー』（エドワード・ズウィック監督、1時間3分55秒）

「アラー・アクバル」とすら叫ばない。奇妙にも、その身体性が抜け落ちているのだ。例えば、ブルックリンでのバス爆破のシーンにおいて、テロリストは、メディアのヘリ、FBI、野次馬等々、「観客」が登場するまで行動を起こさない。だが、実行の段階においても、彼らが可視化されることはない。それどころか、人質解放の交渉中ですら、その声さえも音声化されないのだ（自爆テロの瞬間も全く映らない）。匿名性や不可視性がサスペンスを盛り上げると言えば聞こえはいい。だが、何故アメリカを攻撃するのか、という理由や声明がなく、不可視のままである限り、そこにはスペクタクルと別種の欲望があるように見えてしまう。

ここで重要なのは、テロリズムが一方向的な暴力ではない、という映像編集がなされている事実である。『マーシャル・ロー』において、テロリズムはFBIや軍による尋問や虐待シーンと緩やかに交差し、両者の暴力の同質性を際立たせている。実際、クロスカッティングの本来の使い方は、サスペンスの誘発と主題の融合ではなかったか。この意味において、テロと虐待の並置とその意味作用は、分かちがたく結びつくだろう。例えば、冒頭のサウジアラビアでの爆破テロとタラルの拉致、バスハイジャック・テロとアラブ人容疑者の尋問、FBIビル爆破テロとアラブ人強制収容と容疑者の拷問というように、暴力は並置され、それを行使する対象は入れ替わる。暴力が転移し、反転することで、双方はその正当性の根拠を失うからだ。暴力には暴力、という報復の連鎖が、怨嗟とさらなる暴力しか生み出さない悲劇を伝えるのだ。

しかしながら、そのような編集が、エスニックなバイアスと関連している点も無視できない。ハバート、政府高官、軍関係者たちが一堂に会する円卓会議の際、突如、沐浴する手が挿入される（図3）。浅黒い肌や、儀式と見紛う所作で、水を掬う手を見れば、それがアラブ人の身体の一部であり、イスラム教と関連することは、予測がつく。そして、その手が起爆装置の配線を繋ぐのだ（図4）。聖なる儀式としてのテロ行為が、イスラム教を連想させることは重要だろう。これらのショットは、円卓会議とクロスカットしながら、爆弾を積んだバンが徐々にFBI本部ビルに接近する。会議のクライマックスと、ビル爆破がシンクロし、結果、9・11後の貿易センタービル跡地と見紛う壊滅的な光景が出現するのだ。

断片的身体は、エスニックなイメージを介し、テロリストの身体となる。そして、沐浴は殺人儀式となり、宗教的な暴力性は前景化するだろう。これら一連のアラブ表象において、パレスチナ人の大学教授サミール（サミ・ブアジラ）の存在も無視できない。CIAエリースのいわば情夫であり、情報源である彼の告白は、自爆テロを美化し、亡き弟へのノスタルジアとなる――「アッラーのために死ぬのは美しい。その任務を果たせば両親も報われ、お前には天国で七〇人の処女が待っている。七〇人だぜ。そう言われて弟はダイナマイトを身体に巻き付けて、イスラエルの映画館で自爆した」。映像は再現されず、告白だけが反響し、それが真実と言いたげだ。ならば、アラブ・イメージは、ステロタイプのままなのか。

5　ハイブリッドな主体――文化翻訳《カルチュラル・トランスレーション》の可能性

『マーシャル・ロー』のアラブ表象は、ステロタイプなバイアスに満ちている。だがこの映画は、イスラムとアメリカを対立軸としながらも、その中間領域において、ハイブリッドな主体を配置し、二つの文化と言語をブリッジするのだ。

実際、ポール・ギルロイが述べるように、異種混淆性《ハイブリディティ》とは、絶えず生成されるアイデンティティの不安定性と可変性に対する意義申し立てであり、人種や民族、そして主体の本質主義的概念をも穿つ。白人対黒人、西洋対東洋というような二元論ではなく、その混淆性を見ることで、複数文化を理解する契機となるというわけだ(12)。例えば、「クレオール」が持つ多義的な意味は、西インド諸島や米国南部生まれのフランス系という人種・民族概念に限定されない。その文化的混淆性や境界性と結びつく点に意義がある。この意味において、『マーシャル・ロー』の混淆性は、アメリカとイスラムの差異を越境し、新たなクレオールの出現を予告するだろう。そして、その役割を担うのは、二人の通訳者、フランクとエリースである。

ＦＢＩ捜査官フランクは、レバノン出身のアラブ系アメリカ人。バス・ハイジャックにおける犯人との交渉や、容疑者の尋問では、必ずフランクが介在し、二つの言語を通訳する。異質な言語が異質なままならば、そこに意志疎通や和解は生まれない。恐怖が生起するだけだろう。彼の行為は、エスニックなバイアスを中和しながら、文化的、宗教的差異に橋を架けるに等しい。一方、エリースはどうだろうか。彼女はレバノンで育ち、現地のアメリカ大学を出たＣＩＡ諜報部員である。彼女もまた通訳者であり、アラブ系パレスチナ人たちから情報を得ている。二人の立場が示唆的なのは、ＦＢＩとＣＩＡ、国内捜査と国外諜報活動という仕事上の差異だけでなく、アラブ系移民とアングロサクソン系帰国子女という差異を伴う点である。そして、二人はハイブリッドな主体ゆえの苦悩が付与されている。

フランクが捜査の途上で遭遇する差別や偏見は、二重化している。アラブ人をテロリストと同一視するアメリカ市民による差別（この最たる例は、息子の強制収容だろう）。レバノンを捨て、アメリカに帰化したことによる、同胞のアラブ人による差別（サミールを拘束するときに、彼がフランクに言った言葉は、「あんたみたいな女」である）。フランクは二つの文化の仲介者／通訳者／翻訳者でありながら、二つの文化から拒絶された人物なのだ。そして、彼はＦＢＩという最も男性的な職業に就きながら、上記の二重の差別によって、男性ジェンダーを剥奪された人物でもある。アラブ系アメリカ人というエスニック・アイデンティティは、いわば彼のスティグマであり、それゆえにジェンダーロールを混乱させてしまう。彼の苦悩とは、いわば9・11以後のアラブ系アメリカ人が抱いた苦悩だろう。祖国と母国のどちらにも帰属できない移民の現実が、ここに活写されているのだ。

フランクの苦悩に対し、エリースのそれは、さらに根が深い。彼女のかつての任務は、反フセインのアラブ人たちを軍事訓練することであり、その目的はフセイン政権打倒にあった。だがアメリカの方向転換によって、彼女が育てた憂国の士であるアラブ人（サミールを含む）は遺棄される。その後悔と同情が、米国内でのアラブ人支援を促し、テロリストを生み出してしまうのだ。

この皮肉なパラドックスは、ビン・ラディーンらアラブ人テロリストを生み出したアメリカの歴史的失態の戯画である。アラブ人やイスラム教徒が怪物なのではない。彼らを怪物へと変貌させたアメリカこそ怪物ではないのか。エリースの告白こそ、アメリカが聞くべき最良の「声」ではないのか。彼女もまた、二つの文化と宗教の間で引き裂かれている。実際、彼女の最後の言葉は、「インシャ・アッラー（神の意のままに）」であり、彼女がイスラム教徒であったことを示唆するだろう。だが、彼女がコーランに言及しても、サミールは罵倒するだけだ。つまり、宗教的にも彼女は疎外されているのだ。

フランクとエリースの苦悩とは、アメリカとイスラムという二つの文化、民族、宗教の交差する地点に生起する苦悩に他ならない。イスラム信仰をテロリズムに結びつけるステロタイプな映像や、アラブ人を擁護する声（「アラブはテロリストの同義語ではない」）は、『マーシャル・ロー』の表層的な配慮に過ぎない。ハイブリッドな主体としての二人の言動と存在にこそ、ハリウッドの「良心」、言い換えれば「公正さ」が描かれる。善悪、正邪を対比させるのではなく、その「中間」から見ること。重要なことは、「文明の衝突」に言及することではない。文明の中間地点で熟慮し、苦悩することにある。

アメリカ映画におけるクレオール、或いは文化の越境性は、如何にして可能だろうか。アメリカとイスラム、その宗教的双生／聖の悪夢は、どのように和解し、共生へと歩みを進めるだろうか。我々は、ハリウッドの動向を見守らねばならない。

註

(1) 原理主義《ファンダメンタリズム》は、宗教上の原典を字義どおり解釈し、絶対視する主義・主張を指すことは周知だろう。二〇世紀初頭から、米国プロテスタント保守派が使用し始め、聖書とは神の霊感によって書かれたものとし（逐語霊感説）、原典回帰と特徴とする。千年王国の到来とメシア信仰を強く意識し、福音派と呼ばれる多数のプロテスタント勢力を形成させ、その一部は宗教右派やネオコン（新保守主義）という政治的勢力と結びついている。ジョージ・W・ブッシュを回心させ、大統領へと導いたのが、福音派伝道師ビリー・グラハムだったことは有名であり、まるで映画のような出会いと回心体験が、福音派の支持を支えていたことは奇妙という他ない。

一方、イスラム教の原理主義とは、西洋的・キリスト教的文化に対する宗教的自覚としてのイスラム復興運動を意味する。コーランを字義どおり解釈し、イスラム教共同体を原初の理想的姿へと回帰させようとする態度は、キリスト教原理主義に通底する。だが、原理主義とは過激派やテロと同義ではない。あくまで宗教復興や原典回帰がその本来の意味であることは銘記すべきだろう。詳しくは、大関敏明、栗林輝夫、西谷修の著作を参照されたい。

(2) アメリカは自らを「犠牲者」として措定することで、暴力による正義を正当化し、その根拠とする。ニューヨークの貿易センタービル倒壊の映像が反復され、メディアが犠牲者としてのアメリカを量産することで、「犠牲者」としてのアメリカ、或いはそのセルフイメージができあがるというわけだ。そして、敵への反感は、戦争への反感へと転移・共振し、ナショナリズムの回路を形成する。酒井直樹は「反感による共感」に関して、『ディア・ハンター』（*The Deer Hunter*, 1978）のロシアン・ルーレットのシーン分析を通じて、次のように述べる——「合衆国兵の主人公に同情する観客は、この反感によって、反作用的に生み出された共感のなかで、しばし主人公と縫合し「我々」となるだろう。だから、こうした「我々」を結びつける共感は人種主義的な憎悪をその支えとして必要とする。すなわち、人種主義的な憎悪が戦争を愛国主義のなかに変換することを可能にさせるのである」（酒井 125）。

（3）『**11'09"01**／セプテンバー11』プロジェクトは、ジャン＝リュック・ゴダールやヨリス・イヴェンスが行った『ベトナムから遠く離れて』（***Loin du Vietnam*, 1968**）と共振するだろう。映画は如何にして、映画を撮る行為に潜む「見る主体」のイデオロギーを相対化できるのか。ゴダールがカメラを覗く姿を撮ることで、撮る者と撮られる者を反転させ、主体が客体へと横滑りする様を示したことは有名だろう。視覚の政治的イデオロギーを手放し、悲劇だけを前景化しないこと。だからこそ、複数のヴェトナム、或いは複数の9・11が必要なのだ。憎悪が渦巻く世界に対し、暴力ではなく、共生を見つめるその視座は、一義的な思考に対し、否を突きつける。

（4）チリの9・11に言及した映画は、ケン・ローチの短編に加えて、パトリシオ・グスマン監督による三部作『チリの闘い』（***The Battle of Chile*, 1975–79**）が重要である。平和革命を目指した左派のアジェンデは、如何に政治的な力を掌握し、民衆の支持を得たのか。クーデターという悲劇だけでなく、そこに隠された労働者や農民ら「民衆」を動かした力学、或いはそのコンテクストに焦点を当てている。また、コスタ＝ガウラス監督の『ミッシング』（***Missing*, 1982**）も忘れてはならない。チリ・クーデターの最中で失踪した米国人の物語だが、『チリの闘い』とは別角度から、チリの9・11を描いている。

（5）チリ・クーデターとピノチェト軍事政権に関しては、ボーデン（**Bawden**）やファウンデス（**Faundez**）を参照されたい。また、第三世界の政治経済とグローバリゼーションの関係性については、フーグベルト（**Hoogvelt**）が詳しい。

（6）シャヒーン編は、ハニ・アブ・アサド監督『パラダイス・ナウ』（***Paradise Now*, 2005**）と共振する。『パラダイス・ナウ』では、自爆テロに向かう二人のパレスチナ人青年を描いている。それはパレスチナ側からの視座であり、自爆テロが大義あるインティファーダ（一斉蜂起）とはなり得ず、一般化・日常化した世界である。自爆テロは誰にとっての悲劇であり、暴力となるのか。この意味において、米国以外の視座は重要だろう。

（7）メディアが作り出すテロ・イメージとは、例えばマイケル・ムーアの『ボーリング・フォー・コロンバイン』（***Bowling for Columbine*, 2002**）において、マリリン・マンソンが言い当てた「恐怖」と「消費」の関係性と同期する。メディアが恐怖を煽り、それによって（恐怖を払拭する）消費活動が活性化する。これを国家レベルに敷衍すれば、タチの悪いプロパガンダとなるわけだ。例えば、キャロル・グラックやテッサ・モーリス＝スズキ、そしてナンシー・スノーやダールグレン（**Dahlgen**）の論考を参照されたい。情報／メディアと戦争の蜜月は、看過すべきではない。

(8) テロリズムの意味内容は恣意的であり、ステロタイプと無縁ではない。当然のことながら、メディアと政治の文脈は重要だが、本稿の趣旨で言えば、政治的文脈に張り付くエスニシティの分析こそが、批判でなく意義ある批評となる。例えば、政治とエスニシティの交差から何が見えるだろうか。サスキア・サッセンは、そこに格差という視座を導入し、資本主義の陥穽を考察している。

(9) ハリウッドのスタジオ時代における特徴とは、「検閲」制度に他ならない。映画製作倫理規定（1934―68）のもと、暴力や性描写、人種や宗教などの表象が制限されていたからだ。そして、実際にはプレ・コード時代（コード成立以前）においても、シークやターザンに顕著なように、人種混淆の映画的表象は限定的であったことは言うまでもない。詳しくは拙著、バーンスタイン（Bernstein）、ブラック（Black）を参照されたい。

(10) アメリカ人の鏡像的他者としてのアラブ人、或いはイスラムというエスニックな問題は、聖書映画が最も苛烈な参照枠となるだろう。例えば、『ベン・ハー』（*Ben-Hur*, 1959）では、ローマ人（悪）、ユダヤ人（善）というエスニック・バイアスによって、誰がイエスを十字架にかけたのかが曖昧になる。同時に、ローマ人の残虐性に焦点が当てられ、ユダヤ人が加害者にならない点も重要だろう。

　また、イエスを通じての回心体験物語ではなく、イエス本人の生涯を描いた映画の比較は、エスニック・バイアスを考察する上で興味深い。

　ニコラス・レイ監督『キング・オブ・キングス』（*King of Kings*, 1961）とメル・ギブソン監督『パッション』（*The Passion of the Christ*, 2004）を見てみよう。前者はイエスの生誕から十字架上の死までを映像化し、後者はイエス最後の一二時間に焦点を当てる。新約聖書に忠実であろうとする姿勢は共通するが、ローマとユダヤの扱いが決定的に異なるのだ。まずは四つの福音書を元に、イエスが磔に至るプロセスを考えてみよう。イスカリオテのユダが銀貨三〇枚でイエスを裏切ることは有名だが、何より重要なのは、大司祭の兵がイエスを拘束した後に行われる「複数の裁判」である。福音書の順序はこうだ。大司祭アンナス→大司祭カヤパ→総督ピラト→ガラリヤ統治者ヘロデ王→再びピラト。誰がイエスを罰するのか。裁判の流れは示唆的だ。裁判のトーンを決定づけるのは、大司祭カヤパの裁判と言える。ユダヤの聖職者は、政治と宗教の最高権力者であるわけだが、ここでイエスは自らをメシアと認め、人の子であることにも触れてしまう。激怒したカヤパはイエスに死を宣告する。それに対し、ローマ帝国が派遣していた総督ピラトは、イエスの罪状を見つけられない。そして、イエスの身柄はヘロデ王に預けられる。だが、ヘロデもイエスを狂人として追い払う。結果、イエスの処遇は、ピラトの判断に委ねられるわけだ。イエスを死罪とするために民衆を扇動するカヤパに対し、刑罰は与えても死を回避しようとするピラト。二人の態度の違いは明確。だが民衆の暴動を恐れるあまり、ピラトはイエスに死を宣告してしまう。これによって、イエスはゴルゴダの丘へと続く死のロードを歩まねばならない。

ピラトによる死の宣告は形式的なものであり、カヤパと民衆の悪意こそが、イエスを死に至らしめた主要因と言ってよい（「イエスを十字架にかけろ」とは、カヤパと民衆の言葉ではなかったか）。誰を悪とし、誰を善とするか。裁判をどう描くか、あるいは描かないか。ユダヤ資本で成立するハリウッド映画の主眼と盲点は、まさにこの点にある。実際、『キング・オブ・キングス』ではカヤパの裁判は存在しない。それればかりか、ピラトはイエスに情けなどかけない。謀反の首謀者として、迷いなく拷問にかけるのだ。カヤパ裁判の不在、ピラトの残虐性、何も言わない民衆。ローマとユダヤの対比は、加虐・被虐の構造に一致する。映画はユダヤ人に配慮したものへと変貌してしまうのだ。

『パッション』の記述は、限りなく福音書に近い。カヤパの裁判を描き、ピラトとその妻クラウディアの不安と逡巡を伝え、民衆の悪意を映し出す。このような聖書への「忠実さ」が、『パッション』への批判を生み出したことは想像するに難くない。そもそも、「イエスの死」とは、ユダヤ人祭司たちと彼らに扇動された民衆が、ローマ人提督に責任を取らせ、ローマ人の手によってイエスを磔にするという複雑なプロセスから成り立つ。解釈によっては、誰がイエスを殺したのか分からないのだ。『パッション』は、悪意ある民衆や司祭を描くことで「ユダヤ人」批判を行い、ローマ兵による過剰な虐待を描くことで「ローマ人」批判を行う。加虐と被虐の立場は、曖昧なまま固定されていない。

加えるなら、『パッション』で描かれる世界は、聖書以外の問題にも接続されている。ローマ帝国によるユダヤ統治とは、イスラエルのパレスチナ占領や、アメリカのイラク統治と同義の植民地問題でもある。『パッション』の象徴的なシーンを見よう。ピラトが民衆にイエスの是非を問うシーン。段上のピラトとローマ兵、彼らの眼下には数多のユダヤ人。この支配・被支配の構図は、アメリカ（イスラエル）とイスラムという構図と二重写しになる。ユダヤの装束は、奇妙にもムスリムのそれに見えるのだ。ユダヤ司教の内部分裂などは、まさにスンニ派とシーア派のイスラム教内部抗争ではないか。『パッション』における「イエスの受難」とは、テロに耐えるアメリカ人の心性を伝えるメタファーであろう。だが、イエスが「強いアメリカ」を表す偽りのイコンであってはならない。『パッション』の意義は、善悪を判断するのではなく、その判断を留保している点にあるのだ。映画とイエス表象、或いは宗教との考察は、バウ（Baugh）、カイザー（Keyser）、キナード&デイヴィス（Kinnard and Davis）を参照されたい。

（11）サイードやシャヒーン（Shaheen）が批判するステロタイプなアラブ表象は、メディアが流布し、規格化し、定着している。実際、それはアメリカ主導によるイメージの規格化・標準化であることに疑問の余地はないだろう（村上１１）。例えば「アラブ・テロリスト」というイメージは、アメリカ的正義の対極として、或いは文化的他者の視覚化として都合がいい。ここで重要なことは、アメリカ的グローバリズムとは、実は「閉じた」イメージの量産であり、バイアスに満ちている点である。

（12）ポストコロニアル理論家ホミ・K・バーバが抵抗の場として、「異種混交性《ハイブリディティ》」を提起し、「交渉」と「翻訳」に注目したことは重要だろう。権力への追従と抵抗の身振りとは、例えば『マーシャル・ロー』のフランク（FBI／権力への追従とそこからの離反）とエリース（CIAへの追従＝アラブ人の軍事訓練と、抵抗＝アラブ人への情報提供）の行為と奇妙にも二重写しになるからだ。二つの文化の翻訳者は、W・E・B・デュボイスの言う「二重意識」を有し、ギルロイ（Gilroy）的に言えば、困難や疎外に対峙する流浪の民・ディアスポラとなる。

引用文献／映画作品

浅田彰『映画の世紀末』、新潮社、２０００年。

大関敏明『アメリカのキリスト教原理主義と政治支援団体』、文芸社、２００５年。

グラック、キャロル「9月１１日　２１世紀のテレビと戦争」、梅崎透訳、『現代思想』２００２年7月号、７０―９７。

栗林輝夫『キリスト教帝国アメリカ――ブッシュの神学とネオコン、宗教右派』、キリスト新聞社、２００５年。

サイード、エドワード・W『オリエンタリズム』（上・下巻）（原著１９７８年）、板垣雄三／杉田英明／今沢紀子訳、平凡社、１９９３年。

――『パレスチナとは何か』（原著１９８６年）、島弘之訳、岩波書店、２００５年。

酒井直樹「共感の共同体と否認された帝国主義的国民主義――『ゆきゆきて神軍』序説」『現代思想』、第２３巻第1号、青土社、１９９５年、１１７―１３２。

サッセン、サスキア「豊かな国が逃れることができない罠」、足立眞理子訳、『現代思想』２００１年１０月臨時増刊号、３６—３９。

スノー、ナンシー『情報戦争　９・１１以降のアメリカにおけるプロパガンダ』（原著２０１０年）、福間良明訳、岩波書店、２００４年。

塚田幸光『シネマとジェンダー——アメリカ映画の性と戦争』、臨川書店、２０１０年。

トインビー、ポリー「『ナルニア国物語』が巻き起こす「宗教論争」」、『クーリエ・ジャポン』第８号（２００６年３月）、６６—６９。

西谷修／鵜飼哲／宇野邦一『アメリカ・宗教・戦争』、せりか書房、２００３年。

服部弘一郎編『シネマの宗教美学』、フィルムアート社、２００３年。

平沢剛「パレスチナ映画試論」、『現代思想』２００２年６月臨時増刊号、１４８—１５３。

フロドン、ジャン＝ミシェル『映画と国民国家』（原著１９９８年）、野崎歓訳、岩波書店、２００２年。

マフマルバフ、モフセン「アフガニスタンの仏像は破壊されたのではない　恥辱のあまり崩れ落ちたのだ」、武井みゆき／渡部良子訳、『現代思想』２００１年１０月臨時増刊号、６７—７５。

村上由見子『ハリウッド１００年のアラブ——魔法のランプからテロリストまで』、朝日新聞社、２００７年。

モーリス＝スズキ、テッサ「ミサイルとマウス」、辛島理人訳、『現代思想』２００２年７月号、９８—１１。

森孝一『「ジョージ・ブッシュ」のアタマの中身——アメリカ「超保守派」の世界観』、講談社文庫、２００３年。

森由見子「ハリウッド映画にみるアラブ人の表象」、猿谷要編『アメリカよ！』、弘文堂、２００３年、１５４—１６１。

四方田犬彦『テロルと戦争——スペクタクルとしての暴力』、中公新書、２０１５年。

『セプテンバー１１』、サミラ・マフマルバフ／クロード・ルルーシュ／ユーセフ・シャヒーン／ダニス・ダノヴィッチ／イドリッサ・ウエドラオゴ／ケン・ローチ／アレハンドロ・ゴンザレス・イニャリトゥ／アモス・ギタイ／ミラ・ナイール／ショーン・ペン／今村昌平、２００２年、ＤＶＤ（東北新社）。

『ベトナムから遠く離れて』、ジャン＝リュック・ゴダール／アラン・レネ／ウィリアム・クライン／ヨリス・イヴェンヌ／アニエス・ヴァルダ／クロード・ルルーシュ、１９６７年、ＤＶＤ（コロムビアミュージック・エンタテインメント）。

『ノー・マンズ・ランド』、ダニス・ダノヴィッチ監督、２００１年、ＤＶＤ（ポニー・キャニオン）。
『マーシャル・ロー』、エドワード・ズウィック監督、１９９８年、ＤＶＤ（２０世紀フォックス・ホーム・エンターテイメント・ジャパン）。
『レディーバード・レディーバード』、ケン・ローチ監督、１９９５年、ＤＶＤ（シネカノン）。
Baugh, Lloyd. *Imaging the Divine: Jesus and Christ-Figures in Film*. Franklin, Wisconsin: Sheed & Ward, 1997.
Bawden, John R. *The Pinochet Generation: The Chilean Military in the Twentieth Century*. Tuscaloosa: University of Alabama Press, 2016.
Benson, Peter. “Freud and the Visual.” *Representations*. 45. 1994.
Bernstein, Matthew, ed. *Controlling Hollywood: Censorship and Regulation in the Studio Era*. New Brunswick: Rutgers University Press, 1999.
Black, Gregory D. *Hollywood Censored: Morality Codes, Catholics, and the Movies*. Cambridge: Cambridge University Press, 1994.
Dahlgen, Peter. *Television and the Public Sphere: Citizenship, Democracy and the Media*. New York: Sage Publications, 1995.
Faundez, Julio. *Marxism and Democracy in Chile: From 1932 to the Fall of Allende*. New Haven: Yale University Press, 1988.
Gilroy, Paul. *The Black Atlantic: Modernity and Double-Consciousness*. Cambridge: Harvard University Press, 1993.
Hoogvelt, Ankie M. M. *Globalization and the Postcolonial World: The New Political Economy of Development*. London: Macmillan, 1997.
Kellner, Douglas. *Media Culture: Cultural Studies, Identity and Politics between the Modern and the Postmodern*. London: Routledge, 1995.
Keyser, Les and Barbara. *Hollywood and the Catholic Church: The Image of Roman Catholicism in American Movies*. Chicago: Loyola UP, 1984.
Kinnard, Roy and Tim Davis. *Divine Images: A History of Jesus on the Screen*. New York: Citadel Press, 1992.
Leaman, Oliver, ed. *Companion Encyclopedia of Middle Eastern and North African Film*. New York: Routledge, 2001.
Shaheen, Jack G. *Reel Bad Arabs: How Hollywood Vilifies a People*. New York: Olive Brunch Press, 2001.

Virilio, Paul. *War and Cinema: The Logistics of Perception*. London: Verso, 1989.

Žižek, Slavoj. *Welcome to the Desert of the Real!: Five Essays on September 11 and Related Dates*. London: Verso, 2002.

第4章

『因果応報』と『きずもの』における「民族自滅」とその背景

吉村いづみ

1　いかがわしきもの、それは映画

１８９６年２月２０日、ロンドンのポリテクニックでリュミエールの『工場の出口』が上映された。フランスからフィルムを持参したのは、リュミエールの友人で、影絵師として活躍していたフェリシアン・トレウィーである。これがイギリスにおける映画興行の出発点となった。一方、奇しくもその数時間後、イギリス人ロバート・W・ポールも、同じロンドンのフィンズベリー工科大学（当時のシティ・ギルド工科大学）で、自ら開発した映写機シアトログラフを使って最初のフィルム上映を行っていた。このフランス人とイギリス人が同時に上映を行った記念すべき日から約１０年間、イギリス映画は全盛期を迎えることになる。

アメリカ映画が移民の産物であるとすれば、イギリス映画は産業革命の産物である。１８世紀後半から１９世紀前半にかけて、他のヨーロッパ諸国に先駆けて進行した産業革命は二つの意味で映画の誕生と発展に関わっている。一つは産業革命がもたらした科学技術の進歩である。次々と海外に植民地を増やしていた大英帝国には、世界中からさまざまな商品が持ち込まれた。未知の世界をもっと見たいと願う人々の好奇心が科学技術の進歩と結びつき、１９世紀の帝都ロンドンには、娯楽を目的とした視覚装置が次々と生まれ、改良され続けた。パノラマ、ディオラマ、幻燈ショーと呼ばれた装置で体感できる海外の景勝地や植民地での戦いの様子は、国民にヴァーチャルな意味での地理的拡大をもたらし、帝国の一員としての意識を根付かせた。そうした中で生を受けたロバート・W・ポールも、元々は撮影機材や映写機材の開発と販売を生業としていた技術者であった。機材の改良を重ねるうち、セットで販売するフィルムが必要になり、撮影までこなすようになったのである。ポールはアクチュアリティと呼ばれる日常の光景を多数フィルムに収めたが、国内外の景勝地や歴史的なイベント、アフリカでのボーア戦争の様子など、それまでの視覚装置で用いられていた題材も好んで取り入れた[1]。イギリスにおける映画の誕生は、産業革命を土台とする科学技術の発展や、それまでの視覚装置が展示していた題材を抜きにして語ることはできない。

産業革命はもう一つの産物をもたらした。それは都市への急激な人口流入によって生まれた労働者階級である。映画の発展を支えたのは、観客として興行収入に貢献した労働者たちであった。しかし、増え続ける労働者たちに対し、支配階級や行政側はさまざまな懸念を抱いた。特に議論されたのは、モラルの低下である。街中に労働者向けの娯楽施設が増えていくなか、飲酒の習慣や好ましくない娯楽を統制しようとする力が強まった。この動きは19世紀末から20世紀初頭の社会浄化運動[2]や、英国で生まれた優生学の潮流と連鎖して、後に映画の内容にまで介入することになる。その一つが、1976年末に公衆道徳国民協議会[3]が設立した映画委員会の発足である。もともと協議会の強い関心は優生学にあった。協議会が掲げた目的は人種（race）の再生で、会合では様々な著名人たちが、「現在蔓延している人種的な劣化」についての討論を行っていた。

協議会が危惧した「人種的な劣化」とは、流入と多産により増え続ける労働者階級の膨張と、産児制限の知識拡大によって減少傾向にあった有産階級の人口縮小が招く、人種の質的な劣化である。当時、欧米諸国では、産児制限が「種の自滅」をもたらす危険な行為であると考えられており、産児制限は「民族自滅（race suicide）」という言葉で語られていた（山本 2）。アメリカにおける「民族自滅」が黒人や移民の高い出生率に対して用いられていたのに対し、イギリスではしばしば階級による出生力の差異と結びつけて用いられていた（荻野 72）。この時期、人種（race）という言葉が、国家や共同体、人々といった意味でも用いられていたことから、協議会の関心は、階級を基盤とした国家の再生にあったといえよう。当時、映画は青少年や労働者階級に悪影響を及ぼすと考えらえていたこともあり[4]、協議会は映画の影響について、英国初となる、おおがかりな調査を行った。それだけではない。協議会は、有産階級の産児制限による不幸な結末を扱った商業映画[5]のスポンサーも務め、それまで娯楽とみなされていた映画に、教育的価値を与えた。

一方、映画業界もこうした動向に敏感であった。専用の映画館が建設される１９０６年頃まで、映画はフェアと呼ばれる定期遊園地のブースや、当時、ペニーガフと呼ばれた大衆演芸場、あるいは労働者の娯楽の殿堂であったミュージック・ホールで、演目の幕間に上映されていた。ペニーガフの不衛生さは早い時期から批判されていたし、フェアで映画の上映を行っていた巡回興行者は、富裕層や中産階級の目には、いかがわしく映った。そこで映画業界は、将来的な映画産業の発展を目的として、こうした支配階級や行政側からレスペクタビリティを得るための様々な取り組みを開始した。ロンドンの高級住宅地ケンジントンに豪華な映画館が建設され、当時の首相ハーバート・アスキスが映画館に足を運んだことが話題となると、この動きは加速した。映画の観客は富裕層や中産階級にまで広がろうとしていたからである。後に詳しく述べるシネマトグラフ・アクトの制定や、ヨーロッパ大陸から輸入されるいかがわしい映画の自主規制、民間による検閲組織ＢＢＦＣ（英国映画検閲委員会 the British Board of Film Censors）の設立は、こうした背景を受けて映画業界が主導した一連の取り組みである。

当時、大西洋を隔てたアメリカでの検閲制度設立の動きはイギリスの映画業界でも意識されていた。シカゴで制定された１９０７年の検閲条例や、１９０９年にニューヨークで設立された全国検閲委員会（the National Board of Censorship）のニュースは業界誌でも大きく取り上げられていたからである。ＢＢＦＣが始動すると、初代会長のジョージ・レッドフォードと検閲審査官たちは、国内の世相や当時称揚されていたモラル、英国独自の価値観を反映させた方針によって検閲を実践し、映画業界のレスペクタビリティの確立と維持に努めた。特にＢＢＦＣが活動を始めた１９１０年代は、国内の映画製作が落ち込み、市場に多数の輸入映画が流通するようになった転換期でもあった。ＢＢＦＣの取り組みは、外から入って来る危険なものを浄化し、国内の品位を防衛する戦いであったといえよう。

本章の目的は、こうした２０世紀初頭のイギリスにおいて、映画と社会的な性、つまりジェンダーがいかに関与していたかを提示することにある。この章を読めば映画が純粋な芸術ではなく、それが産出される社会の中で、行政やエリート集団の圧力や意向を吸収しながら成長する媒体であることがわかるだろう。その経緯を明らかにするため、前半は、１９０９年の映画法であるシネマトグラフ・アクトからＢＢＦＣ設立に至る経緯をまとめておきたい。施設の火災防止を目的に制定されたシネマトグラフ・アクトが内容の検閲に発展するまでの経緯は、映画がどのような経緯で統制の対象になったのかを知ることができる社会史でもある。当時、地方自治体は単なる役所ではなく、地域におけるモラルの守護者としての役割を果たしていた。管理する側にあった行政当局の統制と、自らの利益を守るために動いた映画業界の動きから、モラルを統制する側とされる側の対立や妥協だけでなく、争点の裏側にあった社会的な要求を窺い知ることができる。地方行政当局と内務省の温度差や、地方行政当局の動きを抑えるために映画業界がとった行動も、その後のＢＢＦＣの統制力や検閲に対する姿勢とつながっている。

後半は、ＢＢＦＣ設立以降の、映画の内容に対する統制を中心に扱いたい。単に統制の内容を示すのではなく、行政側の動きや公衆道徳国民協議会の報告書といった、映画業界の周囲で起きていた社会的な情勢と絡めて考察する。その方法として、ＢＢＦＣが審査の記録として残した「削除あるいは修正のための根拠」で示された項目を、４つのカテゴリー（「残虐性の高いもの」、「犯罪を誘発するもの」、「英国の名誉を傷つけるもの」、「性的にいかがわしいもの」）に分類し、時間の経緯とともに見ていきたい。特に、本書のテーマと大きく関与する最後のカテゴリー、「性的にいかがわしいもの」については、その時々に占める項目の割合や具体的な内容について詳しく述べるつもりである。ただし、ＢＢＦＣは決議を行政側に従わせるような権限を持っていなかった。後に述べるように、例え、ＢＢＦＣが証明書の発行を拒否したとしても、地域によっては一般公開された映画もある。また、ＢＢＦＣはアメリカのような具体的な倫理規程を設けなかった。つまり、審査官らによって削除や修正の対象となった場面や字幕

（当時はインタータイトル）には、その時代が排除しようとした題材が含まれていると言える。従って、後半の目的は、統制そのものよりも、ＢＢＦＣが排除しようとした題材の変化を、社会史的観点から捉えることにある。例えば、第一次大戦中、ＢＢＦＣは、「民族自滅」を性病の描写とともに拒絶根拠項目に追加した。「民族自滅」と性病は、一見すると全く異なるもののように見えるが、後に示すように、「特定の階級の維持」という文脈でつながっていることがわかる。

章の最後には、それらの題材が映画の中でどのように扱われているかを提示するために、実際にイギリス国内で製作されたフィルムを取り上げ、統制の対象となった理由とＢＢＦＣの取り扱いについて述べておきたい。詳しく取り上げる映画は、１９１７年の『因果応報』（*Whatsoever A Man Soweth*）と１９１９年のイギリス版『きずもの』（*Damaged Goods*）で、どちらも性病を扱ったものである。これらはロンドンの英国映画協会で視聴することができた。関連する他の作品については、概略を示す程度にとどめる。

2　シネマトグラフ・アクトへの道のり

１９０９年、シネマトグラフ・アクト（the Cinematograph Act）と呼ばれる映画法が議会に提出され、承認された。実際に施行されたのは翌年１９１０年の1月1日である。この法律は可燃性フィルムを使用して映画を上映する施設に対し防火対策を求めるもので、それまで幾度と起きた火災を受けて、内務省とロンドン・カウンティ・カウンシル（以後ＬＣＣと表記する）、そして映画業界が協力して制定に至った。防火措置には、建物の構造だけでなく、映写機を覆う囲いを設置することや、非常時の出口の確保、映写機に用いる照明などが具体的に示されており、施行以降は、地方自治体の担当部署（以後、地方行政当局）が、安全であると認めた施設に対して毎年更新制の上映許可証（Cinematograph Licence）を発行することになった。映画について言及された法律はこれが最初ではない。前年の1908年には「少年法（the Children's Act）」によって、子どもの観客が100名を超える娯楽施設には、公演の最初から最後まで充分な数の職員が常駐することが義務づけられている。これは同年一月に発生したバーンズリーでの上映施設での事故を受けたものである。支配人が配ったお菓子をもらおうとステージに殺到した子どもたちが将棋倒しとなり、16名が死亡した。事故の原因は映写機に起因するものではなく、監督者の数が足りなかったことであった（Williams 344）。

1909年のシネマトグラフ・アクトや前年の少年法は、観客の身体の安全を確保することを目的として策定された、極めて合理的な法律であったといえるだろう。行政側の関心は施設の安全性にあり、映画業界側の関心は、映画を安全な娯楽として公的に認めてもらうことにあった。しかし、この時点で一致していた両者の思惑は、後に思わぬ方向に発展し、シネマトグラフ・アクトの施行が、行政側に映画の内容にまで介入する権限を与える契機となった。それでは施設の規制を目的とした法令がどのような経緯で、内容の規制に移行したのだろうか。この経緯について述べる前に、映画以前の娯楽、つまり演劇や音楽といった娯楽に対して、地方自治体などの行政機関がどのように介入していたのかを確認しておきたい。なぜなら、映画への介入は、映画誕生以前から存在した、労働者階級の娯楽への介入と同一の線上にあるからである。

18世紀のロンドンでは、シアター・ロイヤル（通称ドルーリー・レーン）とコベント・ガーデンの二つの劇場に限り、正統な演劇を上演できる認可が与えられていた。二つの劇場に限定された理由は、演劇によって政治を痛烈に批判されることを嫌った時の宰相ウォルポールが、検閲による管理がしやすいように劇場の数を限定したためである（中山 20）。その他の正統ではない演劇、つまりオペレッタやブルレッタ、パントマイムなどを上演する認可は、その他の小劇場に与えられていた。これらの二つのグループを区分化し、統制した二つの法令が1737年の劇場法（the Playhouse Act）と、1751年の「風紀紊乱に関する法律」[6]（the Disorderly Houses Act）である。チャンーバーレイン卿（the Lord Chamberlain）は、1737年の劇場法によって、ステージ上で作られた演劇を検閲する権限を、後の「風紀紊乱に関する法律」によって、音楽やダンスが行われる劇場に認可を与える権限を得た。ちなみにチャンーバーレイン卿とは検閲を担当する高級貴族官僚の役職名であり、担当者は代々この名称で呼ばれていた。

ここで映画にとってより重要である、「風紀紊乱に関する法律」が制定された背景と規制内容を記しておきたい。この法律は、「低い階級の人々（the lower sort of people）のための娯楽の場が広がることは、さらなる窃盗や強盗を引き起こすことにつながる。なぜなら彼らはそこで少ない財的資源を放埓な快楽に費やすよう誘惑され、その結果、彼らの欲望や新たな快楽を得るために、不法な手段に訴えようとするからだ」といった考えの下、窃盗や強盗につながる誘惑を防ぐために、そしてイギリス中を席巻していた怠惰な習慣や、多大な悪影響を修正するために制定された（Hunnings 30）。統制の対象とされたのは、そうした人々が集う、娯楽の「場」である。「ロンドンのシティあるいはウエストミンスターから半径20マイル内にある、許可のない、公共のダンスや音楽、あるいは他のこのような娯楽のための施設は、家であろうが、部屋、庭、あるいは他の場所であっても、風紀を紊乱する施設や場所（disorderly house または place）と判断される」と規定され、そのような場所を無許可で運営する者に対しては刑罰（罰金）が課されることになった。[7] 歌や踊りといった娯楽が規制の対象となったので、パブやタヴァーン（居酒屋）で演し物を見せるには必ず、チャンーバーレイン卿か治安判事に申請するよう義務付けられるようになった。これは「歌と踊りの興行ライセンス」と呼ばれ、酒類を客に提供できる「酒類販売ライセンス」とともに申請が義務付けられた。

1888年の地方公共団体法により、地方自治体の権限は一層強化された。この法によって翌年の1889年に成立したのが、ＬＣＣこと、ロンドン・カウンティ・カウンシルである。そして、この地方自治体の中に設置されたのが「劇場ならびにミュージック・ホール委員会」（Theatres and Music Halls Committee）であった。この委員会はその名のとおり、劇場とミュージック・ホールの営業許可証の発行を担うことになる。１８９４年、ＬＣＣはロンドン建築条例によって、公共の建築物に対する権限を有するようになった。そして、映画がイギリス国内で初めて上映された年の2年後、ＬＣＣは映画を上映する施設に対する火災防止条例を発令した。[8] 規制の適用対象は、すでにＬＣＣから営業許可証を得ている施設で、そうした場において映画を上映する場合には、火災を防ぐための防火対策が施されていることが条件となった。実際に定められたのは、映写機の取り扱いに関する注意事項や、観客の喫煙を禁止する項目などである。当時、映画はミュージック・ホールや、ペニーガフと呼ばれた大衆演芸場で、演目の合間に上映されていたので、火災防止条例の対象となったのはこうした娯楽施設であった。

１９０６年から１９０８年にかけて、映画専門の施設、すなわち「映画館」が出現し、急速な勢いで街中に広がった。１９１１年までに、国内には４０００の映画館があり、その3分の1はロンドンにあったと言われている。[9] 既存の劇場や、ミュージック・ホールは既にＬＣＣによる営業許可証と火災防止条例の対象となっていたが、増え続ける新設の映画館のスピードに、行政の管理は追いつかなかった。そもそも映画館に認可が必要であると定めた条例や法律は存在しなかったのである。映画館に対し適用できる唯一の規制は、１７５１年から続いていた「風紀紊乱に関する法律」のみであった。当時の映画はサイレント映画であったが、上映される際のピアノ伴奏や、スクリーンに映し出された歌詞を見ながら観客が合唱する歌が、この法律の規制対象に該当したからである。

映画産業界は、映写機が原因で火災が起きたと非難されるたびに、何らかの手を打つ必要があると考えるようになる。特に積極的であったのは、映画製作者協会、通称ＫＭＡ（Kinematograph Manufacture's Association）である。１９０７年9月には、ニューマーケット・タウンホールで、映写機の石灰光がフィルムに引火し、大規模な火災が発生した。観客はパニック状態となり一斉に出口に押し寄せたが、出口を示す照明が設置されていなかったこともあり、300名近くの人々が死傷する大災害となった。KMAの事務局長を務めていたブルック・ウィルキンソンは、引き続いて災害が起これば、映画に対する信頼を大きく損なうことを危惧した。対策として最も有効であると考えたのは、LCCが既に発令していた火災防止条例である。同時期、LCCの議員であったウォルター・レイノルズもロンドン全域の映画館を対象とした、より厳格な安全規制の策定を計画していた。ウィルキンソンは、レイノルズの意向を知ると、LCCの「劇場ならびにミュージック・ホール委員会」に、当時KMAの会長であったロバート・W・ポールが率いる代表団を送り込む手筈を整えた。1907年12月、両者の会合は実現し、KMA代表団は映写機を囲う耐火性の箱（operating box）の設置を上映の必須条件とすることを含めた、包括的な安全規制の策定をLCCに提案した。1908年2月にはLCCの代表団が内務省を訪れ、3月には、映画上映を目的として建設された施設でしか映画を上映することができないとする「シネマトグラフ法案」の最初の草案が作成された。翌年、内務長官ハーバート・グラッドストーンは、これを議員法案として議会に提出し、火災防止対策を講じた施設にのみ、地方自治体によって1年ごとに上映許可証が与えられる制度、すなわち、シネマトグラフ・アクトを提案した。法案が議会に提出された際、内務次官であったハーバート・サミュエルは、映写機によって複数の火災が起きたことを何度も繰り返し、映画館の危険性と規制の必要性を主張した。その結果、一議員法案にすぎなかった法案が速やかに通過し、LCCの意図の正当性が認められた。しかし、実際に映写機によって火災が発生していたことを証明する公式な統計は残っていない。火災の危険性は過剰に煽られたという見方が多い。いずれにせよ、それまでの劇場やミュージック・ホールへの統制と同様、映画館も行政の管理下に置かれた。それだけではない。法制化によって、ロンドンだけでなく、英国全体にこの法令が適用された。この時、ロンドンで上映許可証の発行を担った行政当局は、先述したLCCの「劇場ならびにミュージック・ホール委員会」である。

この時点では、映画の内容について統制する公的な制度はなかった。制度はなかったが、映画が青少年の非行に悪い影響を及ぼすといった批判の声は、20世紀に入る前から挙がっていた。具体的な題材としては、犯罪や飲酒、不道徳な恋愛といった日常的なモラルに関するものから、死刑や死体を描写した残虐なシーン、動物の虐待など多岐にわたっており、裁判に至った例もいくつかある。例えば1899年にニューキャッスル州の裁判所で行われた裁判は、教会で信者向けに上映された映画の内容が猥褻であるという理由で、教会区司祭が巡回興行者を訴えたものである。映画の題名は、『求愛』（*Courtship*, 1898）で、問題となったのは、男性が後ろから女性に近寄り、キスをするという場面だった。勝訴したのは司祭で、判決後上映は打ち切られ、支払われるはずであった興行者への契約金の支払いも凍結となった。とはいえ全ての教会が映画を敵対視していたわけではなく、むしろ映画が信仰に有益であると考え、巡回興行者を雇っていた司祭も多かった。

未許可の施設で上映された映画に伴う伴奏、特に音楽や観客のダンスも論争の種であった。観客がステージに上がり、スクリーンに映し出された流行歌の歌詞を見ながら歌ったり、ダンスをすることも多かったからである。これらを行う場合は、「風紀紊乱に関する法律」によって、事前に届け出る必要があった。特に問題となったのは、屋外のフェアなどで上映された映画に伴う音楽である。映画が誕生してから、映画の上映にはピアノの伴奏がつきものであり、伴奏はスクリーンに映し出される映像を感動的に演出することと、プロジェクターのノイズを消すことの両方の目的を担っていた。

1908年から1909年までの間に下された四つの判決では、こうした屋外の施設で映画が上映された場合、音楽が主要な部分であったがどうかが議論されている。[10]もし、映画よりも音楽が主要な部分であったと決議されれば、地方行政当局への届け出をし、事前に許可を得ることが必要となるので、届け出をしないまま興行した業者は有罪とされた。四つの判決のうち三つが行政当局の勝訴で終わったことからも、行政側の強い姿勢をうかがい知ることができる。その統制対象がいずれは映画の内容に向かっていくのはごく自然な成り行きであったといえるだろう。1909年2月11日発行の業界誌、キネマトグラフ・アンド・ランターンにおいて、LCCのウォルター・レイノルズはこのように発言している。「LCCに与えられた権限によって、娯楽の本来の性質を統制することが可能だろうか？　いかがわしい人物が関与する娯楽を統制するのは警察の仕事である。しかし、たしかに我々は毎年ごとの上映許可証を与える際に、望ましくない内容を上映した劇場に更新を拒否することができるではないか。そうした権限を持つということは、娯楽の品位を保つことにつながるだけでなく、映画業界にとっても有益である(11)」。

3　内容の規制へ――BBFCの成立

ウォルター・レイノルズの言葉どおり、シネマトグラフ・アクトの議決は、映画業界に新たな懸念をもたらした。上映許可証は1年ごとの更新が求められたので、更新にあたって、法令で定められた火災防止対策とは全く関係のない条件を課す地方行政当局が出始めたのである。例えば開館から閉館までの営業時間の規制や、「6日間ライセンス」と呼ばれた日曜日の上映を禁止する追加事項などである。日曜日とクリスマスは労働や娯楽を休まなければならない安息日と考えられていたので、日曜日の映画興行は以前から問題に挙がっていた。ただし、中産階級の娯楽であるゴルフやブリッジは曜日を問わず許されていた。この問題の根源にあったのは、映画がゴルフやブリッジとは一線を画された、低俗な娯楽であると考えられていたことである。青少年の非行と映画との関係が引き続き議論されるなか、教会は積極的に日曜上映に反対した。日曜上映禁止の議論は、それまでの争点であった施設に対する物理的な危険性が、内容に関与する倫理的な主題に転換した契機であったといえる。上映許可証を発行する担当部署も地方によってまちまちで、議会が直接管理することもあれば、地方自治体に置かれた「音楽とダンス委員会」や、「衛生委員会」が担当するケースもあった。

ロンドンでは1910年2月にLCCによってシネマトグラフ・アクトの内容が発表されたが、同時に、日曜休業が強制された。この決定に対して、映画製作者を中心に結成されたシネマトグラフ防衛連盟（The Cinematograph Defence League）が反対し、日曜上映擁護者との間で法廷論争に発展した。その結果、慈善事業の支援として映画が上映される場合に限り、興行者が利益を生まないことと、映写技師が週6日の労働日数を守ることを条件として、日曜上映が認められることになった。法令の施行後、実際にLCCに上映許可証を申請して適格と認められた施設は全体の八割程度であったという（Williams 349）。

映画館は大勢の人々を相手に大きな利益を生み出しつつあったが、興行者たちはシネマトグラフ・アクトの導入によって、火災とは直接関係のないさまざまな規制が地方行政当局から課されるようになったことに苦情を言い始めた。規制の基準も統一されておらず、予測ができなかったので、事前に十分な措置をとることさえできなかった。

一方、国内での映画製作は1906年ごろから衰退し始めていた。配給や興行に比べ、製作の利潤が少なかったからである。製作を縮小し、安全な興行へと方向転換する動きが加速し、国内市場にはアメリカやヨーロッパから輸入されたフィルムが流通するようになった。この動きは、KMAに新たな不安の種を宿した。その一つが1910年10月に発行されたアンサーズ誌に記載された記事である。そこにはロンドンのある配給業者が、「あからさまに性的な主題の映画」をヨーロッパ大陸から輸入していることを非難する内容が記載されていた。この懸念は、1911年9月にウォルタードゥ社がドイツから『罪深い愛』（*Sündige Liebe*, 1911）と題されたフィルムを輸入し、『社交界の愚者』（*Fools of Society*, 1911）と題名を変えて国内で封切ったときに現実のものとなった。映画の内容は、結婚して平穏に暮らしている妻の元にやってきた元恋人が、妻を誘惑するというストーリーで、結末は元恋人の死と、情事の発覚、そして追いつめられた妻の自殺である。特に話題となったのは、元恋人に心奪われた妻が自分の身を投げ出す「大胆不敵な煽情性」露わな場面であった。『社交界の愚者』は観客の人気を博し、ウォルタードゥ社は相当な利益を得たという（Hiley 7）。

この時、ＫＭＡの会長であったウィル・バーカーは、こうした映画の流通が、さらなる非難を招き、業界の成長に危害をもたらすと考え、早速８人のメンバーから成るＫＭＡ委員会を組織した。自主検閲の可能性について協議を始めるためである。協議の対象となったのは、こうしたきわどい描写を含んだ複数の外国映画であった。配給業者は高利潤を生む、話題性の高い映画の輸入を望んでいたので、放置すればこの類の作品がますます増える可能性があった。同時期、上映許可証を発行する地方行政当局も、好ましくない映画の検閲に乗り出そうとしており、こちらも放置すれば、統一性のない基準がそれぞれの地域で導入され、映画業界を混乱に陥れることが予測された。このＫＭＡ委員会の活動によって、非公式な「業界検閲」（trade censorship）が動きだし、手始めにイタリア映画『煉獄』（*Il Purgatorio*, 1911）の流通を差し止めた。この映画はダンテの「地獄篇」を映画化した作品で、残虐な描写もさることながら、地獄で苦しむ人々がセミ・ヌードで映っていることが問題となったと思われる。

1912年1月、ＫＭＡ委員会はＩＡＦＲ（フィルムレンターズ協会）と協力し、公的な後援を獲得することを前提に、自主的な検閲組織の設立に向けて本格的に動き出した。公的な後援者として最も理想的だったのは内務省である。内務省はシネマトグラフ・アクト法制化の際に重要な役割を果たした政府機関であり、地方自治体を抑える権限も持っていた。ＫＭＡ委員会はアメリカのような検閲制度を導入するよう内務省にもちかけたが、内務省は難色を示した。さらにＬＣＣも関与を辞退したので、ＫＭＡ委員会は自分たちの手による民間の検閲組織の設立を考えざるを得なくなった。1912年6月、ＫＭＡ委員会はアメリカの全米検閲委員会（National Board of Censorship）に倣って、ＢＢＦＣ（この時は British National Board of Film Censors）設立の計画を始めた。業界全体で制度を軌道に乗せるために、ＩＡＦＲだけでなく新しく設立されたＣＥＡ（映画館主組合）にも諮問的な役割を依頼した。ＩＡＦＲは関わりを拒絶したが、ＣＥＡの評議会は支援を表明したので、最終的にはＫＭＡとＣＥＡ合わせて6名のメンバーからなる映画検閲諮問委員会が設置され、その統括の下にＢＢＦＣの運営を行うことになった。

ＢＢＦＣの会長には、宮内庁（the Lord Chamberlain's office）の演劇検閲官を引退し、年金生活に入っていたジョージ・レッドフォードが最も適任であると考えられた。レッドフォードの官界における名声は、映画のレスペクタビリティを得るために不可欠であったからである。レッドフォードの下で働く検閲審査官に求められた条件は、映画業界とは無関係で、大学卒の学歴と幅広い教養をもつことであった。その結果、元銀行員や、有力者の子息といったメンバー計4名が雇用された。検閲の第一次審査はこの4名で行い、問題であると指摘された箇所については、レッドフォードの判断に委ねられることになった。１９１２年１１月の段階でＫＭＡ委員会が示した方針は次のとおりである（Hiley 11）。

＊王室の人々、政府高官、宗教指導者たちを無礼に描写してはならない。
＊どのような宗教も冒涜してはならない。
＊過度に残虐な光景を見せてはならない。
＊犯罪者をヒーロー的に描いたり、「犯罪が割に合わない」ことと矛盾するような描写を入れてはならない。

ちなみに最後の項目は、例えば罪を犯した者が警察に捕まることもなく、平穏に暮らしているような描写のことをいう。レッドフォードは独自の判断基準で、この4点以外に葬儀の場面や自然災害、男女混浴、不名誉な性関係、殺人や自殺といった項目を追加した草案を提出した。当初、レッドフォードにはアメリカで既に策定されていた倫理規程の写しが渡されていたが、それを模倣する意志はなく、むしろイギリス独自の倫理規程の策定を考えていた。しかし、結果的には、規程の策定は見送られ、その時々の判断でフィルムを検閲する方針に切り替えている。ＢＢＦＣが始動した際、導入された禁止事項は、「キリストを演じること」と「ヌードを見せること」のみであったが、ＫＭＡが示した４点の方針や、レッドフォードがこだわった追加草案はその後の判断基準の基盤となっている。

１９１３年１月１日、ＢＢＦＣは検閲作業に取りかかった。４人の審査官は、平日の午前１０時から午後６時まで働き、２人１組のペアで、毎週１２０本の映画を閲覧した。検閲を通過したフィルムに与えられる許可は２種類で、「道徳的に正しく、健全で、絶対的に疑う余地がない」作品に対しては、ユニヴァーサルという意味で「Ｕ証明書」が、昼間に子どもに向けて上映することは禁止であるが、成人のみを対象として上映が可能な場合は、アダルトのイニシャルをとって「Ａ証明書」が発行されることになった。その後「Ａ証明書」の条件は１９２１年にＬＣＣによって改訂され、１６歳に満たない子どもについては、保護者の同伴者がいれば視聴可能となっている。証明書はフィルムの冒頭に直接挿入する方法がとられ、スクリーン上で観客にも提示された（図１）。

図１　BBFCが発行した証明書

ＢＢＦＣ始動後、映画業界は協力して所持しているフィルムを提出した。しかしＢＢＦＣは業界から全てのフィルムを提出させる法的な権限を有していなかったし、ＢＢＦＣの決定を地方行政当局に従わせる権限もなかった。１９１４年末の時点で、ＢＢＦＣの決定に従うと表明した行政当局は２４で、この当時５００以上の当局が存在していたことからすれば（Kuhn 23）、従った行政当局は、少なかったといえる。

4　BBFCの方針と公衆道徳国民協議会報告書

BBFCは毎年ごとに年次報告書を公表した。1913年の報告書によると、4名の審査官たちによって審査された全フィルムの長さは762万8931フィート、題名（作品）数は7510本であった[12]。題名（作品）数が多い理由は、当時のフィルムが短く、時間にして1分に満たないものも多かったからである。当時は、新作だけではなく、過去に製作されたフィルムが繰り返し興行されていたので、初期の作品も多く含まれていたと考えられる。最終的には、6861本に「U」証明書が与えられ、627本に「A」証明書が発行された。

同年に審査官によって問題となったフィルムは全部で166本である。報告書には、フィルムの題名や該当箇所は記載されていないが、削除あるいは修正の対象となる根拠として列挙されている22項目のリストから、当時の判断基準、つまり何が問題であったのかを知ることができる。BBFCの検閲資料は様々な文献で引用されているが、本章では1973年発行のジョン・トレベリアンの著作、『検閲が見たもの』を使用し、拒絶根拠（削除あるいは修正の対象となる根拠）の経緯を見ていきたい。トレベリアンは、1959年から71年までBBFCの事務局長を務めていた。始動時の拒絶根拠についても、詳細に記載している。尚、BBFCによって拒絶された個々の映画の題名については、トレベリアンの資料から知ることはできない。しかし、その後、ジェームズ・C・ロバートソンの研究によって明らかにされているので、著作『英国検閲委員会：英国の映画検閲、1898年～1950年』と『隠された映画』を参照してほしい。

1913年の報告書にランダムにリストアップされている根拠22項目を見ていくと、おおよそ4つのカテゴリーに集約できることがわかった。「残虐性の高いもの」、「犯罪を誘発するもの」、「英国の名誉を傷つけるもの」

と「性的にいかがわしいもの」である。(13) いかがわしい、という言葉を使用した根拠は、原文に「indecorous dancing, impropriety in conduct, indelicate sexual situations」といった表現が頻繁に用いられており、これらの単語に含まれる「はしたない、不適切、下品」といったニュアンスを、一つの言葉に集約した結果、いかがわしい、という訳語にたどり着いたからである。最初に、それぞれのカテゴリーに入る具体的な項目について記しておきたい。

「残虐性の高いもの」に含まれるものは〈動物の虐待、処刑シーン、手術の場面〉などである。映画の誕生は、通常の生活の中で見ることができないものを、拡大して提示する機会をもたらした。観客の好奇心は更なる刺激を求めたので、初期の製作者たちは実際に行われた手術や公開処刑、スペインの闘牛、アフリカの草原でライオンが象を噛み殺すシーンなどを撮影した。これらは人気のある題材だったので、アメリカとヨーロッパから輸入した作品を含めると、かなり多くのフィルムがイギリス国内でも流通していたと思われる。

「犯罪を誘発するもの」に含まれるのは、〈殺人のシーン、犯罪の手段や方法を詳しく描写したもの〉などである。映画の影響を受けやすいと考えられていた青少年や労働者階級を、犯罪に向かわせないようにする配慮だろう。

「英国の名誉を傷つけるもの」には、主に〈実在する人物や機関、あるいは聖職者の名誉を傷つける描写〉などが含まれる。ＫＭＡ委員会が先に示した四つの方針の最初の項目、「王室の人々、政府高官、宗教指導者たちを無礼に描写してはならない」を引き継ぐものであると考えられる。イギリスでは、映画が誕生する以前に、演劇についても同様の基準が検閲に用いられていた。他にも、イギリス独自の観点が反映されていると思われる根拠は、〈英国の理念と相反する外国の先住民の習慣〉である。これは海外に多くの植民地を有し、常に様々なものが持ち込まれていた英国ならではの観点である。

「性的にいかがわしいもの」としては、〈ふしだらな踊りや服装〉といった視覚的な煽情性を危惧するものから、〈猥褻な性関係、不倫、きわどい婚姻関係〉のように倫理的な不道徳性に言及するものまである。〈ふしだらな踊り〉として、イギリスで当初から問題となっていたフィルムは有名な着色映画『サーペンタイン・ダンス』である。巡回興行者だったセシル・ヘップワースは、お堅い教区牧師たちの許可を得るために、題名をわざわざ聖書に倣って『ヘロデの前で踊るサロメ』に変えて興行した。倫理的な不道徳性において特に厳しかったのは、『社交界の愚者』の問題シーンからも推察できるように、女性の不倫や性関係であった。「恋人」から「妻」への字幕の修正も頻繁に行われていたが、これは女性の恋愛に結婚という制度的な正統性を与えるためであったのだろう。この年に挙がった２２の根拠の中で最も占める割合が高いのは「性的にいかがわしいもの」に入る項目で、２２項目中、９項目を占めている。これは全体の４１％に相当する。その他はそれぞれ四項目から五項目で、２０％ぐらいである。尚、項目ごとのフィルムの数は記録に残されていないので、ここで挙げるパーセンテージは、全体に占める、各カテゴリーの割合を指している。統計学的には決して満足できる計算方法ではないが、全体に占める特定のカテゴリーの割合を算出することで、その時々に注目された各カテゴリーの重要性を捉えることができる。

この年、レッドフォードは、審査官が問題として挙げた１６６本のフィルムのうち、最終的には２２本に対して、証明書の発行を完全に拒絶する決定を下した。レッドフォードが示した根拠は１１項目だが、そのうち「性的にいかがわしいもの」が約５０％で、具体的には、〈猥褻な性関係を示唆するもの、売春・誘拐・誘惑を描いたもの、ふしだらな踊り・行為・衣装・アクセサリー〉であったと記されている（Trevelyan 32）。

翌年の１９１４年の報告書を見ると、追加されている拒絶根拠は全部で２１項目、そのうち「性的にいかがわしいもの」に関与する項目は7項目で３０％に減少している。これは戦争の影響によるもので、〈戦争の恐怖を煽るもの、連合国を貶めるもの〉などを含めた「英国の名誉を傷つけるもの」の割合が上昇したことによる。「性的にいかがわしいもの」として、新たに追加されているのは、〈不必要な女性の下着の露出、白人奴隷売買に関するもの、近親相姦、女性への暴行、売春宿に関すること〉などである。白人奴隷（White Slave）とは、もともと１９世紀からロンドンで横行していた「少女売春」を指す表現であるが、この頃、海外の植民地などに売られた性奴隷も含まれている。一方、近親相姦は１９世紀の終わりごろからヨーロッパを中心に議論されていた問題で、その後イギリスでも１９０８年に近親相姦禁止法が成立した。他の国々と異なり、イギリスでは「労働者階級の劣悪な住宅事情が近親相姦を引き起こす」と言及した住宅委員会の報告が、法制化へつながった（Weeks 31）。

もう一つの大きな流れは優生学に関する項目が見られることで、〈「民族自滅」に関連すること、優生学の教えをふしだらに描くこと〉の２点が新たに挙がっている。「民族自滅」は、実際には産児制限による人口漸減を指す言葉で、１９世紀末にイギリスで誕生した優生学から発生した。優生学はこの時期、国内を席巻した大きな趨勢であり、１９１２年にロンドンで開催された第一回国際優生学会議には、世界中から３００名以上の研究者が集結している。イギリスの優生学は社会学と交って、国家や人種だけでなく社会階層の消長も研究対象となっていた（米本２３）。映画業界は、優生学の取り扱いについて慎重な態度を示しており、このような特別な知識を必要とする題材は、通常の映画館で見せるべきではなく、専門家の指導の下に、特定の観客を対象として上映されるべきであると考えていた（Trevelyan 33）。

１９１５年には新たな傾向として、〈資本家と労働者との関係、政治に関する描写〉が追加されている。これは同年に南ウェールズで炭鉱ストライキが起き、アスキス政権が苦境に陥ったことと関係していると思われる。戦争の描写についても複数の追加がみられ、これらも合わせて「英国の名誉を傷つけるもの」のカテゴリーに入れると、全体の４０％を占める。「性的にいかがわしいもの」としては、〈用意周到に少女を誘惑すること、初夜の場面、男女が同じベッドに入っているもの、女性に対する暴行を暗示するもの、遺伝もしくは感染による性病の影響を描いたもの〉などがあり、全体の５３％である。これらの数字から、戦争時においては、国家の尊厳遵守と性の取り扱いに大きな関心が向けられていたことがわかる。第一次大戦中は、兵士の梅毒感染が大きな社会問題となり、感染拡大を防ぐ目的で複数の衛生映画が作られていた。これらについては、後に詳しく述べる。

トレベリアンによると、１９１６年から１９１８年までの年次報告書は、書類統制の要請で発行されなかったという（Trevelyan 35）。しかし、１９１６年から１７年にかけて、ＢＢＦＣにとって大きな転換となる二つの出来事があった。その一つは、公的な検閲機関設立の気運が高まったことである。１９１６年に、シネマトグラフ・アクトの法令化の際に内務次官であったハーバート・サミュエルが内務長官に就任した。サミュエルは地方行政当局の担当者たちを集め、若者の非行と映画のモラル低下について話した後、内務省が介入する新しい検閲制度の設立が必要だと主張した。内務省が提示した新しい検閲制度には、著作家、劇作家、教育者、地方行政当局、映画業界、一般人から成る諮問機関を設立する計画まで立てられていたこともあり、映画業界は強く反発した。映画製作を全く理解していない人々が検閲に関わることになれば、これまで以上に混乱が生じることが予測できたからである。

もう一つは、同年に内務省が、公衆道徳国民協議会（National Council of Public Morals）の中に映画委員会（Commission of Inquiry on Cinema）を設置する案を承認する動きをみせていたことである。公衆道徳国民協議会、通称ＮＣＰＭは１９１１年に結成された。協議会が掲げた目的は「人種の再生」であり、精神、モラル、肉体の堕落を懸念する著名人たちの公開討論の場であった。実際に議論された主題は、出生率の低下、有害文学の蔓延、若者の道徳教育、精神薄弱者の繁殖などである。ＮＣＰＭはその後１０年にわたり、社会浄化運動や公衆道徳に関連する推進活動に対しアドバイザー的役割を果たし、様々な分野に影響を及ぼした。その一つが協議会内に１９１３年に設立された全国出生率委員会の活動である。この委員会の設立目的は出生率低下問題について大がかりな調査を行うことであった。１９１６年6月に公表された報告書には、生活水準や収入が高いほど出生率の低下が著しいこと、その理由は上流階級と中産階級で広く実践されていた産児制限によること、その一方で、労働者階級の高い出生率を制御することの難しさが記載されていた。この報告書を公表した後、ＮＣＰＭはもう一つの委員会を設立しようとしていた。それが映画委員会である。この委員会も大がかりな調査を行い、その結果を報告書にまとめることを目的としていた。調査の内容は、主に映画館が及ぼす（特に若者への）身体的・社会的・道徳的影響や、映画の教育的な価値などで、これまで映画について寄せられた様々な苦情についても分析が行なわれた。

こうした中、1916年11月にBBFCの初代会長レッドフォードが病死し、次期会長として、強い指導力を備えた元ジャーナリストのT・P・オコンナー議員が任命された。T・P・オコンナーは、最初の仕事として、同年末に「43の削除のための根拠」（T.P. O'Connor's 43 'Grounds for Deletion'）を表明し、BBFCの強硬な検閲姿勢を示した。これはNCPMの映画委員会による報告書を意識したもので、業界側の強固な自主規制を示す証拠として提出するために策定されたと同時に、内務省の公的検閲の動きを封じ込める意図もあったと考えられている。内容はこれまでBBFCが挙げてきた拒絶項目を箇条書きにして、具体的に示したものである。43の全ての項目を記載した和文献が既に公刊されているので、(14) 参照されたい。ここでも最も多い根拠は、性にまつわるもので、全部で20項目、全体の50％を占めている。

業界が懸念したNCPMの映画委員会は1916年11月に設立され、翌年の1917年10月には、約400頁にわたる膨大な報告書が刊行された。報告書は、「モラルへの影響」、「身体への影響（特に暗い館内でスクリーンを見続けることによって生じる眼精疲労をさす）」、「教育との関係」、「業界の検閲組織（これまでのBBFCの活動と、内務省主導による公的検閲をめぐる提言）」等について、それぞれの分析結果をセクション別にまとめた前半部分と、計19日間に及ぶ、映画関係者や行政関係者、聖職者らを対象とした尋問を全て書き取った後半部分から成る。この調査の統括者はバーミンガム主教で、調査メンバーには、T・P・オコンナーを初めとする映画関係者や行政関係者、教育者や聖職者が含まれている。T・P・オコンナーは調査メンバーとしてだけでなく尋問にも答え、先に公表した根拠を規程（code）と表現した上で、以前よりも厳しい検閲姿勢で臨んでいることを訴えた。

この調査において特に重要な懸念事項として審議されたのは、青少年への影響である。これについては主に二つの観点でまとめられている。一つは、映画館の暗さが招く不良行為である。前半部の分析結果には、不良行為が何を指すか具体的に示されていないが、後半部の尋問から判断すると、男女が抱き合ったり、男性が少女に言い寄るような行為であることが推察できる。この時期、ＮＣＰＭの関心は街中でみかける売春婦に移っていた。映画館でも兵士と売春婦のカップルが目立つようになったことが影響していると考えられる。対処方法としては照明をできる限り明るくすることや、大人に同伴されていない子どもの席を分けること、あるいは子どもを見守る係員を配置すること、不良行為の温床となるボックス席や立見席を取り除くことが勧められている。

一方、映画の内容について、尋問で多く挙がっている声は、犯罪シーンや恋愛シーンの刺激性などで、女性が男性を誘惑するシーンが男性観客に自制心を失わせると主張する婦人の言葉も書きとめられている(15)。とはいえ、冒頭には公平性をもって調査を行うこと、高すぎるモラルの押し付けをするべきではないと明記されており、公正に調査を行う姿勢が読み取れる。映画と青少年の犯罪については、因果関係を立証することの難しさが指摘され、明確な結論は見送られた。一方、過剰な性描写については、より厳しい検閲を求める声がところどころに挙がっている。前半部分の最後にまとめられた「結論と提言」では、国民的な信頼を得るためには国家的な検閲の導入が理想的であると書かれている一方、公的検閲によって生じる問題点も指摘されており、一定の条件の下で、ＢＢＦＣに公的な権威を与える案も選択肢として提案されている。尋問における各人の温度差があるとはいえ、報告書の内容はＢＢＦＣと映画業界にとって概ね好意的であったといえるだろう。

報告書と同様に懸念されていた内務省主導による公的検閲計画は、１９１６年年末の政権交代によって結果的に頓挫した。翌年、ハーバート・サミュエルに代わって就任した新しい内務長官、ジョージ・ケイヴは映画に興味を示さなかったので、計画が再度持ち上がることはなかった。しかし第一次大戦後半の数年間は、ＢＢＦＣにとって信頼の獲得と組織の存続を勝ち取る戦いを強いられた、重要な時期であったといえよう。

引き続き1919年に公表されたＢＢＦＣの報告書を見てみよう。オコンナーに交代してから初めての報告書である。この年、観客のモラル低下を招かないよう、〈犯罪の描写、結婚の品位を貶めること、著名人の描写、宗教の描写〉などについて、審査を強化することが再確認されている。この年の拒絶根拠として新たに挙げられている項目は、〈アメリカにおける拷問の習慣、人種的な憎しみを煽ると予測される場面、拳銃を使った過剰な射撃〉などで、これらは前年に終結した第一次大戦の影響であると思われる。「性的にいかがわしいもの」に関連する項目も同数あり、〈女性がナイフで格闘する場面、自由恋愛を擁護するもの、妻の浮気を正当化するために夫が浮気するもの、男女が一緒にベッドや浴室にいる場面、女性が男性を奔放に誘惑する場面〉などが挙げられている。「はしたない」や「いかがわしい」といった以前の曖昧な表現[16]が具体的になり、どのような情景をスクリーンに映してはいけないのかが理解しやすくなったといえるだろう。

この年、ＢＢＦＣは教会で禁じられている言葉、「God, Damn」といった字幕についても拒絶する方針を示した。年次報告書には「映画業界の利益は、長期的に、商品（フィルム）の純潔性（purity）と、その純潔の基準が守られることによって国民の信頼を得ることにかかっている」と書かれている。ＢＢＦＣがなんとしても映画の品位を遵守しようと努力していた足跡が伺える。

こうした姿勢が認められ、地方行政当局も次第にＢＢＦＣに信頼を置くようになった。１９２０年にミドルセックス郡議会は上映にあたり、ＢＢＦＣの証明書を条件にした。翌年には最も手強い自治体であったＬＣＣも追随した。１９２４年末には、地方行政当局による判断の相違を防ぐため、内務省はＢＢＦＣが拒絶したフィルムの上映を国内の全ての地域で禁止する制度を導入した。ＢＢＦＣはこれ以降、民間組織とはいえ、公に認められた検閲機関としての役目を果たしていく。

トレベリアンの『検閲が見たもの』にはこの後、１９２５年のリストが掲載されており、ここには、〈不遜な聖書の引用、最後の審判の場面〉といった宗教や聖書に関連する冒涜が複数見られる。これまでに見られなかった項目としては、〈英国の看護師に対する侮辱、ボリシェヴィキのプロパガンダ、階級憎悪を煽動するもの〉といった世相を反映するもの、〈煽情的に女性の足を見せるもの〉といった「性的にいかがわしいもの」などがあるが、〈避妊の擁護〉といった、民族自滅に関与するものも引き続き見られる。

翌年の１９２６年に公表された年次報告書で注目すべきは、７３項目の拒絶の根拠をカテゴリー別に分類したリストが公表されていることである。カテゴリーは報告書の著者によって「宗教」、「政治」、「軍事」、「社会」、「性」、「犯罪」、「残虐性」に分けられている。最も多いカテゴリーは「社会」と「性」に関するもので、この二つを合わせて全体の５０％を占める。さらに注目すべきは、「社会」と分類されたカテゴリーに多数の「性に関するもの」が含まれていることである。この時期、性が単なる個人の問題ではなく、社会的な問題であると捉えられていたことが読み取れる。

この「社会」のカテゴリーに入っている項目は全部で２１であるが、全項目を短い言葉でまとめると次のようになる。〈周知された英国機関の使用、国内の警察を貶める表現、教会で禁じられた言葉の使用、病院での苦痛を表す表現、精神病棟（特に個室）、感化院の職員を貶める表現、酩酊した女性と少女、性の饗宴、専門家を対象とした科学的な題材、はしたないセミ・ヌードのダンス、ヌード（実物も影も禁止）、女性の下着を見せるもの、女性の下着をちら見する男性、中絶、少女への暴行、売春宿、命を危険にさらす人身売買、不倫と共謀離婚、酒浸りの父親を真似する子ども、子どもが真似しそうな危険な悪戯、性病にまつわること〉。社会浄化運動が実際には性の浄化運動であったように、映画にも性の浄化が求められていたことがわかる。

それでは「社会」とは別に設けられた「性」のカテゴリーには、いったいどのような項目が入っているのだろうか。こちらについても記載しておく。〈字幕にセックス・アピールと書くこと、習慣的な不倫を暗示する主題、女性が煽情的に誘惑すること、売春の斡旋、肉体的な激情の表現、激情的な抱擁、凌辱が行われたことが明らかな事件、好色な老男性、白人奴隷売買、直接的な猥褻風刺、浴室でのはしたない行為、罪の軽減や金銭を目的として女性が自分の名誉を犠牲にすること、妖婦、下品な壁の装飾、女性と男性が共にベッドに入っている場面〉の計１５項目である。

これらはＢＢＦＣが１４年間の経験を基に整理した拒絶根拠の集大成ともいえるが、社会的な性と個人的な性がどのように分類されるようになったかを知ることができる貴重な資料といえるのではないだろうか。

5　民族自滅と性病映画

１９１６年、一つのアメリカ映画『私のこどもたちはどこに』（*Where Are My Children*）（日本公開時の邦題は『暗中鬼』）が英国内で公開された。これは「中絶反対」を掲げる裕福な弁護士の夫と、自由に遊びたいがために夫に内緒で子どもを堕した妻の物語である。妻の堕胎はやがて夫の知るところとなり、結末では夫婦の崩壊と、子どもの無い不幸な未来が暗示されている。アメリカでは純粋な商業的映画として製作されたものの、イギリスでは中産階級の産児制限をくい止める教訓的映画であると好意的に受け止められ、先に述べたＮＣＰＭや、他の社会純潔運動組織がスポンサーについた。配給元であるトランスアトランティック社はＮＣＰＭとともに、ＢＢＦＣに証明書の発行を求めたが、ＢＢＦＣは答えに窮し、内務省の指導を仰いだ。

もともとＢＢＦＣが想定した検閲の対象は広く一般大衆に向けた商業映画であったので、限られた観客を相手に上映される映画（例えば特定の娯楽施設で上映されていたポルノ映画や、専門家を対象とした科学映画など）は審査の対象

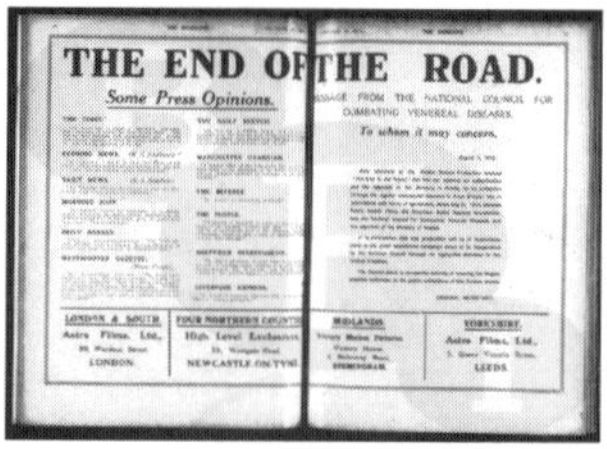

図２　『バイオスコープ』誌の広告

外であった。内務省が「この種の映画はＢＢＦＣの手におえない」という見解を示したこともあり、ＢＢＦＣは『私のこどもたちはどこに』の証明書の発行を拒絶すると同時に、これ以降、特別な科学的知識を必要とする教訓的な映画には証明書を発行しない方針を固めた（Kuhn 44-45）。しかし、この決定が下される前に、すでに映画は封切られ、一般の映画館でも上映されていた。結果はどうあれ、内務省とＢＢＦＣとの交渉から、ＢＢＦＣが想定していた商業映画の対象範囲や、内務省のＢＢＦＣに対する評価を窺い知ることができる。更に言えば、映画の影響力は、教訓として利用できるほど大きくなっていたということだろう。ここでは、同時期、同様の理由でＢＢＦＣの手を煩わせた衛生映画、特に、第一次大戦中に一つのジャンルとして成立した「性病映画」[17]について取り上げ、『私のこどもたちはどこに』以降のＢＢＦＣの対応や、映画の中でどのようにこうした題材が扱われていたかを見ていきたい。

性病映画の全盛期は１９１０年代後半から１９２０年にかかる頃で、製作の中心地はアメリカだった。１９１５年の『きずもの』（*Damaged Goods*）、１９１８年の『道の終り』（*The End of the Road*）、１９１９年の『勝利適者』（*Fit to Fight*）や『目を開けなさい』（*Open Your Eyes*）などが該当する。第一次大戦参戦によって、多くの若者が軍隊に動員され、ヨーロッパの売春宿で性病に感染した。『道の終り』と『勝利適者』は、国内への感染拡大を防ぐため、政府機関（訓練基地諸活動委員会）が戦地の兵士を教育する目的で製作した映画である（梅本 13）。このうち、『道の終り』については、商業映画としてイギリス国内で興行されたことがわかっている。１９１９年１１月２０日発行の業界紙、『バイオスコープ』には『道の終り』の広告が見開き１ページで掲載されており、左ページにはタイムズ紙を含めて１２紙からの賛辞が、右ページには性病撲滅国民協議会[18]によるメッセージが配置されている。同年８月７日付で出されたこのメッセージには、『道の終り』が厚生省の認可を得て、イギリス国内で商業的に興行する権限を得たこと、映画の教育的価値が計り知れないこと、などが記されている（図2）。

一方、イギリスもアメリカと類似した状況下にあった。特に深刻だったのは、国内での売春の拡大である。1917年にはロンドンには6万人の売春婦がいたと言われている。その3分の2はフランスとベルギーからの難民であった。性病も広がっており、戦争で4人に1人は戦死し、例え帰還したとしてもその中の4人に1人は性病に感染していると言われていた（Mathews 35）。そのため、国内では中産階級の人口の減少が懸念されていた。なぜなら志願兵として戦っていた兵士のほとんどは中産階級の出身だったからである。こうした中で、イギリス国内において、（少なくとも）2つの映画が製作された。一つは1917年の『因果応報』（*Whatsoever a Man Soweth*）、もう一つは、1919年のイギリス版『きずもの』（*Damaged Goods*）である。

『因果応報』はカナダの兵士向けに作られた38分の性教育映画で、ニュース映画編集に携わっていたジョセフ・ベストが、陸軍省の資金援助を受けて製作したものである。物語の主人公はカナダ人兵ディックである。ロンドンで休暇を過ごす彼に、売春婦がひっきりなしに近づいてくる。しかし、彼は母親の言葉と故郷の婚約者を思い出し、強固に誘惑を拒み続ける。ある日、ささいな孤独から売春婦の誘いにのりかけた時、偶然通りがかった知り合いの中尉が制する。中尉の言葉から、彼らが中産階級以上の出身であることがわかる。中尉はある医師を紹介し、直接訪ねるようディックに諭す。ディックは、医師の病院を訪れ、性病に罹患した患者たちの姿を見る。医師は梅毒の感染経路と、母親から子への遺伝を説明し、「感染した子は盲目か聴覚障害を持って生まれてくる」ことを強調する。

この作品の大きな特徴は、性病がもたらす深刻な症状や影響が、実際に罹患している患者の身体や、顕微鏡の画像の挿入によって語られていることである。例えば、図3で示すショットは腐りかけた腕であり、やせ細った腕が蝕まれている様子が一目で理解できる。一方、図4に示した顕微鏡で見える病原菌の画像も、二つの意味で衝撃的

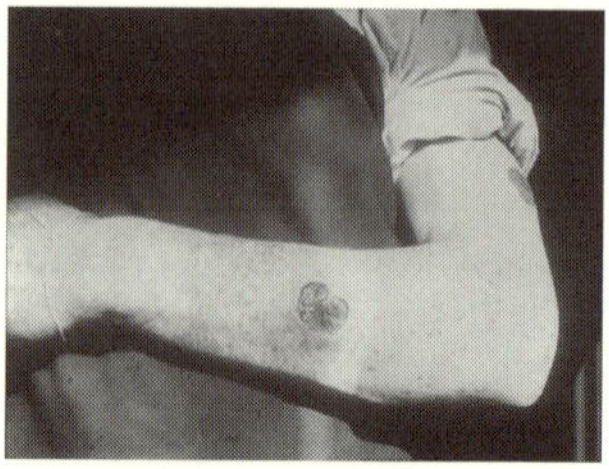

図3　『因果応報』
（ジョセフ・ベスト監督、8分31秒）

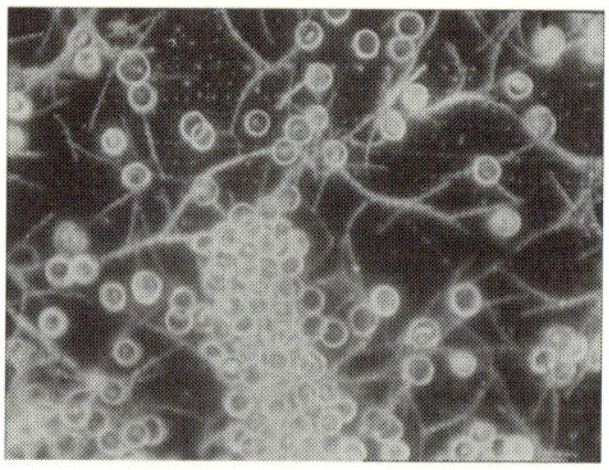

図4　『因果応報』
（ジョセフ・ベスト監督、12分01秒）

である。一つはスクリーンいっぱいに拡大される圧倒的な存在感、もう一つは、菌が活発に蠢く様子を目の当たりにすることによって生じる恐怖感である。言わば無力な人体と、病原菌のエネルギーが対比を成して語られているのである。

ディックは病院を出た後、盲学校を訪れる。そして、盲学校の教師から「盲目の子の58％が父親の性病感染によること」や、「子どもは清潔（clean）に生まれる権利がある」ことを教えられ、カナダに帰国する。一方、ディックの兄、トムは売春婦と一夜を過ごし、妻が待つカナダに帰ってくる。そして梅毒に感染したことを知らないまま、妻に病気をうつしてしまう。医者から感染を告げられたトムはディックの勧めで治療に専念し、ようやく家に帰るが、生まれた子どもは盲目であった。生まれた子どもの身体的な欠陥性は、ここでも対比とともに語られている。スクリーンにはトムのフラッシュバックによって挿入される健康に生まれた第一子（図5）と、生まれたばかりの第二子（図6）が同じ構図、アングルによって提示されるのである。盲目という、外見からは見えない病状が、一目でわかる身体全体の欠陥性によって衝撃的に語られていることがわかる。結末ではトムが顔を歪めて後悔する場面が占め、その悲痛な表情とともに売春婦との接触経験がフラッシュバックで挿入されている。ストーリーは、梅毒の知識を持ったディックに対し、知識を持たないトム、売春婦の誘いを断ったディックに対し、誘いにのったトム、といったように対照的に示され、それぞれがたどる経路が、原因と結果によってわかりやすく提示されている。物語の中盤で見せられる感染者の身体的な欠陥性や、医師が語る知識の字幕は、数秒間静止するので、観客は物語から一旦離れ、衝撃的な映像を記憶に残すとともに、科学的な文章をゆっくりと読めるように配慮されている。尚、トムと接触した売春婦は、兄弟の属する階級の外に存在する他者であり、衣装や部屋の装飾によって、貧しさが強調されている。売春婦の意思や行動を表す場面は、性行為の後、トムの財布から紙幣をぬきとる場面のみで、人物の背景や人柄を知ることはできない。

残念ながら、『因果応報』がＢＢＦＣにどのように受け取られたかを示す資料は残っていない。イギリス国内でも上映されたようだが、兵士など、限られた観客を対象としていたこともあり、ＢＢＦＣの審査対象とはならなかったのではないかと思われる。しかし、『因果応報』は、イギリスにおける性病映画の出発点を示す興味深い資料である。なぜなら、これ以降製作された複数の性病映画も、『因果応報』を踏襲した内容になっているからである。その1つ、2年後に製作されたイギリス版の『きずもの』（１９１９）は、一般の観客を対象とした商業的な映画であったので、ＢＢＦＣの審査対象となった。

『きずもの』は、もともとフランスのユージン・ブリュー原作の演劇で、１９１７年からロンドンで上演され、人気を博していた題材である。アメリカと同様に、性病の拡大を懸念した当時の陸軍省が、映画版を製作するようサミュエルソン・カンパニーに持ちかけた。同社は早速、当時のＢＢＦＣの検閲官であったヒューバート・ハッセイを訪れ、描写する主題が許されるかどうか尋ねたが、ハッセイはストーリーと主題を大幅に変えない限り、証明書の発行ができないことを伝えた。計画は一旦頓挫したものの、性病の拡散が収まらないことを知ったサミュエルソン・カンパニーは、元の主題を変えることなく、2年後の１９１９年に映画化した。

物語は由緒正しい家柄のジョージと、売春婦に身を落

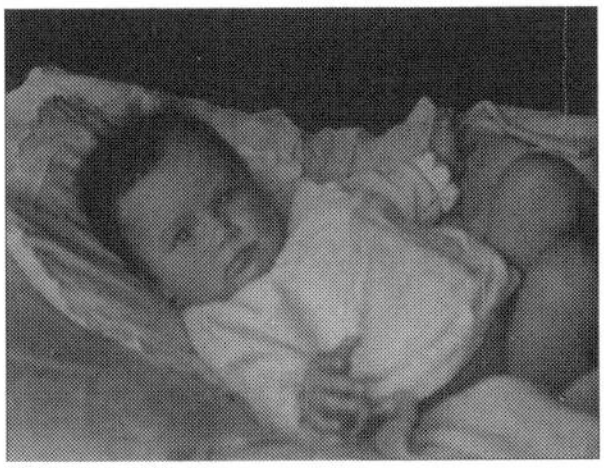

図５　『因果応報』
（ジョセフ・ベスト監督、30分51秒）

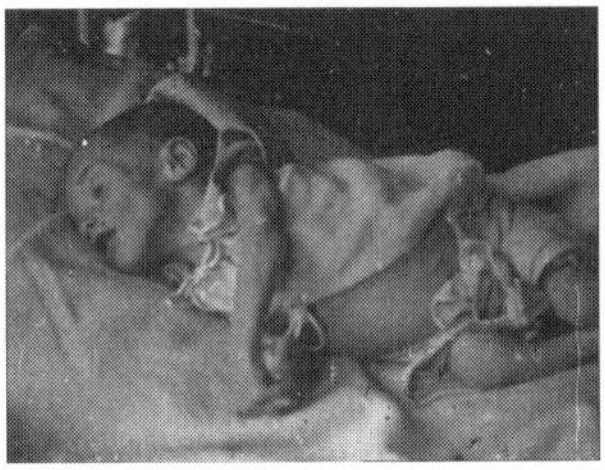

図６　『因果応報』
（ジョセフ・ベスト監督、37分30秒）

としたエディスをクロス・カットでつなぎながら進行する。ストーリーの展開がわかりづらいほど、複雑に構成されているが、およそのあらすじは、以下のとおりである。

法律の勉強に励むジョージは議員の令嬢ヘンリエッタとの婚約が調い、輝かしい将来が待っているばかりであった。一方、田舎から出てきたエディスは、ロンドンで店員として働くうち、店の男主人にしつこく言い寄られるようになる。エディスが妊娠したことを知った店主の妻は、エディスを解雇し、店から追い出す。店を追い出され、仕事に就けなくなったエディスは、産んだ子どもを修道院に入れた後、自身の生計を立てるため売春婦として働くようになる。ある日、司法試験合格の祝賀会からの帰宅途中、ジョージはエディスと出会う。2人が一夜を共にしたことはピカデリー・サーカスの静止ショットで暗示される。この一晩の行為によりジョージは梅毒に感染し、医師にかかったところ、結婚はできないと告げられ、ショックを受ける。誰にも話すことができず、ジョージは偽医者で処方された偽薬をもらい凌ごうとする。ジョージに結婚を禁じた医師、つまり資格を持った医師と偽医師のショットは照明やアングルで対照的に表現され、資格を持った医師の威厳と品格が強調されている。偽医者を信じたジョージの病気は悪化する一方だったが、ジョージは病気の事実を隠したまま結婚し、ヘンリエッタは妊娠する。生まれてきた子は、予想どおり梅毒に感染し、弱っていた。子どもは乳母に預けられ、ヘンリエッタは離婚を決意する。しかし、最初に診断を受けた医師の治療によってジョージと子どもの病気は治癒し、数年後、ハッピー・エンドで結末を迎える。

全体的に通常のドラマ仕立てになっており、『因果応報』で挿入されたようなショッキングな映像はない。代わりに医師が語る言葉が多く挿入され、映像よりも字幕が占める割合が高い。特に、医師が語る梅毒についての説明は、医学的な専門用語に溢れており、まるで講義のようである。サミュエルソン・カンパニーが聖職者や議員を招待し、昼食会を兼ねて開催した試写会では、アメリカ版『きずもの』と比べてイギリス版は上品に仕上げたことが強調された。サミュエルソン・カンパニーが語った「上品」さとは、ショッキングな映像を挿入していない、という意味である。アメリカ版『きずもの』や『道の終り』では、クロース・アップで捉えられた身体の欠損部分が多数挿入された結果、イギリスの試写会で「不快で下品である」と受け取られていた。イギリス版『きずもの』の試写会での反応は良かったが、ＢＢＦＣは１９１９年１１月２１日、プロパガンダ映画には証明書を発行しないことを理由にこの作品を拒絶した。ロバートソンの二つの文献（Robertson: 1985, 1993）では、この作品が国内で一切上映されなかったと記されているが、実際には『道の終り』同様、いくつかの商業的な映画館で上映されたという見解もある（Mathews および Kuhn）。１９１９年の時点では、ＢＢＦＣの権限はそれほど強くなかったので、上映についての最終的な判断は地方行政当局が握っていた。館内の通路を隔てて観客を男性と女性に分けた上で、この映画を上映した地方もあったという。

この二つの作品には、共通する重要な構成要素がある。一つは、『因果応報』でも指摘した、売春婦の扱いである。『きずもの』の中でエディスが店から追い出される際、店主の妻から言い渡される台詞（字幕）はこのように記載されている。「私たちの支配階級にあなたのような階級はいらない。お荷物は出ておゆき。ここに必要なのは品位のある女性だけよ」(19)つまり、どちらの映画も主人公は中産階級以上に属しており、売春婦は主要な空間から排除された「他者」なのである。実際に彼女たちが登場する場面は少なく、直接語る言葉（字幕）も挿入されていない。売春婦たちの人間性は消去されており、性病の原因であるという側面のみが強調され、性病を回避する唯一の手段は、他者である異性と接触しないことであると教えられる。しかし、現実の世界では、売春婦のみが性病感染の原因であったわけでなく、この頃変化したモラルによって、若者たちの間に婚外恋愛が広まったことも原因の一つであった。

もう一つの共通点は、主人公の不注意な感染が、次世代に引き継がれることが強調されていることである。『因果応報』に挿入された乳児の映像同様、『きずもの』における子どもの身体的欠損は後半部を占める重要な視覚的要素であり、後半では生まれた子どもの虚弱さが何度も映される。また、『きずもの』では、前半で示される幸福そうな表情とは対照的に、後半では登場人物たちの苦渋の表情が画面の中央を占めており、特に顔を歪ませながら次世代の欠陥の深刻さを語る医師の顔がミディアム・クロース・アップで多く捉えられている。医師の顔はカメラに向けられていることから、メッセージが観客に向けられていることがわかる。医師はこのように語る「私が守りたいのは、次の世代の人種（the race）である」[20]。当時の趨勢であったイギリスにおける優生学や、ＮＣＰＭの出生率調査の報告を考えると、この字幕における the race が、ディックやジョージが属するような中産階級以上の共同体を指していることが推察できる。

こうしてみると、『私のこどもたちはどこに』と『因果応報』、そして『きずもの』は同じ主題を共有していることがわかる。『因果応報』と『きずもの』は、映画の観客に加わった中産階級の男性たちに、性病を回避し健康な子孫を残すよう訴えかけたのに対し、『私のこどもたちはどこに』は、同じ階級の女性観客に対し、避妊をすることなく次世代を再生産するよう訴えかけたのである。両方の作品に託されたのは、特定の階級における民族自滅への回避であった。

映画という媒体は、様々な社会的な要求を吸収しながら生成され、フィルムになってからもその興行をめぐって議論される。映画史を検閲という視座から眺めると、その社会に特有である尺度や、その中に位置する様々な機関の利益、それらが取り交わす交渉を鮮やかに映し出す重要な資料であることがわかる。

産業革命による都市への人口流入は、一種のモラル・パニックを引き起こしたといえる。モラル・パニックとは、１９７２年にイギリスの社会学者スタンリー・コーエンが生み出した言葉で、特定の若者やマイノリティ集団を、社会秩序を脅かす存在とみなし、その集団を統制や教化、あるいは排除するべきであるという激しい感情が多くの人々に湧き上がることをいう。

シネマトグラフ・アクトからＢＢＦＣへの道のりは、映画をいかがわしく低俗なものから品位ある娯楽としてレスペクタビリティを得るために辿った行程であった。ＢＢＦＣが当初から成文化された検閲規程をもたなかったことは、常に変化する外的な脅威に対し、柔軟に対応できる点において有益であったのではないかと思える。イギリスにおける映画の規制は、モラル・パニックによって湧き上がる感情を抑制するために、映画業界が行政とエリート集団の同意を得ながら築いた「信頼の砦」であったともいえよう。そのなかで排除や浄化が行われ、純潔性という、映画における、ある種のエスニシティを維持することができたのではないだろうか。

ＢＢＦＣはその後も活動を続け、１９８４年には British Board of Film Classification への名称変更を経て、英国の「映倫」として重要な役割を果たしている。

註

（１）詳細は、拙稿「Ｒ・Ｗ・ポールが捉えた英国――イギリスにおける記録映画（１８９６―１９００）の題材について」を参照のこと。

（２）社会浄化運動、あるいは社会純潔運動（social purity movement）とは、１９世紀後半から２０世紀初頭にかけてキリスト教のモラルに反する習慣を撲滅するためにイギリスで起きた運動。当時、社会（social）という表現は、性的な（sexual）の婉曲表現として使われていたので、実際に議論されたのは、性のモラルの変革である。最も大きな目的は売春の撲滅であったが、活動が活発であった１９００年〜１９２０年頃は、中絶や避妊に反対の立場をとり、ポルノグラフィーの検閲にも関与した。

（３）英語では National Council of Public Morals. この団体の設立は１９１１年。多数の著名人が名前を連ねており、出生率の低下、人種的な劣化、若者の道徳教育等が議論された。若者に及ぼす映画の影響が大きな問題になる中、映画委員会（Commission of Inquiry on Cinema）が発足し、膨大なページ数の報告書が発行された。

（4）例えば、当時最も狂信的なモラル改革集団であったマンチェスター純潔同盟（Manchester Purity League）は、フィルムの内容については殆ど関心を示さなかったが、「労働者階級の映画観客は、外からの影響を受けやすいので、破壊、不道徳、そして犯罪行為につながる傾向にある」と考えていた。特に最初の数年間の映画は、中産階級の人々から「最も低俗な娯楽であり、社会秩序を乱す脅威である」と考えられていた（Mathews 13）。

（5）この映画の題名は、1916年アメリカで製作・公開された『私のこどもたちはどこに?』（*Where are my children*）で同年、公衆道徳国民協議会の資金提供によってイギリスでも公開された。あらすじについては、本章第5節を参照のこと。

（6）原文の disorderly house には売春宿の語義もあるので、「売春規制法」と訳すこともできるが、この法令は売春宿に限られたわけではなく、娯楽一般の取締りも含めた広義の規制であったので、敢えて「風紀紊乱に関する法律」と訳出した。シネマトグラフ・アクト以前の娯楽統制については、拙稿「イギリス映画の統制——映画法（1909年）の背景と、関連する様々な規制・法令について」を参照のこと。

（7）条例の及ぶ範囲はロンドンの中心部あるいはウエストミンスターから半径20マイルであり、1888年になっても変更されることはなかったが、1890年には、Public Health Acts Amendment Act（公共衛生条例改正法）が通過し、地方行政当局が採択すればロンドンのどの場所でも効力を有するようになった。

（8）この条例の正式名は、Regulations in Premises Licensed by the London County Council Cinematograph Lanterns で、シネマトグラフを上映する施設に特化して策定された地方条例であった。

（9）当時の映画館の数については、研究者によって違いがあるが、ここではマシューズと（Mathews）クーン（Kuhn）の文献を参考にした。

（10）例えば、1909年9月の R. v. Hallinan の裁判では、シネマトグラフの上映が毎晩2回行われ、映像がスクリーンで上映されている間、ピアノと蓄音機による演奏が行われた。陪審員は有罪であるとする判決を言い渡した（Hunnings 33-34）。

（11）Kinematograph and Lantern Weekly を参照のこと。

（12）題名数については、研究者によって二種類に分かれている。ここではクーンの文献に記載されている方を採用した（Kuhn

22)。

(13) 詳しい根拠項目については、トレベリアンを参照のこと（Trevelyan 31-45)。

(14) 松川（142―145）を参照のこと。

(15) 公衆道徳国民協議会映画委員会発行の報告書（241）を参照のこと。答えているのは少年や少女教育団体を多く所有する地元名士の妻、バジル・ヘンリック婦人である。

(16) 例えば、indecorous, indelicate, indecent などの表現をさす。

(17) ここでは「VD cinema（Venereal Disease cinema)」を指す。1920年代以降、青少年の教育を目的とした性病映画がブリティッシュ・インストラクショナル・フィルムズ社を中心に複数製作され、一つのジャンルを成している。

(18) 性病撲滅国民協議会（The National Council for Combating Venereal Diseases）の設立は1914年。1907年に発足した優生教育協会（Eugenics Education Society）に所属していた数名の職員が兼任し、同じ建物内にあった。尚、優生教育協会の目的は、優生学の国家的重要性を広く認めさせ、この理想にのっとった親の責任感を確立すること。人種の効果的改善を念頭においた遺伝法則の知識を広めること、家庭・学校その他の場での優生学の啓蒙を行うことであった（米本　24)。

(19) 元の字幕は以下の通り。We don't want your class in our establishment. Get out you baggage! Only respectable girls are wanted here.

(20) 元の字幕は以下の通り。It is the future of the race I am defending.

引用文献／DVD

梅本和弘「ハリウッド映画形成期における衛生映画――精神への投薬とその規制をめぐって」、『映画研究』第7号（2012年）、4―21。

荻野美穂『生殖の政治学』、山川出版社、1994年。

中山夏織『演劇と社会――英国演劇社会史』、美学出版、2003年。

松川俊夫「メディア暴力の倫理学Ⅳ――英国映画検閲委員会（BBFC）の倫理（1)」、『山形短期大学紀要』第41集（2009年)、135―146。

山本起世子「生殖をめぐる政治と家族変動」、『園田学園女子大学論文集』、第４５号（２０１１年）、１―１８。
吉村いづみ「イギリス映画の統制――映画法（１９０９年）の背景と、関連する様々な規制・法令について」、『名古屋文化短期大学研究紀要』第３８集（２０１３年）、１―９。
――――「R・W・ポールが捉えた英国――イギリスにおける記録映画（１８９６―１９００）の題材について」、『名古屋文化短期大学研究紀要』第４０集（２０１５年）、１１―２４。
米本昌平「イギリスからアメリカへ――優生学の期限」、米本昌平他『優生学と人間社会』（講談社人間新書、２０００年）所収、１３―５０。
Hiley, Nicholas. " "No mixed bathing": The creation of the British Board of Film Censors in 1913." *Journal of Popular British Cinema*, n3（2000）5–19.
Hunnings, Neville March. *Film Censors and the Law*. George Allen & Unwin Ltd, 1967.
Kinematograph and Lantern Weekly , February 11, 1909, p.1063.
Kuhn, Annette. *Cinema, Censorship and Sexuality 1909–1925*. London and New York: Routledge, 1988.
Mathews, Tom Dewe. *Censored*. Chatto & Windus: London, 1994.
National Council of Public Morals. *The Cinema: Its Present Position and Future Possibilities（1917）*. London: Williams and Norgate, 1917.
Robertson, James C.. The British Board of Film Censors: Film Censorship in Britain, 1896–1950. Croom Helm, 1985.
――――*The Hidden Cinema*. London and New York: Routledge, 1993.
Trevelyan, John. *What the Censor Saw*. London: Michael Joseph, 1973.
Weeks, Jeffrey. *Sex, Politics & Society*. Longman, 1989.
Williams, David R.. "The Cinematograph Act of 1909: An introduction to the impetus behind the legislation and some early effects." *Film History*. Volume 9（1997）341–350.
Bioscope, November 20, 1919, 16–17.
Whatsoever a Man Soweth, Dir. Joseph Best, Sponsored by War Office, UK 1917, The Joy of Sex Education（DVD）, British Film Insti-

tute.

＊本章は、平成26年度科学研究費・基盤研究（C）「英国サイレント映画の社会史的研究」（研究代表者　吉村いづみ）による成果の一部である。

第5章

ドイツ＝トルコ映画における女性像の変遷

山本佳樹

ドイツ＝トルコ映画が世界の注目を集めるきっかけとなったのは、トルコ移民の両親のもとに1973年にハンブルクに生まれたファティ・アキン監督の『愛より強く』（*Gegen die Wand*, 2004）が、2004年のベルリン国際映画祭で、ドイツ映画としては18年ぶりとなる金熊賞を獲得したことであった。トルコ移民二世の男女の偽装結婚をめぐるこの荒々しくもメランコリックなメロドラマは、そのテーマの重さと卓越した心理描写とによって、国際的に高い評価を得た。トルコ人によるドイツ映画の刷新、と持ちあげたメディアもあったが、その一方で、ドイツに住むトルコ人が脚光を浴びたゆえの文化的葛藤も噴出した。すなわち、アキンは記者会見で、〈ガストアルバイター（出稼ぎ労働者）の映画〉というレッテルに繰り返し抗議しなければならなかったし、さらには「ビルト」紙が、ベルリン国際映画祭グランプリ受賞の朗報の直後に、主演女優シベル・ケキリがかつてポルノ映画に出演していたことを大々的に報じて、この映画の誹謗キャンペーンを行なったのである（Akin 215–220）。しかし、カティア・ニコデムスが指摘するように、スキャンダラスなのは、〈暴露〉された内容ではなく、むしろドイツ＝トルコ人ゆえにこの女優を中傷する下劣さの方であろう（Nicodemus 224–225）。いずれにせよ、この映画をめぐる言説は、現代ドイツにおける外国人問題の多様な局面を浮き彫りにすることになった。

『愛より強く』はけっして突然変異的な傑作ではない。それはその時点で少なくとも20年近い流れをもっていたドイツ＝トルコ映画の水脈のなかから生まれた作品である。移民映画をはるかに越えた視点の豊かさといった、この映画についてしばしば用いられる賛辞も、90年代後半以降のドイツ＝トルコ映画の多くにすでに現れていた特性だといえる。こうしたことも踏まえつつ、本章では、『愛より強く』においても最大のテーマとなっている移民女性のアイデンティティの問題を軸に、ドイツ＝トルコ映画の現在までの流れをたどっていきたい。しかし、そもそもドイツ＝トルコ映画という枠組みそのものが、実はきわめて曖昧なものである。そこで、議論の前提として、まず、ドイツ＝トルコ映画という概念をめぐる問題圏を素描しておく必要がある。続いて、ドイツ＝トルコ映画の空間的な枠組みを提示するために、〈越境〉というモティーフをもつふたつの作品を紹介する。それから、時代順に主要な作品を追いながら、ドイツ＝トルコ映画における女性像の変遷を跡づけていく。

1　ドイツ＝トルコ映画とは何か

映画が誕生した19世紀末には、近代的な国民国家がすでに成立していた。また映画の製作には多額の費用がかかるため、それを出資する製作会社が存在し、その会社は当然ながらいずれかの国に属していて、当該国の経済的利害に関わっていた。さらにトーキーの時代になると、映画は必ず何らかの〈国語〉で語りかけた。それゆえに、配給時の宣伝から映画史記述にいたるまで、ドイツ映画、アメリカ映画といった具合に映画を国家別に分類することは、従来いわば自明のこととされてきた。しかしまた、交通と情報網の発達した近代のメディアとして、映画は常に国境を越えるものでもあった。外国でのロケは映画の最初期から行なわれたし、映画産業は映画を積極的に海外に輸出し、競争するとともに影響を与えあった。また、周知のように、映画人はいつの時代にも国境を越えて活動してきた。ドイツ映画も例外ではない。ドイツの〈最初の映画スター〉、アスタ・ニールセンはデンマーク人であった。エーリヒ・ポマーやフリッツ・ラングといったユダヤ人、マルレーネ・ディートリヒをはじめとするドイツ人など、ヴァイマル期の黄金時代を支えて、後にハリウッドに渡った人材は、枚挙にいとまがない。ナチ時代にあってさえ、銀幕の歌姫ツァラ・レアンダーはスウェーデン人であったし、妖艶なダンスを披露するマーリカ・

レックはハンガリー人であった。さらに、グローバル化が進み、ヨーロッパ統合への動きが進む今日においては、人的移動がますます活性化するとともに、複数の国家にまたがる製作や、多国籍企業による企画が日常的なものとなり、国家単位の映画の分割はしだいにその輪郭を失いつつある。こうして近年においては、ドイツ映画といったパラダイムそのものに、疑問が投げかけられるようになっている（ハーケ　２８４）。

こうしたなかで、あえて国名を冠して〈ドイツ＝トルコ〉と呼ばれる映画現象は、いったいどのようなものであろうか。通常それは、１９６０年代初期以降にドイツ連邦共和国にガストアルバイターとして移住してきたトルコ人およびその二世や三世の手になる、また彼らについての映画を指す。ドイツ人にとって、こうした移民集団は、隣りあわせに生活してはいるが、国民文化の規範の外にいる、前近代的で異質な存在と見なされてきた。したがって彼らにかかわる映画はドイツ映画から逸脱したものと捉えられたのである。再統一後の１９９２年には外国人人口の割合が８パーセントに達するなど、多文化的状況が進行するなかで、２００万人を超える最大勢力であるトルコ系移民によるドイツ＝トルコ映画は、しだいに現代ドイツにおける〈他者〉の視線を表現する映画の代名詞となっていく。ドイツ＝トルコ映画を民族的マイノリティの問題を扱うドイツ語映画だと拡大解釈して、ドイツに労働移住したギリシア人やイタリア人についての映画や、オーストリアやスイスの移民映画が、同じ文脈で論じられることもある。この意味で、ドイツ＝トルコ映画は、アメリカのイタリア系移民の映画、フランスのアルジェリア系移民の映画、イギリスのパキスタン系移民の映画などと並んで、〈混淆の映画〉（cinema du métissage）と呼ばれる国際的な映画現象の一部だといえる（Seeßlen: Métissage 5）。とはいえ、ドイツとトルコという組み合わせがもつ固有の問題性も、もちろん見落としてはならない。労働移民のなかでもとくにトルコ人との関係が問題視されてきたのは、ひとつにはトルコ人がドイツにおける最大の外国人集団となったためであるが、しかしまた、東洋と西洋のはざまに位置するイスラム教国であるトルコの出身者をいかにドイツ社会に統合するかという問題が、ギリシアやイタリアからの労働移民の場合とは根本的に異なる葛藤を生みだしてきたからでもある。

ドイツ＝トルコ映画とは何か。たとえば先に触れた『愛より強く』について考えれば、この映画は、ドイツの映画会社で製作され、ハンブルク生まれのドイツ＝トルコ人であるアキンが監督をし、俳優やスタッフにはドイツ人とトルコ人とドイツ＝トルコ人がいる。この映画の舞台は、前半はハンブルク、後半はイスタンブールであり、ドイツ語とトルコ語が話されるが、物語の形式自体はハリウッドのメロドラマを意識的に規範としたものである。ちなみに、アキン自身はメキシコ系移民の女性と結婚しており、前作『ソリーノ』（*Solino*, 2002）では、イタリア系移民の家族のドラマを描いていた。では、もしドイツ＝トルコ人が移民とは何ら関係のないテーマの映画をドイツの映画会社で撮影したとすれば、それでもそれはドイツ＝トルコ映画なのだろうか。いずれにしても、ドイツ＝トルコ映画に明確な境界線を引くことは難しい。むしろ、その概念の内部と外部とのあいだに、またドイツとトルコとのあいだに、境界線が容易に引けない点にこそ、その本質があると考えた方がよさそうだ。そしてこのことは、ドイツ＝トルコ人の若い世代のアイデンティティに対応しているともいえるだろう。女流監督ジャナン・ユルマズの短編映画『私は誰なの？』（*Ben Kimm? / Wer bin ich?*, 2003）で、黒いセーターを着た女性は、くるくる回りながら、ドイツ語とトルコ語で「私は誰なの？」と問いかける。彼女はすぐさま次のように自答する。「私はドイツ人よ！トルコ人よ！　ドイツ＝トルコ市民。ドイツトルコ人、ドイツ生まれのトルコ人。トルコ系ドイツ人、半ドイツ人。ドイツ、トルコ、ドイツ＝トルコ？」（filmportal. de）。

〈ドイツ＝トルコ〉という名称そのものに二項対立を固定化しかねない側面があることは否定できないが、その危険性を承知したうえで、ここではドイツ＝トルコ映画を、ドイツに住むトルコ移民による、また彼らについての映画を第一義としつつも、しかしその周辺領域に属する映画をも含めたものとして、ゆるやかに把握したい。それは、自らの境界線を常にずらしつつ、純粋な国民文化という概念に生産的な揺さぶりをかけていくような映画群である。

2　越境の物語——『冬の花』と『太陽に恋して』

『愛より強く』のシベルは、挑発にかっとなって殺人を犯してしまったジャイトが刑務所に入れられているあいだに、彼に「待っているわ」（1時間14分28秒—14分29秒）と言い残して、家族から逃れるためにイスタンブールに移り住む。数年後、刑期を終えたジャイトは、シベルを探して、彼にとっては未知の町イスタンブールに向かう。このように実際にトルコとのあいだを行き来したり、その影がちらついたりすることは、近年の作品も含めた多くのドイツ＝トルコ映画に共通して見られる特徴である。若い女性が家族によって無理矢理トルコに送り返される（『ヤラ』［*Yara*, 1998］）、あるいはそうされそうになる（『ヤスミン』［*Yasemin*, 1988］）、というのが多いパターンである。また、故郷としてのトルコが、主観的なフラッシュバックのかたちで想起される（『40平米のドイツ』［*40 m² Deutschland*, 1986］）こともある。さらには、トルコから兵役召集令が来たり（『兄弟』［*Geschwister-Kardesler*, 1997］）、親が決めた花嫁がトルコからやって来たりする（『四月の子どもたち』［*Aprilkinder*, 1998］）こともある。このように、トルコという土地は、トポスとして多くのドイツ＝トルコ映画の背景をなし、映画に空間的な広がりと距離の感覚とを与えている。そして、その距離を克服する際に生じる〈越境〉そのものをモティーフとしたような作品も存在する。ドイツ＝トルコ映画のトポス的枠組みをイメージするために、ここでは、そのなかから、カディル・セゼン監督の『冬の花』（*Witerblume*, 1997）とファティ・アキン監督の『太陽に恋して』（*Im Juli*, 2000）という、きわめて対照的なふたつの作品を紹介したい(1)。

『冬の花』は、トルコ人一家が暮らすケルンのアパートの早朝の情景から始まる。カーペットに散らかっている幼い息子の玩具、夫婦のベッド。つつましいながらも幸せな家庭がある。ところが不意打ちするように玄関のベルが鳴り、すべてが一変する。滞在期間の過ぎたムフメトは警察に拘束され、妻と息子をドイツに残したまま、17年間住んだドイツから追放されるのである。ここからカメラは、並行モンタージュによって、ムフメトと妻ギュリスタンの試みを交互に追う。イスタンタンブールにいるムフメトは、一時労働で食いつなぎながら、領事館の前でヴィザの支給を待つ人々の列に並ぶ。一方、ケルンにいるギュリスタンは、外国人局を相手どって夫の追放を撤回する裁判を起こす。ふたりをつなぐのは、ときおり掛けあう、短くて切ない電話のみである。なかなかヴィザの降りないことにしびれをきらしたムフメトは、逃亡幇助団の手中に落ち、金を巻きあげられながら、不法入国の旅をすることになる。ギュリスタンがついに勝訴したとき、ムフメトはブダペストで足止めを食らっていた。正規の滞在許可を受けとるためにはイスタンタンブールに戻らなければならないのだが、ムフメトにはもはやそれはできない。彼は同志の仲間たちと協力して逃亡幇助団のバスを奪い、なんとかオーストリアとドイツの国境地帯までたどりつく。しかしムフメトの前には、国境警備隊とアルプスの雪山とが立ちはだかっている。

ムフメトが乗った逃亡幇助団の白いバスは、イスタンブールを出発し、ブルガリア、ルーマニア、ハンガリーを経て、オーストリアとドイツの国境付近にいたる。こうして、この映画のなかには、いくつかの〈越境〉が描かれることになる。最初に越えなければならないのは、トルコとブルガリアの国境である。国境検問所の前でバスを降りた逃亡幇助団のリーダーは、乗客たちに、「困ったことになった。金が要る。ひとり100マルク出せ」（34分46秒―34分54秒）と言う。金を出したムフメトたちは、検問所の横の脇道をこそこそと歩いてブルガリアに入り、それからバスは乗客を乗せずに国境を通過する。つまり、検問官に賄賂を使ったのであり、ムフメトはここで初めて、自分が罠にかかり、不法入国者となってしまったことを知るのである。ハンガリー＝オーストリア国境のように、無人の検問所をあっけなく駆けぬけられる場合もあるが、最後にして最大の難関となるのが、オーストリアとドイツとの国境地帯である。警察犬を連れた国境警備隊に追われながら、ムフメトは冬の険しい雪山をさまよい歩く。知らせを受け、息子を連れて国境の駅で夫を待つギュリスタン。何日も待ち続けた彼女は、息子が買った白い花を見て涙を流す。そのころムフメトは、雪のなかに倒れて凍死していた。

これに対して、『太陽に恋して』は、ムフメトとほぼ同じルートを逆向きにたどってイスタンブールに向かう、ドイツ人のカップルを描いている。７月の陽ざしに包まれた暖かいトーンは、パロディを意図したのではないかと思われるほど、『冬の花』のくすんだ灰色と好対照をなしている。ハンブルクの教育実習生ダニエルは、不器用な堅物で、生徒たちからもほとんど相手にされていない。彼は、夏休みの前夜に偶然出会ったトルコ人女性メレクを、〈夢の女性〉だと思いこむ。次の金曜日に月に照らされてボナポラス橋の下で恋人と会う、というメレクの言葉を頼りに、ダニエルは彼女に会うべくイスタンブールを目指す。同行するのは、露店でアクセサリー売りをしているユリである。以前からユリは秘かにダニエルに恋をしていたのだ。『太陽に恋して』は、ダニエルとユリのふたりが、ドタバタと危険と冒険とを経験しながらヨーロッパを横断する、ナンセンスでロマンティックなロード・ムーヴィーである。そして、最後にようやくイスタンブールに到着したダニエルが気づくのは、自分の〈夢の女性〉は、遠路はるばる追い求めてきたメレクではなく、いつも傍らにいたユリだということである。もちろんメレクの方でも、彼女の恋人イサクとの再会を果たしている。ラスト・シーンで、この二組のカップルを乗せた車は、夏の陽光にきらきらと輝く海の上にかかる、ヨーロッパとアジアを結ぶボスポラス大橋を、さらに〈南へ〉と走っていく。

この映画には、きわめて愉快な〈越境〉の場面がある（1時間1秒―4分15秒）。ブダペストの怪しげなクラブで身ぐるみはがれされたダニエルは、やっとの思いでハンガリーとルーマニアの国境にたどりつく。しかし、国境をはさんでハンガリーの検問官とチェスをしているルーマニアの検問官（アキン自身が演じている）は、「ノー・パスポート、ノー・ルーマニア！」（1時間48秒―49秒）と言って、ダニエルを通そうとしない。そのとき、ダニエルと離ればなれになっていたユリが、ルーマニア側にあるトイレからひょっこり現れる。配偶者のもとに行くなら許されると考えたダニエルは、ユリを説き伏せ、遮断機をはさんで、まさに国境の真上で、即席の結婚式を挙げる。機関銃を構えて見守っていた検問官＝アキンは、ふたりにキスをさせると、にっこり微笑んで、ダニエルのために遮断機を上げてやるのである。

『太陽に恋して』のこの場面は、愛があれば国境は越えられる、と示唆しているように見える。『冬の花』は、その正反対に、愛で国境は越えられない、と主張しているように見える。ムフメトとギュリスタンは、最後には目と鼻の先にいるにもかかわらず、国境によって無限に引き離されている。ドイツの外国人をめぐる政治的・社会的状況はあいかわらず厳しく、『冬の花』はそうした現実を直視するよう、悲痛な調子で訴えかけているのである。では、『太陽に恋して』は楽天的すぎるのだろうか。そうではあるまい。ドイツ人をトルコに向かわせるという〈役割交換〉を核心にもつこのオデュッセイは、ダニエルにとってメレクが〈ミステリアスでエキゾチックな美人〉であるように、諸国にまつわるいくつものステレオタイプと意識的に戯れながら、まるで魔法のように奇蹟を起こしてみせるのだ。『太陽に恋して』に描かれた〈越境〉のファンタジーは、むしろわれわれの心のなかにある〈国境〉を問題にしているのだろう。アキンはこう言っているように思われる。愛があれば〈国境〉は越えられる。しかしまず、肩の力を抜いて、自分の周囲に目を凝らしてみなければならない。愛はすぐ近くにあるのかもしれないし、われわれが越えるべき〈国境〉も、いたるところに存在しているのだから、と。われわれを縛る一切の境界を乗り越えるすべを軽やかに指し示すところにこそ、ドイツ＝トルコ映画の未来があるのではないだろうか。

3　フェミニズム的オリエンタリズム――『シリンの結婚』

ここからは、時代を追って主要な作品をとりあげながら、ドイツ＝トルコ映画における女性像の変遷を見ていきたい。

ガストアルバイターの表象がドイツ映画に登場するようになるのは、1960年代からである。彼らはたいてい「社会の周縁にいる意思疎通できない犠牲者」（Neubauer 171）として提示された。不況になって失業率が上昇した1960年代後半からは、ドイツ国内で労働移民に対する排斥の動きが強まり、そうした世論に対抗するかのように、移民問題を社会批判的に扱う映画が作られるようになる（渋谷 26）。中心になったのはニュー・ジャーマン・シネマの映画作家たちであった。ライナー・ヴェルナー・ファスビンダーは、『出稼ぎ野郎』（*Katzelmacher*, 1969）で差別を受けるギリシア人を自ら演じ、『不安と魂』（*Angst essen Seele auf*, 1973）ではドイツ人の老寡婦と若いモロッコ人との困難な愛を描いてみせた。いずれにもトルコ人は登場しないが、『不安と魂』の製作中の仮題が「すべてのトルコ人はアリという名前だ」というものであったことは興味深い。排除されていることへの同情に頼らないで移民に関心を寄せる点で、ファスビンダーは傑出していたが、それは移民をテーマにしたこの時期の映画にあっては、むしろ例外であった。移民の弱い立場を世間に知らしめ、ドイツの社会政策を告発するという映画監督たちの意気込みは、ほとんどの場合、公的映画助成制度による融資、および、公共テレビ局との共同製作と結びついてはじめて実現されたが、選考を通過するためにしばしば特定の方向に誘導されることになり、結果として映画の内容に一定の型がはめられたのである。それは「文化と文化のあいだで道に迷う痛ましい物語」（Göktürk 250）というものであった。異国での寄る辺なさを強調し、観客の同情を引きやすくするために、物語の中心には女性が置かれることが多くなった。

ニュー・ジャーマン・シネマを代表する女性監督ヘルマ・ザンダース＝ブラームスのテレビ映画『シリンの結婚』（*Shirins Hochzeit*, 1976）は、この時期のドイツ＝トルコ映画の代表作である。アナトリアの村で育ったシリンにはマフムドという婚約者がいたが、マフムドはドイツに出稼ぎに行ったきり、シリンから心が離れてしまう。村の有力者がシリンに求婚し、金を渡されたシリンの叔父たちは結婚を承諾する。嫁ぎ先にトラックで運ばれる途中、シリンは逃走し、イスタンブールを経て、マフムドがいるケルンに向かう。ケルンの工場で働きはじめたシリンだが、マフムドには会えないまま3年近くが経ち、そのうち不景気になって解雇される。その後は職に恵まれず、雇い主に強姦された挙句、娼婦に身を落とす。そこで客として現れたマフムドに再会する。最後には、チンピラたちの争いに巻きこまれ、シリンはピストルで撃たれて死んでしまう(2)。

この映画で技巧的に目を引くのは、二重のヴォイス・オーヴァーである。すなわち、主人公であるシリンの声と監督であるザンダース＝ブラームスの声が、〈オフ〉の声として映画の物語の全編を覆うのである。シリンはブロークンなドイツ語で短い文をぽつぽつと話す。一方、監督の言葉は落ちついていて整っている。映画の冒頭部で、シリンのヴォイス・オーヴァーはこう語る。「いま私は死んでいる。（中略）私の名前はシリン。アナトリアの出身。これは私の土地。石がいっぱい」（4秒—44秒）（Sanders 13）すぐさま、ザンダース＝ブラームスのヴォイス・オーヴァーが、シリンの間違いを訂正する。「これはあなたの土地ではありません。これはアガの土地です。この土地にある石もアガのものです。」（58秒—1分7秒）（Sanders 13）ふたりのヴォイス・オーヴァーが対話することもあれば、監督の声がシリンの内面を解説することもある。ふたりの声は相補的であるが、ヒエラルヒーが存在しており、監督は、ひとりでは自分の物語をうまく語れない不器用なシリンを助けているかのようだ（Brauerhoch 111-113）。

主題の点では、この映画では二重の告発がなされている。すなわち、ひとつには、移民に対するドイツの冷たさへの告発であり、もうひとつには、ドイツとトルコを問わず存在している家父長的社会構造における女性蔑視への告発である（Neubauer 176）。デュッセルドルフ空港に降りたったシリンに、彼女自身のヴォイス・オーヴァーがかぶさる。「ドイツいっぱい寒い、あなたの国いっぱい寒い。トルコ暖かい、暖かい太陽、親切な人々」（27分14秒―27分26秒）（Sanders 42）。ドイツは豊かな国だが、個人主義的で冷たく道徳的に堕落している。不況になると労働移民を簡単に解雇し、彼らの不幸にも官僚的にしか対応しない。では、異国でシリンがまったく孤独かというと、そうではない。移民の女性同士には友情と連帯がある。そろって解雇された夜、寮の移民女性たちは歌と踊りと笑いでお互いを慰めあう。そして、それまで高圧的だった寮の管理者であるドイツ人女性も、同情してその輪に加わるのである（1時間2分39秒―8分14秒）。こうして、ドイツ対トルコではなく、男性対女性という、この映画のもうひとつの構図が姿を現す。女性同士なら、国籍を超えて苦しみを分かちあえる。そして、シリンの結婚を札束で片づけようとするトルコの男たちと、シリンを娼婦にして金を稼ごうとするドイツの男たちは、女性の人権を無視する点で同類なのだ。(3)

二重の告発と二重のヴォイス・オーヴァーとの関係は微妙である。シリンのヴォイス・オーヴァーが、「わたし女、あなたも女、女いつも不安」（45分27秒―45分33秒）（Sanders 56）とザンダースに言うように、ふたりのあいだには女性同士の親密さがあり、ザンダースは女性としてシリンに共感を寄せている。しかしまた、ザンダース自身はドイツ人として移民を搾取する側にも立っており、さらには、全知の語り手のように物語世界を秩序立てようとする解説的で保護者的なその声には、男性的な権力も備わっている（Brauerhoch 111）。監督とシリンとのあいだにはオリエンタリズム的なジェンダー構造があり、そこでは監督は男性、シリンは女性となるのだ。監督のヴォイス・オーヴァーはこの分裂をつねに抱えており、そのために、この映画には「フェニミズム的オリエンタリズム」（Brandt 32）とでもいうべき感触がつきまとう。

4　二重の犠牲者――『40平米のドイツ』

移民女性の受難を描く啓蒙的な映画という路線は、その後も継続した。この系譜に連なるテヴフィク・バーシェル監督の『40平米のドイツ』は、1980年代を代表するドイツ＝トルコ映画のひとつである。これまで主としてドイツ人の手で作られてきた分野で、トルコ出身の監督が、「40平米のドイツ」という象徴的なタイトルをもつ代表的な作品を生みだしたことの意味は大きい。1986年7月末に封切られたこの映画は、ロカルノ国際映画祭銀豹賞、ロッテルダム国際映画祭最優秀新人賞、ドイツ映画祭最優秀主演女優賞、同最優秀音楽賞など、数々の栄誉に輝いた。

映画の冒頭、カメラはゆっくりと移動しながら、ハンブルクにある40平米のアパートの室内を写す。そこに新婚の夫婦が入ってくる。ガストアルバイターとして工場で働いているドゥルスンが、故郷のアナトリアから新妻トゥルナを連れてきたのだ。トゥルナは異国での新生活に好奇心を抱いていたが、夫が自分を外出させるつもりがないことを知って落胆する。ひとりきりの部屋で、食事の支度（食材はドゥルスンが買ってくるのだろう）と掃除をする以外にトゥルナにはすることがなく、ときおり窓から外を眺めるだけである。夜には夫の性欲の対象になる。いちどはお祭りに連れていってもらうことになるが、精いっぱいおめかししたトゥルナの姿を見たドゥルスンは、ドイツ人には奇異に映るだろうと考えたのか、計画を中止してしまう。そのうちトゥルナは妊娠する。ドゥルスンは大喜びして、トゥルナをいたわるが、トゥルナ自身はしだいに精神のバランスを失っていく。ところがある日、シャワーを浴びていたドゥルスンが心臓発作で死んでしまう。トゥルナは監禁されていた部屋を出て、おずおずと外の世界への第一歩を踏みだそうとする。

ドゥルスンはいわゆる暴力的な夫ではなく、残酷な悪人としては描かれていない（Schäffler 47）。お金を稼ぐためにしかたなくドイツにいるが、彼はドイツ人の道徳心のなさを心から軽蔑しており、妻にはドイツの有害な環境に触れないでほしいと考えている。トゥルナが病気になったときも、彼が呼ぶのはドイツ人の医者ではなく、イスラム教の指導者である（５２分４０秒―５７分２５秒）。彼は自分としてはトゥルナを守っているつもりなのだが、彼女の希望や涙に関心がないために、彼女を精神的に追いつめていく。トゥルナには、『シリンの結婚』のシリンとは違って、苦しみを分かちあってくれる女性たちもいない。窓越しに目のあった向かいの部屋のドイツ人少女と、お互いに人形を使って合図を送りあうのが、唯一、他者と心が通じあった瞬間だったが、相手がスカーフをかぶった外国人であることに気づいた少女の母親は、すぐにカーテンを閉めてしまう（２０分２６秒―２１分５８秒）。移民としてドイツ社会から閉めだされているばかりか、夫からも抑圧を受けているトゥルナは、完全に孤独な状況にいる。この「二重の犠牲者」（Göktürk 250）としての移民女性像が、ドイツ＝トルコ映画における女性像のひとつのプロトタイプとなる。

この映画では、ドゥルスンとトゥルナが会話できるような状況にあるときには、音楽は使用されず、意思疎通の不可能性と沈黙とがきわだつ。しかし、ドゥルスンが眠ったり外出したりすると、憂鬱な音楽が始まって、トゥルナの息詰まるような心理を代弁するのである（Schäffler 54）。また、映像面では、ほぼ室内に限定されたカメラワークによって、(4) 閉所恐怖症的な緊張感が高められている。とくに重要な役割を果たしているのは鏡である。トゥルナはしばしば鏡像として捉えられる。４０平米のアパートは、彼女にとって自分以外の何物も見ることのできない窒息しそうな空間なのだ。監禁されたことに気づいたトゥルナが最初にとる絶望の行為は、自分のおさげの髪を切ることである。居間の鏡で自分の顔を見つめながら、彼女は左右の長いおさげを切り、涙を流す。われわれが見るの

図1　『40平米のドイツ』
（テヴフィク・バーシェル監督、36分9秒）

図2　『40平米のドイツ』
（テヴフィク・バーシェル監督、1時間8分44秒）

は、鏡のなかの彼女の涙である（Schäffler 55）。外の世界を見ようとトゥルナが覗く窓も、映像的には、ときに彼女自身を写す鏡になっている（19分27秒—19分30秒、など）。そして、出入り口のドアの横に掛かった鏡は、トゥルナがドアから外に出る試みをするたびに、彼女をそのなかに閉じこめる。図1では画面中央に配置された鏡がトゥルナとドアのあいだに立ちはだかり、狭い四角のフレームのなかに彼女の魂を封じ込めているように見える。最後に夫が発作で倒れるとき、彼はシャワー室から悶えながら出てきて、この鏡にぶつかり、鏡はこなごなに割れてしまう。図2のように、肉の塊のようなドゥルスンの裸体は、出口を空けるかのように背中で鏡を砕くのである。この鏡の破壊によって、トゥルナは象徴的に監禁状態から解放されることになる(5)。アパートの外のドイツは自由の世界であるように見える。だが、ドイツ語がいっさい話せない身重のトゥルナに、ハンブルクの歓楽街で、シリンよりましな運命が待ちうけているかどうかは誰にもわからない。

5　昼はドイツ、夜はトルコ——『ヤスミン』

トルコの伝統的価値観にもとづく女性の地位は、ドイツ人には理解しがたいものであった。トルコ人にとって最も重要な社会的単位は家族であり、家族の成員は家族の利害を自分自身の利害よりも優先しなければならない。トルコ人にとっての中心的価値は名誉（ナームス）であり、名誉とは、トルコ人男性が家族を外部の攻撃から守り、とくに女性の性的不可侵性を保証できることによる。名誉を失うことは家族全体、とりわけ、家族の保護に責任がある男性構成員の恥とみなされる（中山　25―26）。名誉を失う行為としては、女性の婚前交渉や不貞が代表的なものであるが、男性と電話で話した、あるいは、付き添いなしで男性と言葉をかわした、というだけで咎められることもある。また、レイプの被害を受けた場合でさえも、家族の名誉を損なったとされる。家族の名誉を傷つけられた男性が、自身や家族の名誉を回復するために、名誉を失った身内の女性を殺害するのが、近年、世界で問題になっている〈名誉殺人〉である（村上　17）。こうしたトルコ人の風習はドイツ人の目には後進性と映り、トルコ人女性を解放することが、ドイツ人にとってひとつのファンタジーとなった。ゲクテュルクは次のように述べている。

監禁、抑圧、依存、あるいは売春といったものからトルコ人女性を解放することは、世間一般のファンタジーであり、そこでは、暴力的な〈他〉文化の犠牲者への共感は、第一に自己確認の目的に役立つのである。（Göktürk 251）

ドイツ人のこの願望をかたちにしたのが、ファスビンダー作品の常連俳優としても知られるハルク・ボーム監督の『ヤスミン』である。トルコ系移民の娘として生まれたヤスミンは、ハンブルクの高校に通い、放課後には柔道の道場に通う活発な女性である。柔道仲間のドイツ人青年ヤンは友人たちとの賭けがきっかけでヤスミンに接近するようになるが、そのうちにふたりは本当に恋に落ちてしまう。ヤスミンの父親と従兄ドゥルスンはふたりが会うことを力ずくで阻止しようとし、ついにはヤスミンをトルコに帰らせることに決める。その途中でヤンが現れ、父親たちからヤスミンを奪い、彼女をバイクの後ろに乗せて夜の街を疾走するところでエンディングとなる。

１９８８年に公開されたこの作品は５０万人の観客を動員し（Inside Kino）、移民をテーマとしたこの時期の映画としては異例のヒットとなった。ドイツ映画賞では金賞を獲得している。若いトルコ人女性をドイツ人青年が救いだす、という結末に、当時のドイツ人は胸を躍らせたことだろう。だが、いまの目で見れば、この映画の一面的な価値観がどうしても気になってしまう。トルコ語を学ぼうとするヤンの姿はたしかに微笑ましいが、もしトルコ人の家族の規律をもう少し知っていたなら、ストーカーまがいの自分の行動がヤスミンにとっていかに危険なことであるか、彼にも想像できたはずである。おとぎ話から飛びだしてきた王子さまかと思われるほど、ヤンは無知なのだ（Kühn 46）。この映画の意義はむしろ、移民二世の女性に焦点をあわせた点にあると思われる。移民一世の女性である『シリンの結婚』のシリンや『４０平米のドイツ』のトゥルナとは違って、移民二世のヤスミンはもはやスカーフをかぶらない。(6) ヤスミンは学校や道場ではドイツ人と同じようにふるまい、ドイツ人の友人もいるが、帰宅するとトルコの家族の価値世界のなかで暮らすことになる。この「昼はドイツ、夜はトルコ」（Göktürk 251）という二重生活を象徴するのが、下校前にヤスミンが、建物の陰に隠れて、短くしていたスカートの丈を戻して長くする場面である（５分２７秒―５分３４秒）。ドイツで育った移民二世が増加するにつれ、彼らと両親の世代とのあいだに文化的衝突が生じた。この世代間の葛藤は、ドイツとトルコでその行動規範に大きな差異がある女性の場合に、とりわけ深刻な事態になりえた。移民二世の女性は、自らの内部にふたつの文化を抱えた存在として、ドイツ＝トルコ映画において特別な位置を占めるようになるのである。

６　変身の戦略――『愛より強く』

１９９０年代以降は、ドイツ＝トルコ映画の大部分が、移民の背景をもつ監督たちの作品となる。そして１９９

０年代後半からは、これまでの型にとらわれない、新しいスタイルのドイツ＝トルコ映画が、堰を切ったように次々に現れるようになった。これまでは家族ドラマが主流だったが、ドイツ＝トルコ映画の枠組みのなかで、コメディやスリラーなど、さまざまなタイプの映画が作られるようになる。こうしたなかでトルコ人男性の表現はしだいに多様化していくが、トルコ人女性はあいかわらず哀れな犠牲者という従来のモデルで描かれがちであった。それでも、比較的新しい女性像が示されている作品もある。たとえば、トーマス・アルスラン監督の『晴れた日』(*Der schöne Tag, 2000*) は、ベルリン・クロイツベルクで生活する２１歳の移民二世デニスの１日半を追っている。駆けだしの女優である彼女は、ある日恋人と別れ、スタジオで吹き替えの仕事をし、オーディションを受け、姉に会い、街で見かけた青年とデートする。主人公がドイツ＝トルコ人だということはほとんど目立たず、自信をもった都会のひとりの女性の何気ない生活が、さわやかな夏の光のもとで示される。この映画についてのインタヴューで、監督のアルスランは、「よくいわれるふたつの文化のあいだの分裂は、彼女の人生経験には対応していません。彼女は自分が暮らしている環境を自明のこととして行動しているのです」(Seidel) と語っている。デニスの描き方に関して、トルコ人女性の社会的問題を扱う確立された方法を使いこなせていない、という批判もあったようだが (Göktürk 254)、ドイツ＝トルコ映画はすでに、批評家の要求よりも一歩も二歩も先に行ってしまっているのかもしれない。

同時期の重要な作品といえば、なんといってもファティ・アキン監督の『愛より強く』であろう。２００４年に公開されて数々の映画祭で賞に輝き、アキンの名とドイツ＝トルコ映画の存在を世界に知らしめたこの映画の主人公シベルも、やはり移民二世の女性である。自由に生きることを望むシベルは、トルコ人と結婚をして家庭におさまることを望む家族に反抗して、リストカットによって自殺を試みる。ある日シベルは、病院で出会ったトルコ人男性ジャイトに偽装結婚の話をもちかける。かたちだけの結婚をして、実際にはお互いに一切干渉しない、という約束である。シベルに同情したジャイトは、彼女の提案を受けいれる。偽装結婚が成立し、家族の束縛から逃れたシベルの奔放な生活が始まる。だが、ジャイトはしだいにシベルに惹かれるようになり、シベルも自分がジャイトに愛を感じていることに気づく。ふたりの気持ちが重なったちょうどそのとき、シベルの愛人のひとりを、シベルとの関係を嘲笑されたジャイトがかっとなって殴り殺してしまう。ジャイトは刑務所に入れられ、新聞はシベルの性生活をスキャンダラスに書きたてる。シベルはジャイトの出獄を待つことに決め、自分を殺しかねない家族から逃れてイスタンブールに移り住む。イスタンブールで従姉が務めているホテルの清掃係をして暮らすシベルだが、単調で退屈な毎日に絶望し、酒とドラッグに溺れてしまう。ある深夜、シベルは街路で3人の男たちに喧嘩を売り、ナイフで腹部を刺される。たまたま通りかかったタクシーの運転手が、彼女を助ける。数年後、ジャイトは出獄し、イスタンブールに向かう。シベルは運転手と娘と3人でつつましい幸福な暮らしをしている。ジャイトとシベルはホテルで再会し、愛の二夜を過ごす。故郷のメルシンに娘も連れて3人で行こう、とジャイトはシベルに声をかける。翌日、シベルは現れず、ジャイトはひとりバスでメルシンに向かう。

この映画にはときおり、絵葉書のようなボスポラス海峡を背景に、バンドがトルコの音楽を演奏する場面が挿入されている。(7) それは映画の冒頭と末尾、そしてそのあいだに4度の、計6度あり、これによって作品は5部に分けられる（Neubauer 226）。第1部ではシベルとジャイトの出会いと偽装結婚の提案（1分56秒―15分54秒）、第2部では結婚式とふたりの新生活（16分40秒―45分16秒）、第3部ではふたりの気持ちの接近からジャイトの投獄まで（46分2秒―1時間15分2秒）、第4部ではイスタンブールでのシベルの生活（1時間15分34秒―1時間29分22秒）、第5部ではシベルとジャイトの再会と別れ（1時間29分47秒―1時間50分26秒）が、それぞれ描かれている。前半の3部の舞台はハンブルク、後半の2部の舞台はイスタンブールである。このなかで、シベルはさまざまな変身を見せるのだが（Neubauer 232, 262）、それはとくに彼女の意識的なファッションに現れている。第1部では、リストカットを繰り返して家族に反抗しているとはいえ、トルコ人家庭の娘として、彼女の服装はおとなしい。第2部では、彼女は花嫁衣裳を身にまとい新婚の花嫁を演じるが、花嫁衣装を着たまま出かけたバーのバーテンダーと初夜をすごしてしまう。第2部後半から第3部にかけて、偽装結婚によって自由を獲得したシベルの衣装はセクシーで体の線を強調したものとなる。第3部の最後で、自分のせいでジャイトが殺人を犯したことを悔やんだシベルは再びリストカットをするが、死ぬことはできない。そして、第4部の冒頭、イスタンブールの空港に降りたった彼女はまるで自分の女性的な外観を捨て去ったかのように見える。髪を短く刈り、化粧をせず、黒のボンバージャケット、グレーのカーゴパンツという格好で、歩幅の大きい歩き方も男性的である。典型的な遠近法の構図の真ん中をさっそうと歩く彼女は、これまでの迷いを捨ててまっすぐ目標に向かっているかのようである（図3）。キム・ブラントは、これをシベルの〈男装〉と捉え、この〈異性装〉によって、シベルは犠牲者としての女性の役割を意識的に抜けだすのだ、と解釈している（Brandt 104-105）。だが、第5部ではシベルは再び女性化する。タクシーの運転手と娘と3人で幸福な生活をしている彼女は、髪は短いままだが、眼鏡をかけた表情は柔らかく、薔薇の柄の白いブラウスは清楚ながらも女性らしい。こうして彼女は、ファッションとともに次々に変身しながら、さまざまな立場を演じていく。

図3　『愛より強く』
（ファティ・アキン監督、1時間15分54秒）

　シベルはきわめてアンビヴァレントな人物である（Neubauer 231）。強烈なまでの自由への衝動をもちながら、トルコ人と結婚してほしいという家族の期待には背けないし、生きている感覚を渇望していながら、自殺未遂を繰り返す(8)。放縦な生活を送りながらも、ジャイトとの共同生活の住居を美しく整え、母親に教わったトルコの家庭料理を器用にこしらえる。「私は生きたいの、踊りたいの、セックスしたいの、それもひとりの男とだけじゃなく」（13分43秒―13分47秒）と考えるシベルの結婚後の生き方は、トル

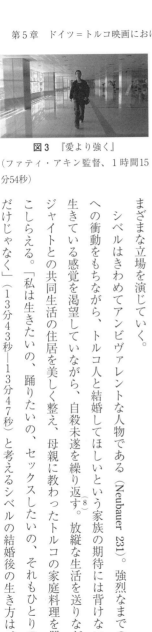

コ人だけでなく、ドイツ人の一般的道徳観からも逸脱しているといえる。シベルの複雑な分裂的性格は、トルコ的な生き方とドイツ的な生き方という対立を超えて、独自の個性をつくりだしているのだ（Neubauer 237-238）。とはいえ、シベルがトルコ移民の女性であることが、彼女の行動を決定づけていることは間違いない。そうでなければ、そもそも偽装結婚の必要はなかっただろう。そして、この偽りの結婚生活からいつしか本当の愛が目覚めても、シベルが夫のジャイトとだけはすぐに関係をもつことができないのは、もしそうすればふたりは本当にトルコ人の夫婦になってしまって、トルコ的な夫婦の義務が生じてしまうからであり、それこそが彼女が逃れようとしたものであったからである。さまざまな変身を演じてみせても、シベルは心の奥底で自らトルコの伝統的価値観に縛られており、この意味ではやはりドイツ＝トルコ映画の典型的なヒロインなのである。

7　男性も苦悩する――『よそ者の女』

ドイツ＝トルコ映画のメルクマールをなす作品となった『愛より強く』が公開された翌年にあたる２００５年は、ドイツでそれまでの外国人政策の議論が集約された移住法が施行された年であるとともに、トルコがＥＵ加盟交渉を本格的に開始した年でもあり、その後、ドイツと移民、ドイツとトルコの関係は新しい局面を迎えている（林嵜７７）。ここからの３節では、２００５年以降のドイツ＝トルコ映画における女性像の展開を見ていきたい。

『よそ者の女』（*Die Fremde*, 2010）は、２０１０年2月１３日にベルリン国際映画祭で初上映され、同年3月から一般公開された。アカデミー賞外国語映画賞にもノミネートされたこの作品は、名誉殺人に正面から取り組んだ劇映画として議論を呼んだ。これが監督処女作となるフェオ・アラダクは、女優として映画界にデビューしたオーストリア人で、トルコ風の姓は、当時の夫でこの映画の共同製作者であるトルコ移民二世のチューリ・アラダクの姓を名乗っているためである。監督によれば、アムネスティ・インターナショナルによる女性に対する暴力反対のキャンペーンにかかわったことがきっかけで、名誉殺人について調査するうちに、この映画の着想にいたったという（Interview mit Feo Aladag. 2. Teil）。

主人公ウマイ（『愛より強く』の主演女優シベル・ケキリが演じている）はベルリン育ちの移民二世である。イスタンブールに嫁いでいたが、夫のたび重なる暴力に耐えかねて、第二子を中絶し、息子ジェムを連れてベルリンの実家に戻ってくる。家族はこの突然の訪問を喜ぶが、ウマイが夫のもとに戻る意志がないことを知ると、世間体を気にして困惑する。息子だけをイスタンブールに連れ戻すという計画を漏れ聞いた夜、ウマイは警察を呼び、息子とともに女性シェルターに逃げこむ。この警察への通報がトルコ人コミュニティのあいだで噂になり、兄と弟は侮辱され、妹ラナの婚約は解消されそうになる。持参金を渡すことでなんとか破談は免れ、ラナの結婚式を迎えるが、そこにウマイが息子を連れて現れる。兄は彼女を式場の外に暴力的に引きずりだす。その後も、ウマイはレストランで働いて独立した生活を送りながら、何度か家族とコンタクトをとろうと試み、そのつど拒絶される。ウマイがドイツ人の恋人といるのを目にした父親は、名誉殺人を決意し、ウマイの兄と弟にそれを告げる。直後に父親は心臓発作で倒れ、ウマイも呼ばれて病院に駆けつける。その帰途、弟のアジャはウマイに銃を向けるが、撃つことができず走り去る。続いて後ろから兄のメーメトがナイフで刺しかかる。息子を抱いていたウマイが振り向いたために、ナイフは息子を刺してしまう。

この映画の形式面での特徴は、フレーム内フレームの多用、および、効果的な沈黙である。室内の撮影が多いこともあるが、とりわけウマイはいたるところで窓枠やドアや廊下の壁などでできたフレーム内フレームに閉じこめられており、彼女の逃げ場のない閉塞感が視覚化されている。また、この映画では、セリフではなく沈黙によって語られる場面がいくつかある。例を挙げると、ウマイの父親は名誉殺人を心に決めると、トルコに行って自分の老

図4　『よそ者の女』
（フェオ・アラダク監督、1時間36分52秒）

図5　『よそ者の女』
（フェオ・アラダク監督、18分29秒）

いた父親と相談し、再びドイツに戻って息子たちにそのことを告げる。この間、映画の時間にしておよそ5分であるが（1時間３３分３５秒―３８分３７秒）、途中で挿入されるウマイが息子に童話を読んでやる４０秒ほどの場面（1時間３６分４３秒―３７分２４秒）を除けば、一切のセリフがなく、それによって決断の重さと沈痛さが表現されている。これは、トルコ人の行動パターンについてのある程度の知識をドイツの観客がもつようになったからこそ、可能な表現方法であるといえよう。ドアの隙間から写される挿入されたウマイと息子のシーン（図4）は、フレーム内フレームの典型的な例で、この母子の憩いのときが長くは続かないことを予示している。

ウマイは自由に生きることを望み、それを実現させる強さをもった女性であるが、それでもトルコの伝統的な家族観を捨てることはできない。ドイツ人の女友だちに、あなたと息子があなたにとっての家族なのよ、と諭されても、ウマイにとっての家族はドイツ人の核家族とは違う。そして、個人の幸福を求めつつ、同時に家族とのよりを戻そうとすることが、彼女の悲劇の一因となる。この意味では、ウマイもまた、自らの内部にふたつの文化を抱えた移民二世の女性の悲劇の体現者のひとりである。ただ、この映画は、名誉殺人の告発が短絡的に民族や宗教への批判だと受けとめられないように、トルコ人の家族の絆を強調し、手を下す男性の側の苦悩にも目を向けている（Interview mit Feo Aladag. 2. Teil）。とりわけ、ウマイの父親は、ウマイに次ぐ頻度でフレーム内フレームに閉じ込められたショットで捉えられる。取り囲む枠となるのはたとえば窓枠の影であり、暗い彼らのアパートの部屋を包む漆黒の影と組みあわさって、牢獄のような効果を生みだしている（図5）。フレーム内フレームのなかで何度もため息をつき、沈黙しがちなこの父親は、娘を深く愛しつつも因習の圧力に屈してしまう、一種の犠牲者のように描

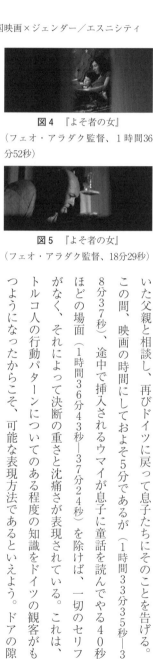

かれている。

8　語り部としての移民三世の女性――『おじいちゃんの里帰り』

『おじいちゃんの里帰り』（*Almanya-Willkommen in Deutschland*, 2011）は、『よそ者の女』から1年後の２０１１年２月12日にベルリン国際映画祭で初上映され、同年3月から一般公開された。この年のドイツ映画中第4位となる約１５０万人の観客を動員して、この時点で興行的に最も成功したドイツ＝トルコ映画となり(9)、ドイツ映画賞では最優秀脚本賞と作品賞銀賞を獲得している。従来は重苦しい描写をされがちだったテーマを朗らかなトーンで描いた大ヒット・コメディということで、東ドイツものにおける『グッバイ、レーニン！』（*Good Bye, Lenin!*, 2003）に匹敵する作品とみなされることもある。『グッバイ、レーニン！』が東ドイツ人と西ドイツ人の両方を笑わせたように、『おじいちゃんの里帰り』はドイツ＝トルコ人とドイツ＝ドイツ人の両方を笑わせることができたのだ（Martenstein）。

この映画は、１００万1人目のガストアルバイターとしてトルコからドイツにやってきたフセイン・ユルマズとその家族の45年間にわたる物語である。最初はドイツでひとり暮らしをしていたフセインは、やがて妻と子どもたちをドイツに連れてくる。数々の異文化体験を経て、ユルマズ一家はしだいにドイツでの生活になじんでいく。ついにフセインは妻ファトマとともにドイツに帰化を果たすが、その日の家族の集まりで、故郷のアナトリアに休暇の家を買ったと告白し、皆を驚かせる。フセインは一家そろってその家を訪ねることを提案し、孫ふたりを含む総勢9人でのトルコへの帰郷の旅が始まる(10)。

この映画の時間構造は二重になっている（Berghahn）。ひとつの時間は現在形で、老境をむかえたフセインとファトマがドイツへの帰化手続きをする前日から始まる。もうひとつの時間は過去形で、フセインの孫娘である22歳のチャナンが6歳の従弟チェンクに語る、3度にわたる長いフラッシュバックである（13分44秒—31分46秒、42分44秒—53分17秒、1時間5分13秒—12分3秒）。フセイン夫妻の末っ子でドイツ生まれのアリとそのドイツ人の妻ガービとのあいだに生まれたチェンクは、学校でチームに分かれてサッカーをするとき、トルコ側にもドイツ側にも入れてもらえず、自分はトルコ人なのかドイツ人なのかと悩む。それを聞いたチャナンが、チェンクのために祖父と祖母の出会いから始まる家族の歴史を物語るのである。移民三世の女性であるチャナンが語り手となり、同じく移民三世のチェンクが聞き手になる、という設定が、この映画のユーモアを生みだす巧妙な仕掛けになっている。チャナンは記憶の伝承者として、祖父母や両親たちから繰り返し聞かされた話をチェンクに伝えるのだが、そこには時間の経過によるフィルターがかかるとともに、幼いチェンクにも理解できるような配慮がなされている。たとえば、アナトリアの村人たちは当然トルコ語を話すのだが、チェンクにはトルコ語が分からないので、チャナンは途中から彼らの言語をドイツ語に切り替える。ここから、フラッシュバックにおいては、トルコ人は一貫してきれいなドイツ語を話すことになる。その一方で、ドイツ人は、たとえばケルン駅で労働者を歓迎する政治家のスピーチがそうであるように、子音のきつい意味不明の言語を話す(11)。こうして世界が反転して、マジョリティであるはずのドイツ人の方が他者となり、ジャガイモ以外にろくに食料がなく、寒さが厳しく、自分の息子を磔にするような神様を崇拝する不思議の国における、トルコ人の冒険が語られることになるのである。だが、この冒険はけっして危険なものにはならないだろう。彼らは現にいま家族そろってドイツで平和に暮らしているのだから。この意味で、この映画は、移民の受難の描写に主な関心を寄せてきたドイツ＝トルコ映画の定式のパロディという側面ももっている(12)。

移民一世の女性について見れば、フセインの妻ファトマはドイツに来てすぐに買い物に出かけることになる（4

9分48秒—51分12秒）。自分のアパートから一歩も出られなかった『40平米のドイツ』のトゥルナとは、きわめて対照的である。食料品店に行ったファトマは、言葉が通じないので身振り手振りで説明し、なんとか牛乳を手に入れることに成功する。図6がそのときの様子である。スカーフをかぶったファトマが2本の牛乳瓶を握りしめて、左手前に後ろ向きで映っている。画面中央では、コミュニケーションの成立を喜ぶドイツ人店主が満面の笑みを浮かべている。店主の隣には豚の人形が存在感たっぷりに居座っていて、ファトマを睨むように左右対称に配され、ここが豚肉を食べる野蛮な国であることが示されている。棚の奥にはジャガイモがあふれている。店内には光が差し込み、牛乳瓶の白と店長の上着の白とが、場面の明るさを引き立てている。もちろんこれは、チャナンが語るフラッシュバックのなかの話である。ファトマがドイツ語を、店長が意味不明の言語を話すこの世界は、現実そのものではなく、一種の神話なのである。

フセイン家の女性でスカーフをかぶっているのはファトマだけである。娘のレイラは、スカーフをしないばかりか、父親のいないところではタバコを吸っている。レイラの娘チャナンはまだ学生だが、イギリス人のボーイフレンドと同棲している。[13]『おじいちゃんの里帰り』の脚本はトルコ移民三世のヤセミン・サムデレリとネスリン・サムデレリの姉妹によるもので、姉のヤスミンが監督した。あるインタヴューでネスリンは、自分たちがいちばん自己同一化できる登場人物は同じ移民三世の女性であるチャナンだ、と語っている（Sadigh）。妊娠に気づいたチャナンは、相手がトルコ人男性でないことを祖父母や両親が許してくれないだろうと考えて絶望する。実際には彼女は許されるのだが（相手がイギリス人と聞いたフセインが驚いて「せめてドイツ人なら」と言うあたりは［1時間3分17秒—3分28秒］、ちょっとしたギャグになっている）、ふだんは同年代のドイツ人女性と変わらないライフスタイルで暮らしていても、トルコ人としての家族の規律や絆がいつも

図6　『おじいちゃんの里帰り』（ヤセミン・サムデレリ監督、51分4秒）

頭の片隅にあって、それがチャナンを束縛するとともに、彼女のアイデンティティの一部にもなっていることがわかる。チャナンはそのことをチャンツにも伝えようとして、家族の神話の語り部になるのである。

9　頭の片隅のアナトリア――『ピリ辛ソースのハンスをひとつ』

『ピリ辛ソースのハンスをひとつ』（*Einmal Hans mit scharfer Soße*, 2014）は、移民二世の女性作家ハティチェ・アキュンによる2005年の同名ベストセラー小説の映画化作品である。『オフサイド』（*Eine andere Liga*, 2005）で知られるブケット・アルアクス（やはり移民二世の女性）が監督を務め、2014年に公開されたが、映画の方は小説ほどヒットしなかった。

主人公ハティチェ・コスクムは移民二世の女性で、ハンブルクのマンションでひとり暮らしをし、生活雑誌の編集者として充実した毎日を送っている。ところが妹のファトマが妊娠してしまう。彼女たちの父親イスマイルは、姉妹は年の順に結婚しなければならない、というアナトリアの伝統を固持し、ファトマへの結婚許可は、少なくとも姉のハティチェが婚約者を連れてきてからだ、と言って譲らない。ハティチェにはシュテファンというボーイフレンドがいたが、口髭を生やそうとしたり、女性のスカーフを礼賛したりするトルコかぶれの彼にハティチェは愛想をつかし、〈婚約者〉として両親に紹介する直前に喧嘩別れしてしまう。ここから、ファトマの妊娠が父にばれないうちに、という時間制限つきで、ハティチェの〈婚約者〉探しが始まる。ゲイの男性の登場、替え玉事件など、いくつものドタバタを経て、ハティチェは傷つき、父親からも勘当されるが、最後には父親が折れて家族は和解し、ファトマは姉より先に結婚することを許される。

ハティチェがまだ幼いころから、父親は彼女を車に乗せて赤信号で停車するたびに、将来の婿のことを話すのが常だった（6分33秒—8分10秒）。ハティチェが10歳のときにはぜひとも同郷の村の出身者を、21歳になるとトルコ人なら、としだいに条件が緩くなり、34歳になったいまでは、とにかく結婚さえしてくれればと考えている。ハティチェの方は、所有欲が強く、嫉妬深くて、家庭で暴君になるトルコ人男性は嫌で、結婚するならドイツ人男性と思っている。130足もの靴を所有し、クローゼットをドレスでいっぱいにしている、いまのライフスタイルを変えたくないのだ。ただし、その「ハンス」——ドイツ人男性の代名詞——は、本物のトルコ人男性のように——シュテファンのような表面的なトルコかぶれでなく——心のなかに燃えるような情熱（ピリ辛ソース）をもっていなければならない。

ドイツ人女性と同じように生活しつつもハティチェがトルコ的な価値観を捨てきれないことは、映画では、彼女の頭のなかにあるアナトリアの村として可視化されている。それは民族衣装を身につけた5人のアナトリアの村人たちであり、せいぜい身長30センチメートルほどの妖精のような存在で、ハティチェがトルコ人としての規範に抵触しそうになると現れて、口々にそれをとがめるのである。たとえば、彼女は両親の家に行く途中で、いつもミニスカートを丈の長いスカートに替える。『ヤスミン』の一場面を思い起こさせる象徴的な行為だが、ハティチェははるかに大胆で、車をとめて路上でスカートを履き替えるのだ。すると、村人たちが現れて、スカートの丈の短さを非難する（10分25秒—10分33秒）。

この映画の登場人物たちは、父親も含めて、基本的に寛容である。移民第二世代の女性である彼の娘たちも、こんなばかばかしい結婚騒動などやめにしよう、とは思っておらず、父親の頑固さに反逆するわけでもない（Seeßlen: Und jetzt bitte lachen）。自由な女性に見えるハティチェも、頭の片隅にアナトリアの村人たちを抱えており、しかもその分裂はそれほど深刻なものではない。生涯の伴侶となる王子さまの出現をシンデレラのように待っている点では、彼女はむしろ保守的な女性だともいえる。

以上、ドイツ＝トルコ映画の枠組みを素描した後、女性像という観点からドイツ＝トルコ映画を時系列にしたがってたどり、代表的な作品を分析してきた。初期の映画における第一世代の女性の受難者としてのイメージから、時代を経て、しだいに解放的な女性像が描かれるようになってきた。それでも、近年になっても、ジャンル化してきた定式との戯れや、世代による意識の変化といった要素はあるものの、女性の生き方や結婚と伝統的価値観とのあいだの葛藤が変奏されつつ、ドイツ＝トルコ映画の重要な主題を形成し続けていることに変わりはない。最近の映画でとくに強調されるのは、移民二世以降の女性が、家父長的な支配に抵抗しつつも、心のどこかでは伝統的価値観で自らを縛っていることである。彼女たちが捨てきれないのは、現代のドイツ人が見失ってしまったかもしれないような家族の強い絆であり、現時点ではこの点にドイツ＝トルコ人としてのアイデンティティが表現されているといえるだろう。

２０１０年代になると、１９５０年代後半以降の労働移民とはまったく別の背景をもつ難民がシリアをはじめとする国々からドイツを目指し、その受け入れの増大に伴って反イスラム団体ペギーダが出現するなど、社会・政治的問題が巻き起こっている。すでに何十年もの歴史をもつドイツ＝トルコ映画は、こうした状況の下で、移民映画の代名詞として今後さらなる輝きを帯びるのだろうか。それとも、難民の問題とは別のカテゴリーとして、世代のさらなる進行とともに、いずれはドイツ映画との境界を失ってしまうのだろうか。

註

（1）国境を越える旅を中心に描いたドイツ＝トルコ映画としては、この他に、アイシェ・ポラート監督の『見知らぬ街へ』（*Die Auslandstournee*, 1999）などがある。

（2）この作品が放映されると、とりわけシリンがレイプされる場面がトルコの右翼団体の激しい怒りを買い、主演女優アイテン・エルテンと監督ザンダース＝ブラームスへの脅迫電話が鳴りやまなかったという。この映画はトルコの議会でも話題にされた。ＤＶＤのジャケットに掲載されたヘルマ・ザンダース＝ブラームスの１９８０年の回顧による。

（3）トルコの求婚者は、シリンをまるで家畜のようにトラックの荷台に乗せて自宅に運ぼうとした。後に監督のヴォイス・オーヴァーはこう語る。「私の国はあなたたちを家畜のように運びこみ、家畜のように扱った」（1時間３分４秒―３分９秒）（Sanders 68）。トルコ人女性に対するトルコ人男性の態度と、トルコ人に対するドイツ人の態度とのアナロジーはあきらかである（Brauerhoch 112–113）。

（4）ただし、何度か挿入されるトゥルナの主観的フラッシュバックにおいては、故郷のアナトリアの村でのかつての様子が映される。

（5）死体はドアの前に倒れ、気味悪がったトゥルナは翌朝まで住居から出られない。ドゥルスンは死んでもなお、妻を外に出すまいとするのである。なお、物語に出口を与える〈結尾のトポス〉としての鏡の破壊については、加藤（１４８―１４９）を参照のこと。

（6）ただし、ヤンがドゥルスンにけがをさせてしまい、父親に学校へ行くのを禁じられてからしばらくのあいだ、ヤスミンはスカーフをかぶっている（５８分５９秒―1時間９分３４秒）。

（7）演奏は６人編成のセリム・セスラー楽団。歌は歌手で女優のイデュル・ユネル（『太陽に恋して』でメレク、『ピリ辛ソースのハンスをひとつ』でハティチェを演じている）。楽曲は『わがサニイェ』（*Saniye'm*）である。

（8）リストカット以外にも、たとえば、イスタンブールの酒場で酒とドラッグを浴びるほど飲んで倒れるまで踊る場面（1時間２４分４４秒―２５分２２秒）は、映画冒頭のジャイトの自暴自棄な行動と自殺未遂を連想させる。シベルが踊る音楽は、ジャイトが車のブレーキをかけずに壁に激突するとき（４分４１秒―５分５１秒）に流れていた音楽と同じ（デペッシュ・モードの『アイ・フィール・ユー』（*I Feel You*）である。また、この後、３人の男たちと口論し、彼らを挑発してナイフで刺されることも、一種の自殺未遂といえる（Neubauer 263–264）。

（9）なお、翌年２０１２年には、同名の人気テレビシリーズの映画化作品『初心者のためのトルコ語』（*Türkisch für Anfänger*, 2012）が約２５０万人の観客を集めて、ドイツ＝トルコ映画としての観客動員記録を更新している。

（10）家族三世代での小型バスの旅、旅行中の祖父の死など、『ミス・リトル・サンシャイン』（*Miss Little Sunshine*, 2006）との類似性も指摘されている（Horst）。

（11）チャップリンの『独裁者』（*The Great Dictator*, 1940）におけるヒンケル（チャップリン演じるヒトラーのパロディ）の演説の言語を想起させるという指摘もある（Berghahn 71）。

（12）この映画の二重の時間は最後には合流し、フセインの葬儀の場面などでは、フラッシュバックに出てきたかつての自我と現在の彼らの両方がスクリーンに現れることになる（1時間27分26秒―27分56秒）。

（13）この映画では、男性登場人物も、世代と年齢によって類型化されている。たとえば、フセインの3人の息子のうち、長男ヴェリのドイツ語は、父親よりはましだが、かなりブロークンである。また、ドイツで生まれた三男アリは、トルコ風のピリ辛の香辛料が苦手で、一家のなかでトルコへの偏見が最も強く、この点では彼のドイツ人の妻の方が柔軟なほどである。

引用文献／映画作品

加藤幹郎『鏡の迷路――映画分類学序説』、みすず書房、1993年。

渋谷哲也「ドイツ連邦共和国の〈移民映画〉――1960―80年代の推移」、『学習院大学ドイツ文学会研究論集』第17号（2013年）、23―44。

中山紀子「夫婦関係を盛り上げる仕組み――トルコ西黒海地方の農村の事例を中心に」、加藤博編『イスラームの性と文化』（イスラーム地域研究叢書6）（東京大学出版会、2005年）所収、23―44。

ハーケ、ザビーネ『ドイツ映画』、山本佳樹訳、鳥影社、2010年（原書［第2版］2008年）。

林嵜伸二「ゼロ年代におけるトルコ系ドイツ語文学・映画と共生のユートピア」、『世界文学』第119号、世界文学会（2014年）、77―84。

村上薫「トルコにおけるナームス（性的名誉）への視点――最近の研究動向」、児玉由佳編『ジェンダー分析における方法論の検討』（調査研究報告書）（アジア経済研究所、2013年）所収、16―27。

『愛より強く』、ファティ・アキン監督、ビロル・ユーネル／シベル・ケキリ主演、2004年、DVD（スタイルジャム、2007年）。

『おじいちゃんの里帰り』、ヤセミン・サムデレリ監督、ヴェダット・エリンチン／ラファエル・コスーリス主演、2011年、

ＤＶＤ（ＴＣエンタテインメント，２０１４年）。
『太陽に恋して』，ファティ・アキン監督，モーリッツ・ブライブトロイ／クリスティアーネ・パウル主演，２０００年，ＤＶＤ（スタイルジャム，２００７年）。

Akin, Fatih: *Gegen die Wand. Das Buch zum Film. Drehbuch / Materialien / Interviews*. Zusammengestellt v. Helge Malchow. Köln: Kiepenheuer & Witsch, 2004.

Berghahn, Daniela: *Far-Flung Families in Film. The Diasporic Family in Contemporary European Cinema*. Edinburgh: Edinburgh University Press, 2013.

Brandt, Kim: *Weiblichkeitsentwürfe und Kulturkonflikte im deutsch - türkischen Film. Zur integrativen Wirkung von Filmen*. Saarbrücken: Akademischer Verlag, 2012.

Brauerhoch, Annette: Die Heimat des Geschlechts - oder mit der fremden Geschichte die eigene erzählen. Zu „Shirins Hochzeit" von Helma Sanders-Brahms. In: Karpf, Ernst / Kiesel, Doron / Visarius, Karsten（Hg.）: *„Getürkte Bilder". Zur Inszenierung von Fremden im Film*. Marburg: Schüren, 1995, S. 109–115.

filmportal. de. http://www.filmportal.de/thema/toechter-zweier-welten-frauenfiguren-filme-von-frauen（8.5.2016）.

Göktürk, Deniz: Beyond Paternalism. Turkish German Traffic in Cinema. In: Bergfelder, Tim / Carter, Erica / Göktürk, Deniz（Hg.）: *The German Cinema Book*. London: British Film Institute, 2002, S. 248–256.

Horst, Claire: Migration und Integration - einmal ganz anders. http://www.kino-zeit.de/filme/almanya-willkommen-in-deutschland（24.4.2016）.

Inside Kino. http://www.insidekino.com/DJahr/D1988.htm（24.4.2016）.

Interview mit Feo Aladag. 2. Teil. http://www.filmpreise.info/Filme/D/Die_Fremde/Interview_mit_Feo_Aladag__1__/interview_mit_feo_aladag__1__.html（24.4.2016）.

Kühn, Heike: „Mein Türke ist Gemüsehändler". Zur Einverleibung des Fremden in deutschsprachigen Filmen. Karpf, Ernst / Kiesel, Doron / Visarius, Karsten（Hg.）: *„Getürkte Bilder". Zur Inszenierung von Fremden im Film*. Marburg: Schüren, 1995, S. 41–62.

Martenstein, Harald: Identitätsfragen. http://www.tagesspiegel.de/kultur/kino/harald-martenstein-4-identitaetsfragen/3815106.html（24.4.2016）.

Neubauer, Jochen: *Türkische Deutsche, Kanakster und Deutschländer. Identität und Fremdwahrnehmung in Film und Literatur: Fatih Akin, Thomas Arslan, Emine Sevgi Özdamar, Zafer Şenocak und Feridun Zaimoğlu*. Würzburg: Königshausen und Neumann, 2011.

Nicodemus, Katja: Auskunft in der Wirklichkeit. *Die Zeit*, 19. 2. 2004. In: Akin: *Gegen die Wand. Das Buch zum Film. Drehbuch / Materialien / Interviews*, S. 221–225.

Sadigh, Parvin: Zu Weihnachten hatten wir einen Plastikbaum. http://www.zeit.de/kultur/film/2011-02/interview-samdereli-berlinale（24.4.2016）.

Sanders, Helma: *Shirins Hochzeit*. Freiburg im Beisgau: Panta Rhei Filmverlag, 1980.

Schäffler, Diana: *„Deutsche Film mit türkischer Seele“. Entwicklungen und Tendenzen der deutsch-türkischen Filme von den 70er Jahren bis zur Gegenwart*. Berlin: VDM Verlag Dr. Müller, 2007.

Seeßlen, Georg: Métissage. Bilder-Bewegung zwischen den Kulturen. Das türkisch-deutsche Kino der Dritten Generation. In: Ströhl, Andreas / Götz, Anneli（Hg.）: *Getürkt. Heimatfilme aus Deutschland*. München: Goethe-Institut Inter Nations, 2003, S. 5–9.

Seeßlen, Georg: Und jetzt bitte lachen. http://www.zeit.de/2014/29/kino-multikulti-hans-mit-scharfer-sosse-monsieur-claude（24.4.2016）.

Seidel, Gabriela: Presseheft zu „Der schöne Tag“. 2001. http://www.filmportal.de/material/der-schoene-tag-1（8.5.2016）.

Die Fremde. Dir. Feo Aladag. Perf. Sibel Kekilli, Nizam Schiller. 2010. DVD（20th Century Fox Home Entertainment, 2010）.

Einmal Hans mit scharfer Soße. Dir. Buket Akakuş. Perf. Idil Üner, Adnan Maral. 2014. DVD（EuroVideo, 2014）.

Shirins Hochzeit. Dir. Helma Sanders-Brahms. Perf. Ayten Erten, Jürgen Prochnow. 1976. DVD（Zweitausendeins, 2012）.

40 m^2 Deutschland. Dir. Tevfik Başer. Perf. Özay Fecht, Yaman Okay. 1986. DVD（Kinowelt Film Entertainment, 2009）.

Winterblume. Dir. Kadir Sözen. Perf. Menderes Samancilar, Meral Yüzgüleç. 1997. VHS（absolut Medien, 1998）.

Yasemin. Dir. Hark Bohm. Perf. Ayşe Romey, Uwe Bohm. 1988. DVD (Zweitausendeins, 2011).

＊本章は科研費（16K02569）の助成を受けたものである。

第Ⅱ部　日本映画×ジェンダー／エスニシティ

第6章

日本人・李香蘭帰る

――『わが生涯のかがやける日』を結ぶ山口淑子の振幅――

羽鳥隆英

あるときは山口淑子、あるときは李香蘭（リ・コウラン／リ・シャンラン）、あるときはシャーリー・ヤマグチ（Shirley Yamaguchi）、またあるときは大鷹淑子。

２０１４年9月7日、被占領期の日本の銀幕に登場し、怪しげな変装術を駆使しつつ数々の怪事件を落着させた名探偵「七つの顔の男」のように、複数の名前を持つ１人の女性が９４年を超す生涯の幕を閉じた。２０１５年１月２３日、彼女を偲ぶ式典が東京・ホテルオークラ本館に開催された。彼女の自伝の共著者を通じ、特別に末席を許された筆者は言い知れぬ不安に襲われた。彼女の出生名を冠し、式典が「山口淑子」を偲ぶ会と銘打たれたのは、彼女を巡る全ての名前を列挙するのが実質的に不可能である以上やむを得まい。とは言え、彼女に手向けられたのが、専ら自由民主党の元国会議員の／による／のための言葉とは不均衡に過ぎよう。あるときは歌手、あるときは女優、あるときはテレビ司会者、またあるときは自由民主党の参議院議員。彼女は「越境と難民の世紀」とも呼ばれる２０世紀に生れ合せ（樺山ほか）、前述の複数の名前に呼応しつつ、同時に複数の肩書も生きたのだから。彼女を巡る無限の記憶と記録から参議院議員山口淑子を事後的に抽象する試みが「山口淑子」を偲ぶ会であれば、捨象された折々の彼女に寄り添い続ける試みが映画学も包含した人文学の本分のはずである……。議論が先走り過ぎた。捨象された折々の彼女を想い起すべく、まずは彼女の生涯を辿り直そう。

1　問題の所在――先行言説を読む

1920年2月12日、彼女はともに日本国籍を持つ父親山口文雄と母親山口アイの下、中国東北部に生を享け、淑子と命名された[1]。彼女の国籍も日本である。幼時より中国語に研鑽を重ねつつ、満洲国建国の翌1933年には中国の故習に従い、父親の知己である親日軍閥の将軍李際春と形式的に養子縁組し、中国名「李香蘭」を授けられる。同年、ロシアに活躍したイタリア人歌手に師事し、西洋声楽を修業し始めると、語学力と歌唱力に注目した奉天放送局に誘われ、李香蘭名義でラジオ『満洲新歌曲』に出演する。なお同時期に彼女は政治家潘毓桂とも同様に養子縁組し、新たに中国名「潘淑華」を授けられた。

1938年、満洲映画協会に招かれた彼女は、中国人李香蘭の仮装を引き継ぎつつ、映画『蜜月快車』で銀幕に初登場する。東宝＝満映合作の映画『東遊記』（1939）に続き、やはり東宝が主導した映画『白蘭の歌』（1939）、『支那の夜』（1940）、『熱砂の誓い』（1940）の通称「大陸3部作」にヒロイン役を熱演し、日本映画界に進出する一方、1941年には東京・日本劇場の独唱会『歌ふ李香蘭』に際し、世に言う「日劇7回り半事件」（紀元節の1941年2月11日、公演初日の入場券を求めに殺到した群衆が暴徒化し、混乱した東京・有楽町に官憲が出動した事件）を巻き起すなど、女優業と歌手業の双方に日本人の熱狂的な人気を得る。

1945年8月、日本が敗戦を迎えると、彼女は漢奸（売国奴の中国人）裁判に掛けられる。死刑との憶測が飛び交うなか、日本国籍を有する事実が証明され、無罪判決を受けた彼女は、1946年4月に日本に引き揚げ、本名の山口淑子名義で歌手業を再開する。1947年には新劇に出演、1948年には松竹映画『わが生涯のかがやける日』に主演し、銀幕にも本格的に復帰を果す。1950年代は日本映画に加え、『東は東』（1951）や『東京暗黒街・竹の家』（1955）などのアメリカ映画にはShirley Yamaguchi名義、『天上人間』（1954）や『神秘美人』（1957）などの香港映画には再び李香蘭名義で出演するなど、[2]まさに環太平洋的な活動を展開するが、1958年の東宝映画『東京の休日』とともに女優業を引退し、外交官大鷹弘と結婚する。1969年にフジテレビ『3時のあなた』司会に就任後、1974年には政界にも進出し、3期18年間、参議院議員に在職するとともに、自由民主党の要職を歴任した。

この通り、数奇との形容が陳腐にも響く運命を生きた彼女に対し、映画学には四方田犬彦の編著書『李香蘭と東アジア』や著書『日本の女優』、同書の文庫版『李香蘭と原節子』など、すでに先行研究の蓄積が認められる。とは言え、議論の重心は戦中期の彼女、すなわち中国人歌手／女優李香蘭を仮装した彼女に傾きがちである。試みに『李香蘭と東アジア』の目次を開こう。

・『萬世流芳』の民衆的遠近法　古蒼梧
Ⅲ　戦後
・李香蘭と朝鮮人慰安婦　四方田犬彦
・中華偶像の変遷　李香蘭からヴィヴィアン・スーまで　門間貴志
Ⅳ　共同討議　映画史のなかの李香蘭　山口淑子／門間貴志／石田美紀／鷲谷花／岩野裕一／牧野守／四方田犬彦（四方田『李香蘭と東アジア』目次）

この通り、論集の躯幹を構成する11章中、実に8章が戦中期の話題である。実際、「Ⅲ　戦後」の四方田犬彦「李香蘭と朝鮮人慰安婦」が焦点化した反戦映画『暁の脱走』（1950）を僅かな例外に、敗戦後の彼女の歌手業や女優業への関心は未熟である。(3) 前述の漢奸裁判の始末が『嵐の孤児』（1921）などに典型的な「土壇場の救出劇（last minute rescue）」の大団円を想起させ、李香蘭「以後」は彼女の余生との錯覚を与えるのかも知れない。とは言え、一五年戦争の陰の記憶を身に纏う彼女が、中国人李香蘭の仮装を脱ぐや、なぜ短期間に被占領期の芸能界に復帰し得たのかとの疑問は重要である。彼女の復帰にはいかなる歴史的状況が介在したのか？　彼女の復帰には、中国人の仮装という屈折を経ずに戦争協力した同時期の大多数の芸能人と比較した場合、いかなる特性を認め得るのか？　要するに、彼女はいかに日本に「復員」したのか？　こうした問題に一挙に回答するのは不可能であるものの、本章は第一歩を印したい。実際、佐藤忠男の2つの証言は、彼女の戦中／戦後の連続／非連続を巡る問題の所在を指し示す。

映画会社は彼女を中国人であると宣伝しており、日本人であることは秘密にされていた。一部にそれを疑っていた人もいたようであるが、おおむね秘密は保たれ、たいていの映画ファンは彼女を中国人だと信じていた。10代前半だった私なども全くそう思っていたものである。（佐藤「解説」440）

李香蘭が中国語だけでなく日本語も完璧に話すことから、もしかしたら日本人ではという疑いがなかったわけではない。（中略）だから敗戦後、彼女が自分は本当は日本人であると告白したときにも、私など、「あ、やっぱり」と思っただけだった。たいていの人がそうだったのではないか。（佐藤「畳に座らない女」25）

一方に彼女を中国人と誤信し、結果的には戦中期の国策に追従した不明、他方に彼女の偽装を黙認し、結果的には戦中期の国策に追従した不明。古典的評論『キネマと砲声　日中映画前史』の著者の記憶は、なお両者の狭間に苦悩を続けるのかも知れない。実際、彼女はいかに「復員」したのかとの疑問は、こうした忘却と記憶の政治学とも表裏一体である。この事実を念頭に、本章では敗戦後の彼女が本格的に銀幕に復帰した『わが生涯のかがやける日』を中心に分析を試みる。ひとまず次節では関心を戦中期、すなわち李香蘭を生きる彼女に遡及したい。

2　李香蘭の倒錯

今回日劇に特別出演の為、満洲映画女優李香蘭・孟虹の両嬢は（1938年10月――筆者註）19日午前8時、関係者多数の出迎えを受けて東京駅着。華々しく来朝した李香蘭嬢は奉天生れの本年19才。神原恭男氏の率いる白声管弦楽団の歌手で、早くより白系ロシア人の音楽家より教育を受け、伊語、英語それに純粋北京官話を話す才媛で、ラジオ、レコード共に日本語、満語を自由に駆使しているラジオ界の人気女王である。

なお目下、高島屋にて開催中の「満洲資源展覧会」に御挨拶の為、出演いたします（「満映女優李香蘭・孟虹両嬢来朝」）。

彼女が初来日した1938年10月、『讀賣新聞』に掲載された略歴は、すでに鷲谷花や田村志津枝ら複数の論者が引用済である（鷲谷 22、田村 113―114）。とは言え、この略歴には奇妙な序列の転倒が見られる。新人の「満洲映画女優李香蘭」の日本人読者への紹介である点に加え、当時の日本と満洲国の非対称的な関係性に鑑みても、本来的には日本語の語学力に最初に言及するのが自然であるのに対し、ここでは伊・英の語学力が先行し、「才媛」との（少なくとも同時代的には）肯定的な評価に直結するからである。「白声管弦楽団」に所属し、「早くより白系ロシア人の音楽家」に師事したとの紹介とともに、ここには白＝欧米性の主題が一貫し、「奉天生れ」「純粋北京官話」「満洲資源展覧会」などのキーワードが持つ東アジア性に拮抗する。

初来日時に見え隠れした欧米性は、彼女の日本映画への出演が本格化するや、映画的テクストにも明確に刻印され始める。前述の「大陸3部作」が第1弾『白蘭の歌』、すなわち「白」「蘭＝李香蘭」「歌＝西洋声楽」の順列に端を発するのは示唆的である。実際、彼女と欧米性の結び付きは、しばしば彼女がソプラノの美声を披露する場面と共起する。『白蘭の歌』に続く第2弾『支那の夜』の大詰を見よう。日本人の船員長谷哲夫（長谷川一夫）と中国人の戦災孤児桂蘭（李香蘭）が日中戦争下に結婚式を挙げる場面である（1時間10分10秒―15分00秒）。洋装の花婿に見守られ、純白のウェディングドレス姿の彼女が主題歌を甘く口ずさむ。2人の後景には、深夜の国際都市上海の街並が横文字のネオンサインを煌めかせる。本作は「フランク・キャプラに代表されるアメリカ映画の匂いがきわめて強い」映画であり、「舞台をモダニズム溢れる外地に置くことで、日本の映画監督がこれまで抑圧してきたハリウッドへの憧れを、そこに存分に投影しようとしていたことが窺われて面白い」（四方田『李香蘭と原節子』

122）。この直後、長谷は船長に命懸けの指令を下され、さらに船長は驚愕する桂蘭に対し、「日本人はこうした際にも、一度命令が下れば、欣然として、その任務に行くものです。桂蘭さん。長谷君の妻になられた貴女は、この日本人を理解せねばなりません」などと訓示を垂れるものの（1時間15分00秒─16分10秒）、なお彼女は角隠しとは縁遠い。

無論、ソプラノと欧米性の結び付きは彼女の歌手業にも認め得る。前述の独唱会『歌ふ李香蘭』における曲目は「①『満洲国国家』、②『いとしあの星』（『白蘭の歌』主題歌）、③『蘇州夜曲』、④『支那の祭り』、⑤『支那の夜』、⑥『東洋風組曲』、⑦『赤い睡蓮』（『熱砂の誓い』主題歌）、⑧『甘い言葉』、⑨『乾杯の唄』の計9曲」であり、「楽曲の構成が、そのまま満洲からヨーロッパへという地理的な軸を形成」する（鷲谷 49）。特に『乾杯の唄』が歌劇『椿姫』の曲目であり、また日本でも「アメリカ映画『オーケストラの少女』（1937年──筆者註）で、主演のディアナ・ダービンがうたって評判を呼んでいた歌」である事実は（田村 255）、終演後に事後的に想起される彼女のペルソナを一挙に欧米化させたに違いない。

こうした彼女の欧米性が最も尖鋭化されたのが、一五年戦争末期に満映＝東宝が合作しつつも封印された音楽映画『私の鶯』（1944）である。ロシア語の台詞と歌唱が相当の割合を占める本作の主要人物は、日本人の戦災孤児隅田満里子（李香蘭）、彼女の生き別れた実父である日本人の実業家隅田清（黒井洵）、社会主義革命に都落ちを余儀なくされた昔日の帝政ロシア歌劇の花形であり、偶然にも保護した彼女に西洋声楽を教え込む白系ロシア人の歌手ディミトリ・イワノヴィッチ（グリゴリ・サヤーピン）の3人であり、ヒロイン役の女優に中国人の仮装は不要である。また物語もヒロインへの音楽的遺産の継承を通じた擬制的家族の構築、並びにヒロインと実父の再会を通じた血縁的家族の再構築が主軸であり、「大陸3部作」の彼女がソプラノの美声に欧米性を纏わせつつ、曲りなりにも媒介した日中関係は後景化する。とは言え、欧米的な中国人という李香蘭のペルソナに潜む政治性に対し、接近の手掛りを与えるのも、また『私の鶯』とは言えまいか。本作の大詰の時空間である満洲事変（1931年）前後のハルビンを巡り、岩野裕一は主張する。

『私の鶯』のクライマックスで、白系ロシア人のオペラ歌手ディミトリに「日本は神の国だ」と感謝の言葉を語らせているのは、明治以来の近代化の過程のなかで、西洋の文明を規範として必死に努力を重ね、西洋人から尊敬を受けたい、と熱望してついに果たせなかった日本が、米欧支配の世界を打破すべく、一世一代の大ばくちに出た満洲の地で垣間見た「夢」の象徴ではなかったか。そして私たちは、ハルビンという都市が、「大東亜共栄圏」のなかにあって唯一、日本人が白人――それは白系ロシア人、そしてユダヤ人という、いずれも抑圧される側にあった民族だったのだが――に対して優位を保っていた場であったことに、改めて注意を向けるべきであろう。

しかしながら、祖国を失い、零落した暮らしを送る白系ロシア人に対して、ハルビンの日本人すべてが、スクリーンのなかのような、紳士的で慈悲深い庇護者としてふるまったわけではない。いやむしろ、その屈折した心理は、ゆがんだ劣情となって顕れることのほうが多かったといえるだろう。（岩野 93）

岩野の指摘する、国際都市ハルビンに環流する日本人の倒錯的な心性は、欧米的な中国人李香蘭のペルソナとも正確に共鳴する。戦中期の日本人は欧米性を巡る劣等感を反転させるべく、中国人というエスニシティに加え、特に「大陸3部作」における、実年齢が一回り年長の長谷川一夫（1940年1月当時、長谷川は満31歳、彼女は満19歳）との非対称的な共演に由来する「女子供」性を通じ、独り善がりに二重に劣位化した「姑娘」李香蘭に対し、倒錯的に欧米性を期待したと解釈し得る。江戸の敵を長崎に討つように、日本人は李香蘭を仮構し、幕末＝明治維新以来、見上げる視線の彼方に位置し続ける欧米性を見下ろす視線の彼方に位置付け直そうと試みたのである。『支那の夜』における前述の結婚式が、桂蘭に対する長谷哲夫の悪名高い平手打ちの場面（38分20秒―43分10秒）、すなわち桂蘭に対する長谷の抗日から親日への「調教と馴致の物語」に前提されるのも（四方田『李香蘭と原節子』129）、こうした心性の帰結である。日本人男性が組み敷いた中国人女性に対し、日本人を組み敷く欧米性を結び付ける。まさに「劣情」の論理である。とは言え、ジェンダーとエスニシティが複合した李香蘭の垂直的な振幅は、本章後半に『わが生涯のかがやける日』を分析するとき、変奏しつつも回帰するはずである。

3　日本人・李香蘭帰る

前節では、戦中期の中国人李香蘭の仮装に纏い付く欧米性を焦点化し、ジェンダーとエスニシティの問題を念頭に分析した。無論、本章の主題である彼女の「復員」を考察する補助線である。敗戦後、山口淑子名義で芸能界に復帰するに際し、彼女の初動を特徴付けたのが、まさに欧米性の前景化だからである。

1946年4月、「中国人か日本人か、はては朝鮮人かと騒がれた李香蘭が〝私は立派な日本人だわ〟と上海から（中略）帰って来た」（「日本人・李香蘭帰る」）。敗戦国に落ち着いた彼女は半年後の10月6日―7日の2日間、東京・帝国劇場に独唱会を開催する。「日本歌曲、中国歌曲及び歌劇『ボエーム』『トスカ』『お蝶夫人』のアリアを歌って、声楽家として第一歩を踏み出した」（「山口淑子・紹介」）。この初動を巡る暴露雑誌『真相』の反応を見よう。

「オペラを勉強してオペレッタ歌手として再起する」と声明？　を発したが彼女がセンセイだとゆう三浦環

女史も地下で目をマルクしているだろう。（中略）東宝と1年間ダケ契約も出来て、今後専ら楽壇で日本人山口淑子の唄を聴いて貰うのだそうだが、同じ楽壇再起でも諏訪根自子とはワケが違う。昨年10月の芸術祭にこの御両人揃って帝劇に返り咲いたが山口淑子の楽評は残念ながら一行も拝見出来なかった。黙殺されたのなんのとケチをつけるわけではない。くり返えしてゆうがワケが違うのだ。だいいち本当のゲイジュツ家だったら戦犯第一級にも劣らぬ大陸時代の業績が黙ってはいないはずではないか。（石橋　30）

暴露雑誌の煽情性を聞き流しつつ、この記事に向き合えば、彼女の「復員」を巡る状況が視界に浮上し始める。彼女は西洋声楽との結び付きを強調しつつ、戦中期の李香蘭に帯同した欧米性を積極的に前景化し、被占領期の日本に適合し得るペルソナへの更新を企図した。とは言え、前述の独唱会に「中国歌曲」が歌唱された事実に図らずも露呈した通り、「大陸時代の業績」の記憶を払拭し得ぬままに独唱会は閉幕した。彼女は主戦場を音楽界から演劇界に移行する。

独唱会の翌1947年、彼女は同じ帝国劇場の新劇公演に連続的に出演する。4月『ケンタッキー・ホーム』全4幕、並びに6月―7月『復活』全4幕である。前者はアメリカの代表的な作曲家スティーヴン・フォスター（1826年―1864年）の生涯に取材した伝記劇であり、同時にフォスター作品を随所に散りばめた音楽劇であり、筋書の表紙を飾るのが彼女（役柄はフォスターとの結婚に至るジェーン・マクダウェル）の肖像である事実に鑑みても（『ケンタッキー・ホーム』筋書）、彼女の主演作と見るのが自然である。また後者はレフ・トルストイのロシア文学を原作に据えた翻訳劇であり、今度もヒロイン役の彼女（役柄はエカテリーナ・マースロワ［カチューシャ］）の似顔絵が筋書の表紙の中心を占め（『復活』筋書）、やはり公演における彼女の比重を示唆する。共演はともに第一線の新劇人であり、滝澤修や森雅之、石黒達也や清水将夫ら両作に共通の顔触れも少なくない。

こうした新劇公演への出演もまた、欧米性の前景化を通じたペルソナの更新の一環に位置付けられよう。実際、ここでは彼女の略歴に李香蘭の記憶を呼び戻す要素も控え目に残存するものの（「山口淑子は申す迄もなく、戦前は李香蘭の名を以って、広く映画界に活躍したのであるが、宿願の声楽家として、新発足したことは、既に知られる通りである」［「山口淑子・紹介」］）、欧米性への同一化はより急進的である。とは言え、こうした急進性が新たに安定的なペルソナを構築したとは言えまい。一方には「民間情報部（Ｃ・Ｉ・Ｅ）の並々ならぬ御指導」と「アーニーパイル劇場のエドワード・Ｅ・スティヴンスン氏に賜った御懇篤なる御教示」の下（平尾　５）、アメリカ的想像力を刺激するフォスター音楽を散りばめた『ケンタッキー・ホーム』、他方には「赤い伯爵」土方與志演出の下、「トルストイの原作を〝革命に目覚める人間〟という解釈で脚色したモスクワ芸術座版脚本」に従属させられた結果、「ソ連側にとっては願ってもないイデオロギー宣伝の場」と目され、「楽屋にはソ連大使館の文化担当官らが花束を持って何度も激励に訪れた」という『復活』（山口／藤原　３９１）。戦中期に日中の狭間を生きた李香蘭が新たなペルソナを希求するとき、早くも米ソ冷戦に東西の振幅を余儀なくされたのは皮肉である。

米ソ冷戦の狭間に立たされた彼女が、仮に「ソ連」を選択すれば、亀井文夫監督の独立プロ映画『母なれば女なれば』（１９５２）や『女ひとり大地を行く』（１９５３）などは、あるいは彼女が主演（実際は山田五十鈴）したかも知れない。とは言え、事後的に見れば、敗戦後の彼女が出演した日本映画は、戦中期以来の因縁を持つ東宝、やはり戦中期に映画『蘇州の夜』（１９４１）などの李香蘭主演作を製作した松竹、１９４７年に東宝から派生した新東宝などの大手作品が中心である。次節からは彼女が銀幕に本格的に復帰した松竹映画『わが生涯のかがやける日』を分析の俎上に載せたい。

4 『わが生涯のかがやける日』① 善悪の闘争

『わが生涯のかがやける日』は、戦中期の松竹大船撮影所を牽引した吉村公三郎が、復員後の第1作『安城家の舞踏会』（1947）、第2作『誘惑』（1948）に続き、やはり新藤兼人脚本を監督した第3作である。封切直前の映画館では「昨年度の（雑誌『キネマ旬報』──筆者註）ベストワンを獲得した傑作『安城家の舞踏会』のスタッフ（中略）が、ふたたび組んで放つ、野心的巨弾」などと宣伝された(4)（「放送原稿」）。周知の通り、当時の吉村はアメリカ映画を想起させる演出に定評を持ち、本作が山口淑子名義の本格的な映画初出演であるのも、ひとまず前節に見た彼女の「復員」戦略、すなわち欧米性の前景化を通じたペルソナの更新に合致する。実際、滝澤修と森雅之を筆頭に、本作の出演者は『ケンタッキー・ホーム』『復活』に共通する新劇人が中核を占める。

本作は吉村自身「敗戦後の各種の観念のタイプ」と呼ぶ5人の登場人物（吉村「演出について」）、戸田孝子（山口淑子）、沼崎敬太（森雅之）、佐川政介（滝澤修）、平林達造（清水将夫）、高倉好雄（宇野重吉）を中心に展開する（但し、後述の通り、監督の人選に漏れた6番目の登場人物が、実際には本作のイデオロギー的起点に位置する）。とは言え、波瀾万丈の物語は錯綜を極めるため、ここでは映画学を中心に蓄積されたメロドラマ理論の成果を念頭に、ひとまず5人の関係性を二分したい(5)。第一は「妥協とは無縁の対立項である善悪の闘争」（Brooks 36）、すなわち善悪のメロドラマが結ぶ関係性である。

被占領期の日本映画に相応しく、本作の善悪のメロドラマは専ら『民主新報』の記者高倉好雄を起点に発動される。高倉が善悪二元論的な闘争を仕掛けるのは、表面に『愛国新聞』社長の仮面を被り、裏面に奸悪を行う東京・銀座の暗黒街の顔役佐川政介、並びに戦中期、高倉を思想犯と目し、拷問に次ぐ拷問を加えた検事であり、敗戦後は旧悪の露見に怯えつつ『愛国新聞』会計課に逼塞する平林達造の２人である。「善性が評価され得るのは苦難を経験した場合のみである」とのメロドラマの鉄則を順守し（Williams 29）、一五年戦争下に「苦難」を経験した高倉が一転、真実と正義の使徒に変じ、敗戦前後の混乱に由来する隠退蔵物資の摘発妨害を主導した佐川（実行犯の中核は佐川配下の沼崎敬太）は無論、偶然にも『愛国新聞』社屋に邂逅した平林も追及し始める。

とは言え、高倉が発動する善悪のメロドラマは、結果的に腰砕けの感を否めない。最大の理由は占領者の検閲である。平野共余子の調査に従えば、ＣＩＥ（民間情報教育局）は本作脚本の第2稿に対し、「新聞記者のような一市民が犯罪人を裁くのではなく、〈合法的に法と秩序を守る〉のは警察の役目であるという点が重要」と指導した（平野　１２６、１３８―１３９）。佐川の宛がうモルヒネに心身を蝕まれた結果、前述の隠退蔵物資の摘発妨害などの悪事に言うなりに加担した沼崎が、やはり偶然にも佐川の経営する酒場「明星」に再会した旧友高倉の説諭を契機に、次第に善性を回復し（但し、後述する沼崎と戸田孝子との異性愛も同様に重要である）、最終的に佐川を殺害した上、警視庁に自首する映画の大詰は、こうしたＣＩＥの指導にも適うはずである。

悪玉佐川の造形も注目に値する。本作の脚本は、少なくとも新旧2種が活字化されたが、１９４８年5月1日付発行の雑誌『シナリオ』収録の旧版、並びに同年6月付「あとがき」とともに刊行され、完成した映画にもほぼ忠実な新藤兼人脚本集『わが生涯のかがやける日』収録の新版を比較すれば（便宜的に前者を「　」、後者を『　』に示す）、佐川を巡る抜本的な軌道修正が一目瞭然である。旧版の佐川は「引揚者援護会、復興促進委員会、隠匿物資摘発委員会」に所属し、協民党の次期総裁酒井が経営する工場のスト破りを主導する一方（新藤「わが生涯のかがやける日」４１）、「夏羽織の国士風、坊主頭に美髯の将校崩れ」ら２０００人と政治結社「櫻会」を組織し、今度は酒井の尻押しの下、参議院補欠選挙への出馬を表明する（新藤「わが生涯のかがやける日」５４）。これに対し、新版は佐川と政界の関係性を明示せず、酒井（ト書の説明は「昭和産業の社長」であり、国会議員とは明示されない）に依頼されるのも隠退蔵物資の摘発妨害である（新藤『わが生涯のかがやける日』１５１—１５３）。佐川は１９４５年８月を縦断する右翼の象徴から暗黒街の顔役に矮小化され、結果的に高倉と佐川の闘争の社会性も矮小化されたが、この過程にも占領者の思惑が介在した。検閲の次第を巡り、吉村公三郎は回想する。

主人公のボスの銀座裏の事務所の窓をあけると向こうに永田町の国会議事堂が見える。彼は胸をそらしていう。

「あそこで行なわれている政治は、私の上衣の両方の内ポケットが左右している」

と両手をポケットに入れ、

「即ちこれだ！」

といって札束とピストルをとり出す。このところがとくにいけないとのこと。私達はいろいろ釈明するのだが、いっかなきき入れてくれない。

新藤氏の話では、一昨年あたりだったらこんなことは大して問題にもならなかったのだが、占領軍の対日文化政策が大分変わって来たのだろうとのことであった。

確かに昭和２２年の２・１スト弾圧以来占領政策の方向が目にみえて変わって来ており、このこともその反映と思われる。仕方なく新藤氏は、その政治的な側面は全部カットして、普通のギャング映画に書きかえた。といっても尾ひれやしっぽの何処かはかすかに残る。私はそれをつかって、演出の上で「政治的雰囲気」を出来るだけ出そうとつとめたつもりである。

今にして思うのは、半ば創作として作りあげたわれわれの作品がどうやら可成り「真実」を描いていたということである。（吉村『映画のいのち』４５—４６）

ＣＩＥが赤旗や「共産主義者たちの行進」の表象を削除させた事実も含め（平野　３７３、３８７）、本作が逆コースに軌道修正されたのは疑い得ない。

5　『わが生涯のかがやける日』②　悲哀の解消

前節では『わが生涯のかがやける日』の善悪のメロドラマが頓挫を来す過程を巡り、善玉高倉好雄と悪玉佐川政介の双方に対する検閲を念頭に考察した。実際、５人の主要人物中、佐川は絶対的な悪玉であり、平林達造と沼崎敬太は戦中期の旧悪の露見に恐れ戦く佐川の配下（後述の通り、沼崎は元テロリストである）、戸田孝子も義兄平林を『愛国新聞』会計課に潜り込ませる見返りに佐川の情婦に転落するなど、不本意にも悪玉の縁に連なるため、佐川に対置し得る絶対的な善玉は高倉のみである。高倉と佐川の善悪のメロドラマが腰砕けを見た結果、本作の物語は「2人以上の道徳的に善良な（少なくとも極悪とは言えない）登場人物が、自分達の利害が本来的に矛盾すると気付いたときの道徳的な二律背反」（Singer 54）、すなわち悲哀のメロドラマを前景化させる。

本作の悲哀のメロドラマは戸田孝子と沼崎を起点に生起する。2人の因縁も数奇である。１９４５年8月１４日深夜、陸軍中尉沼崎はポツダム宣言受諾を推進した重臣戸田光政（井上正夫）を暗殺する。愛娘戸田孝子は暗闇に沼崎の顔を見極め得ぬものの、右腕に刀疵を刻印する。１９４８年、敗戦に虚脱した上、佐川のモルヒネに魂を抜かれた沼崎は暗黒街の奈落に呻吟する。戸田孝子も父親の仇討の大望を秘めつつ、人目を忍ぶ身の上の義兄平林の『愛国新聞』入社の見返りに、佐川の経営する酒場「明星」の踊子から佐川の情婦に零落する。両者の間を取り持つのは奇しくも沼崎である。とは言え、遂に戸田孝子が沼崎を目指す仇敵と知るとき、すでに2人は相思の間柄である。前述の通り、高倉の感化を受けた沼崎は佐川を打ち倒し、戸田孝子に見送られつつ自首する。

戸田孝子も沼崎も悪玉佐川の縁に連なる以上、絶対的な善玉とは言い難い。とは言え、戸田孝子は父親の横死という「苦難」を経験した上、義兄のために不本意にも佐川の情婦に転落するのであり、また沼崎もモルヒネを管理する佐川の言うなりに悪事を働きつつ、同時に戸田孝子や旧友高倉には自身の虚脱と堕落を卑下するなど、ともに「道徳的に善良な（少なくとも極悪とは言えない）登場人物」に描かれる。結果的に、一方が他方の不倶戴天の仇敵でありつつも、同時に相思である2人の関係性は、「自分達の利害が本来的に矛盾すると気付いたときの道徳的な二律背反」を生じさせ、悲哀のメロドラマに結ばれる。

とは言え、2人の悲哀のメロドラマは、佐川を打ち倒し、警視庁に自首する沼崎に戸田孝子が赦しを与えた結果、遂に妥協点が見出される。重要なのは、2人の二律背反の解消が含意する社会性である。この社会性を理解するには、前述の第6の主要人物を召喚せねばならない。戸田孝子の父親戸田光政である。

沼崎が戸田光政を暗殺する導入の場面に注目しよう（1分30秒─5分10秒）。ここでは前述の2種のメロドラマが相克する。戸田光政に対し、「聖慮を壟断する敗戦論者！　国賊に天誅を加える！」と叫ぶ陸軍軍人沼崎は、日本の降伏を主導した戸田光政は悪玉、悪玉に「天誅を加える」沼崎自身は善玉との善悪のメロドラマに陶酔する。一方、戸田光政は沼崎に対し、「軍閥の正体が、いまに君達にも判る。だれが日本を戦争の悲劇に陥れたか、判るときが来るのだ」と諭し、耳を貸さぬ沼崎の凶弾を浴びつつも、駆け付けた戸田孝子に「日本が新しく生まれ変わるんだ。そのためには犠牲が要るんだ。悲しまないでおくれ」と静かに語り掛ける。戸田光政は沼崎の善悪のメロドラマに対し、自身を善玉、沼崎を悪玉と見る善悪のメロドラマの水掛け論を回避し、自身は無論、究極の悪玉である「軍閥の正体」に想到し得ぬ沼崎も「道徳的に善良な（少なくとも極悪とは言えない）」人間と信じ、全てを悲哀のメロドラマに回収する。

1948年、虚脱した沼崎は新時代に躍動する高倉と再会する。沼崎が自身を卑下する場面を見よう（29分4

0秒—33分10秒)。沼崎は独白する。

戦争のために何百万の日本人が死んだんだ。兄も死んだ。弟も死んだ。友の幾人かも死んだ。俺も死んでも良いと思った。死んで永遠に生きたいと願った。それがどうだ。空しい幻影だったんだ。戦争は日本人がしたのじゃなかった。軍閥なんだ。軍人商売の一部がやった侵略戦争なんだ。命を投げ出した者の何という滑稽さ。空虚じゃないか。哀れじゃないか。何百万の戦死者！　何千万の戦争の犠牲者！

沼崎は戸田光政の言う「軍閥の正体」に想到し得た。換言すれば、軍閥が悪玉、戸田光政が善玉と遡及的に理解し得た。とは言え、沼崎が暗殺した戸田光政は永久に蘇らない。ここに両者の間を取り持つのが戸田孝子である。映画の大詰、沼崎が佐川（佐川は「戦争中は軍と結託して占領地を駆け巡り、慰安婦の親方をして貪婪の限りを尽した奴」であり［46分50秒—47分10秒］、沼崎自身の独自に言う「軍人商売の一部」であるのは明白である）と格闘の末、息の根を止めた直後の箇所を見よう（1時間33分20秒—35分30秒）。土下座した沼崎の「貴女のお父さんを殺したのも僕なんだ。僕が暗殺したんだ」との懺悔に、すでに沼崎と相思の間柄の戸田孝子は最終的な赦しを与える。恩讐を超えた2人の愛情は、暗殺の被害者と加害者である戸田光政と沼崎を、今度は擬制的家族に結び付ける。沼崎にテロリストの過去を清算させ、敗戦の虚脱と暗黒街の汚泥を脱け出す手掛りを与えるには、これ以上の妙手は見当るまい。

注目すべきは、こうした擬制的家族の成立譚が担い得る社会性である。実際、仮に自身の不明の結果とは言え、悪玉である軍閥のお先棒を担ぎ、戸田光政を暗殺した以上、本来的には沼崎も悪玉である。こうした沼崎に対し、当の被害者である絶対的な善玉戸田光政が赦しを与え（「日本が新しく生まれ変わるんだ。そのためには犠牲が要るんだ。

悲しまないでおくれ」）、戸田光政が沼崎を赦す臨終に居合せた戸田孝子も赦しを与えた結果（さらに沼崎は、モルヒネの禁断症状に苦しむに違いない未来を顧みず、戦中／戦後を縦断する悪玉佐川に闘争を挑んだのだ！）、沼崎は自他ともに認める「何千万の戦争の犠牲者」、軍閥のために「苦難」に陥れられた善玉の末席に回収され得る。結果的に、本作は封切当時の日本人観客に対し、以下のメッセージに収斂するはずである。敗戦前の「軍人商売の一部」の残党を除き、敗戦後の日本人は戸田孝子や沼崎や戸田光政を見習い、相互に相互を憎むべき軍閥に操られた「道徳的に善良な（少なくとも極悪とは言えない）」同胞と認め合い、敗戦前の行き掛りを赦し合うべきとのメッセージである。江藤淳が見れば、あるいはＷＧＩＰ（War Guild Information Program）の典型に位置付けたかも知れない本作封切（1948年9月26日）の約1箇月半後、極東国際軍事裁判は閉幕を迎えた。(6)

6　『わが生涯のかがやける日』③　振幅の変奏

前節では『わが生涯のかがやける日』における悲哀のメロドラマに注目し、沼崎敬太が戸田孝子に媒介されつつ戸田光政と擬制的家族に結ばれ、結果的に敗戦前の悪事を免罪される過程を考察した。とは言え、こうした免罪の成立は言うに易くも行うに難い。特に戸田孝子の果さねばならない役割は至難である。

実際、本作の戸田孝子は極端から極端への振幅を経験する。第一に、片や「軍閥の正体」を知悉する絶対的な善玉戸田光政、片や絶対的な悪玉佐川政介に魂を抜かれ、「少なくとも極悪とは言えない」までに堕落した沼崎を媒介する以上、戸田孝子は道徳的な振幅を経験せねばならない。具体的には、暗黒街に沼崎との愛情を生きつつ、なお生前の戸田光政を代理し、沼崎に赦しを与え得るほどの善性を体現せねばならない。第二に、こうした道徳的な振幅とも連動しつつ、片やポツダム宣言の諾否を左右し得る重臣の令嬢、片や暗黒街の顔役の情婦という階層的な振幅も経験せねばならない。言わば2つの顔の女である。

こうした戸田孝子の垂直的な振幅に対し、吉村公三郎は様々な映画術を駆使しつつ接近を試みる。敗戦後の戸田孝子が初登場する酒場「明星」の地下室の場面では（14分10秒―16分10秒）、難癖を付ける古参の踊子に威勢良く啖呵を切り（「お前さんに挨拶しなきゃ働けねえような女とはちっとばかり訳が違うんだよ！」）、掴み合いの喧嘩を繰り広げる彼女が俯角を基調に捉えられるのに対し、生前の戸田光政を代理し、沼崎に決定的な赦しを与える大詰の箇所では（1時間33分20秒―35分30秒）、平伏する沼崎の視線を擬したカメラが彼女を仰ぎ見る。また戸田孝子が沼崎に身の上を打ち明ける中盤の場面では（41分30秒―47分40秒）、サングラスのレンズ各々に分身のように映り込む2人の彼女が、敗戦前の令嬢と敗戦後の情婦の一身二生の相克を映像に翻訳する。とは言え、より重要なのは、こうした極端から極端への振幅を生きる戸田孝子を山口淑子、すなわち敗戦前の李香蘭が演じた事実である。

第2節に見た通り、戦中期の李香蘭はジェンダーとエスニシティの複合する垂直的な振幅を経験した。具体的には、幕末＝明治維新以来、見上げる視線の彼方に位置し続ける欧米性を、今度は見下ろす視線の彼方に位置付け直そうと試みる日本人の「劣情」の論理に従い、欧米的な中国人の倒錯を生きた。彼女の振幅は、一回り年長の日本人男性の平手打ちを契機に抗日から親日に豹変する『支那の夜』の桂蘭の如く、彼女の役柄に2つの顔を与えた。こうした彼女のペルソナが、今度は階層を巡り、やはり極端から極端へと垂直的に振幅する『わが生涯のかがやける日』の戸田孝子に既視感と安定感を付与するのである。

実際、吉村におけるアメリカ映画の受容の問題に耳目を奪われがちなものの[7]、本作は戦中期の李香蘭の残影を流用した映画的テクストである。封切直前の映画館では、本作は「配役は皆様お馴染みの李香蘭こと山口淑子をヒロインに（中略）魅力あるスタア陣をならべ（中略）華々しい顔ぶれを揃えております」などと宣伝された（「放送原稿」)。こうした宣伝が醸成した観客の期待の下、敗戦後の戸田孝子が初登場する前述の地下室の場面では（14分10秒―16分10秒）、古参の踊子の平手打ちに対し、彼女が猛然と反撃する模様が描かれる。片や平手打ちが抗日から親日への変貌を指標付ける『支那の夜』、片や平手打ちが重臣の令嬢から暗黒街の顔役の情婦への変貌を指標付ける『わが生涯のかがやける日』。李香蘭の再利用を試みる後者の仕掛けは一目瞭然である。

本章では、複数の名前を持つ1人の女性を巡り、初めに先行研究の偏向、すなわち敗戦後の彼女への関心の未熟を確認した（第1節）。次に戦中期の彼女のペルソナに注目し、中国人李香蘭の仮装に纏い付く欧米性を巡り、ジェンダーとエスニシティが複合する垂直的な振幅の模様を考察した（第2節）。敗戦後、欧米性を前景化しつつ「復員」した彼女が新劇に進出し、米ソ冷戦の狭間に引き裂かれる過程を確認した上（第3節）、日本映画界への本格的な復帰作『わが生涯のかがやける日』を分析の俎上に載せた（第4節―第6節）。具体的には、戦中期の李香蘭における垂直的な振幅が、ジェンダーとエスニシティの問題を階層の問題に変換しつつ再導入され、敗戦前の日本人間の行き掛り（陸軍中尉による重臣の暗殺）を清算する物語に不可欠な役割を担うと結論した。

第3節に見た通り、敗戦後の初動では李香蘭との距離化を図るかに見えた彼女は、『わが生涯のかがやける日』における再利用後、むしろ積極的に李香蘭と戯れ始める。敗戦直前の中国大陸に数奇な運命を辿り、最後はともに銃殺される歌手役を演じた『暁の脱走』や『上海の女』（1952）などの映画は、1945年8月を縦断した李香蘭と山口淑子の連続性を殊更に前景化させる。こうした映画的テクストでは、桂蘭から戸田孝子に変奏しつつ継承された垂直的な振幅はいかなる展開を示したのか？　ジェンダーやエスニシティや階層に加え、新たな垂直軸が導入されたのか？　映画学の課題は尽きない。

註

（1）以下、彼女の略歴は山口、山口／藤原などを参照した。なお本章では被引用文中も含め、旧字体・歴史的仮名遣い・漢数字は新字体・現代仮名遣い・算用数字に書き改めた上、適宜、句読点を施すなど、読み易さに配慮した。

（2）筆者が統括した早稲田大学坪内博士記念演劇博物館の常設展『映画・テレビ』（2015年3月新装）では区画「追悼山口淑子」を設け、演劇博物館に寄贈された若杉光夫の遺品『神秘美人』撮影台本および写真帳を展示した。『神秘美人』は四方田犬彦も詳細不明と述べるなど（四方田『李香蘭と原節子』280）、基礎的な調査も行き届かないままの映画であり、前述の一次資料などを活用しつつ分析を本格化させたい。なお本作の撮影を担当した賀蘭山＝西本正の回想は西本／山田／山根（13―19）を参照せよ。

（3）本章の生成に並走しつつ発表された川崎（「李香蘭研究の新視角　米国公文書館『山口淑子ファイル』の検証から」、「もう一人の彼女　李香蘭／山口淑子／シャーリー・ヤマグチ」全10回）の研究は、膨大な一次資料の掘り起し作業を通じ、敗戦後の彼女に新たな光を投じた最新成果である。

（4）全文は以下の通りである。「只今より、当館の次週上映の映画をご紹介致します」との一節が示す通り、公開前週に映画館内に放送された宣伝文である。

　毎度ご来場下さいまして有難とうございます。只今より、当館の次週上映の映画をご紹介致します。次週○日より、皆様お待ちかねの松竹映画超大作「わが生涯のかがやける日」「わが生涯のかがやける日」でございます。

　この映画は、圧倒的な評判で皆様すでにご存知でございましょうが、昨年度のベストワンを獲得した傑作「安城家の舞踏会」のスタッフ、監督吉村公三郎、脚本新藤兼人、撮影生方敏夫などのスタッフが、ふたたび組んで放つ、野心的巨弾であります。

　悪と頽廃が巣喰う大都会の暗黒街に、妖しい愛慾に息づく人たちの姿を描いて、その中にもなお希望の太陽をめざしてこの泥沼から脱け出ようとする男女のけがれなき恋愛をうつした、迫力と情感にみちみちた傑作であります。

　配役は皆様お馴染みの李香蘭こと山口淑子をヒロインに、民藝の滝澤修、昨年度最高演技賞の森雅之、劇界の大御所井上正夫など、また逢初夢子、村田知英子ら魅力あるスタア陣をならべ、演出に、演技に華々しい顔ぶれを揃えております。

「安城家」を越える構想の大、「誘惑」をしのぐ情熱をたたえた傑作「わが生涯のかがやける日」の上映は、いよいよ次週○日よりであります。本年度最高の問題作「わが生涯のかがやける日」「わが生涯のかがやける日」をご期待下さいませ。（「放送原稿」）

（5）本章におけるメロドラマ理論、特に善悪のメロドラマと悲哀のメロドラマの関係性は羽鳥を参照せよ。また近代日本の起点である幕末＝明治維新を表象した幕末映画と『わが生涯のかがやける日』の関係性は羽鳥（107―109）を参照せよ。

（6）江藤淳曰く、WGIPとは「実際には日本と連合国、特に日本と米国とのあいだの戦いであった大戦を、現実には存在しなかった『軍国主義者』と『国民』とのあいだの戦いにすり替えようとする」試み（江藤 270）、『わが生涯のかがやける日』の台詞を借りれば、「軍人商売の一部」対「何百万の戦死者」「何千万の戦争の犠牲者」の関係性を善悪のメロドラマに結ぶ試みである。江藤は極東国際軍事裁判もWGIPの一環に位置付ける（江藤 310）。詳細は江藤（261―312）を参照せよ。

（7）例えば、津村秀夫の時評は『わが生涯のかがやける日』における酒場「明星」の場面を映画『荒野の決闘』（1946）の、あるいはモルヒネ中毒に呻吟する沼崎敬太の造形を映画『失われた週末』（1945）の「模倣」と紹介した（津村 14）。

引用文献／映画作品

石橋健次「李香蘭を中国人にしたのは誰か?」、『真相』第9号（1947年）、28―30。

岩野裕一「『私の鶯』と音楽の都・ハルビン」、四方田犬彦編『李香蘭と東アジア』（東京大学出版会、2001年）所収、77―100。

江藤淳『閉された言語空間　占領軍の検閲と戦後日本』、文藝春秋、1994年。

樺山紘一／坂部恵／古井由吉／山田慶兒／養老孟司／米沢富美子編『20世紀の定義④　越境と難民の世紀』、岩波書店、2001年。

川崎賢子「もう一人の彼女　李香蘭／山口淑子／シャーリー・ヤマグチ」、『図書』2016年4月号、30―35／6月号、3

4―39／8月号、34―39／10月号、34―40／12月号、42―47／2017年2月号、38―43／4月号、24―29／6月号、32―37／8月号、31―37／10月号、29―35。

川崎賢子「李香蘭研究の新視角　米国公文書館『山口淑子ファイル』の検証から」、『Intelligence』第16号（2016年）、27―38。

佐藤忠男「解説」、山口淑子／藤原作弥『李香蘭　私の半生』（新潮社、1990年）所収、440―447。

佐藤忠男『キネマと砲声　日中映画前史』、岩波書店、2004年。

佐藤忠男「畳に座らない女」、『キネマ旬報』2014年11月上旬号、24―25。

新藤兼人「わが生涯のかがやける日」、『シナリオ』1948年5月号、37―63。

新藤兼人『わが生涯のかがやける日』、新藤兼人『わが生涯のかがやける日』（民友社、1948年）所収、141―219。

田村志津枝『李香蘭の恋人　キネマと戦争』、筑摩書房、2007年。

津村秀夫「小津と吉村の作品」、『映画春秋』1948年12月号、9―17。

西本正／山田宏一／山根貞男『香港への道　中川信夫からブルース・リーへ』、筑摩書房、2004年。

羽鳥隆英『日本映画の大衆的想像力《幕末》と《股旅》の相関史』、雄山閣、2016年。

平尾郁次「〝ケンタッキー・ホーム〟上演に際し製作者として」、『ケンタッキー・ホーム』筋書、4―5。

平野共余子『天皇と接吻　アメリカ占領下の日本映画検閲』、草思社、1998年。

四方田犬彦『日本の女優』、岩波書店、2000年。

四方田犬彦『李香蘭と原節子』、岩波書店、2011年。

四方田犬彦編『李香蘭と東アジア』、東京大学出版会、2001年。

山口淑子『「李香蘭」を生きて』、日本経済新聞出版社、2004年。

山口淑子／藤原作弥『李香蘭　私の半生』、新潮社、1990年。

吉村公三郎『映画のいのち』、玉川大学出版部、1976年。

吉村公三郎「演出について」、『シナリオ』1948年5月号、35。

鷲谷花「李香蘭、日劇に現る　歌ふ大東亜共栄圏」、四方田犬彦編『李香蘭と東アジア』（東京大学出版会、2001年）所収、

21―56。

『ケンタッキー・ホーム』筋書（東京・帝国劇場、1947年4月）。

「日本人・李香蘭帰る」『朝日新聞』1946年4月2日付朝刊、2面。

『復活』筋書（東京・帝国劇場、1947年6月―7月）。

「放送原稿」『松竹映画NEWS』第37号。

「満映女優李香蘭・孟虹両嬢来朝」『讀賣新聞』1938年10月23日付朝刊、6面。

「山口淑子・紹介」『ケンタッキー・ホーム』筋書。

『暁の脱走』、谷口千吉監督、新東宝製作、1950年。DVD（東宝、2016年）。

『支那の夜』、伏水修監督、東宝製作、1940年。VHS（東宝）。

『上海の女』、稲垣浩監督、東宝製作、1952年。VHS（東宝）。

『わが生涯のかがやける日』、吉村公三郎監督、松竹製作、1948年。VHS（松竹）。

『私の鶯』、島津保次郎監督、満洲映画協会＝東宝製作、1944年。VHS（東宝）。

Brooks, Peter. *The Melodramatic Imagination: Balzac, Henry James, Melodrama, and the Mode of Excess* (New Haven: Yale UP, 1995).

Singer, Ben. *Melodrama and Modernity: Early Sensational Cinema and Its Contexts* (New York: Columbia UP, 2001).

Williams, Linda. *Playing the Race Card: Melodramas of Black and White from Uncle Tom to O. J. Simpson* (Princeton: Princeton UP, 2001).

＊本章は科学研究費助成『映画の幕末＝明治維新表象に見る女性の位置付け　《唐人お吉》を中心に』（25770068）を通じた研究成果の一部である。

第**7**章

女が映画を作るとき
――浜野佐知の終わりなき再生産労働――

キンバリー・イクラベルジー
（翻訳・鈴木　繁）

1　ピンク映画監督・浜野佐知の価値

１９７０年代初頭からピンク映画監督である浜野佐知は約３００から４００本の映画を作ってきた。浜野は自伝『女が映画を作るとき』で、この事実をギネス世界記録に相当する生産力になぞらえている（浜野『女が映画を作るとき』８）。しかし、浜野の映画制作数があまりにも多いため、しばしば問題も引き起こしてきた。その一つは、同時上映される浜野の映画があまりに多すぎるという苦情が出たため、映画を配給する際に「的場ちせ」という別名を監督名として使うことになったことだった。(1)

その生産力がいかなる不満を生み出そうとも、浜野の名は必ずと言っていいほど彼女が作り上げた映画の数とともに言及されてきた。実際に言及される映画の数は増えたり減ったりすることもあるが、映画の製作数が言及される度には、浜野の名を思い出すものとして、または浜野の提喩《シネクドキ》として理解するほうがよいだろう。(2)ピンク映画が初期の予算にちなんで「３００万映画」と呼ばれていたことを考えると、浜野自身が３００本の映画という数と関連づけているのは、ピンク映画を符号化《コード》するためにうってつけの表現として機能しているようにも思える。浜野佐知という人物は、数百もの映画を作り上げてきたピンク映画監督であり、その生産力には衰えの兆しなどなく、事実、止まることなどできないのだ。

本章はその浜野の膨大な製作数にどのような重要性があるのか、つまりその数の中にどのような労働があるのかを問いかけるものである。分かりきったことに思われるかもしれないが、その数こそ浜野の価値を示すものである。(3)とはいえ、実際の数が重要というわけでない。そうではなく、その製作数は浜野が今までに積み重ねてきたもの指しており、その経緯が再び語られる際には、(4)彼女自身の労働が集積してきた再生産の形態を書き入れている。このように、その数は浜野の企て《プロジェクト》の証となっている。浜野にとって、映画を製作することは、構造的そして再表象的なレベルにおいて女性の価値を再視覚化＝変更《リヴィジョニング》する手法であり、そこで制度的な変化を生み出すことは、おそらく永遠につづく労働を必要とするであろう。[5]

以下で詳しく論じるが、（社会・産業の）不寛容な制度に対する浜野の応答が再生産という技術であると私は理解している。しかしながら、これらの再生産の「形式」を説明するためには、浜野のピンク映画の視覚表現の再生産を、２００５年に出版された自伝における物語的再生産とともに議論する必要がある。この両者を対話させることで、以下の二つの緊張関係が現れる。一つ目は、浜野の視覚的表現を形成する映画的再生産と、可視性を取り巻く構造を作り上げている再生産との間の緊張関係である。二つ目は、一つ目と関連するが、日本の映画産業において女性として働くことと、女性として同一化すること（同一化されること）にまつわるものである。こうした議論の形を取ることで、浜野が表象の文化政治学とアイデンティティとの交差点について、そして視覚的な刻印（＝書き込むこと）の中で起こる主体性と服従の調停＝仲裁について浜野は多くのことを我々に教えてくれるだろう。[6]

2　戦後日本における映画労働の性別分業

浜野は、毎週土曜日には家族で一日中映画を楽しむサラリーマンの父のもと、静岡で育った。高校に入る１９６０年代までには、少なくとも週に６本の映画を見ていたという（島崎　８５）。自らの人生の原点について語る時、浜野がすでに当時の日本映画が提示する女性のイメージにうんざりしていたかを述べている。それは母であろうと娼婦であろうと、映画の中で女性は「受け止める性」（島崎　８５）として描かれていたからだった。のちにこうした不満は、映画監督になり、積極的で欲望に忠実な女性のイメージを作り上げようという思いを確固たるものにした。浜野は、スクリーンに映る女性の姿にも、まわりの女性たちに対してすでに敷かれた道のいずれにも共感することはなかった。浜野が幼い時に映画の中に見た女性のイメージは、あるパターンに沿ったもので、古くさくて陳腐なイデオロギーを再生産しており、しかもそれらのパターン化したイメージは男性の幻想であり、極度に単純化されたものだった。当然のことながら浜野は自分をそうした女性たちに重ねることなどできなかったし、彼女たちのようになることもできなかった。自伝の中で浜野は「私は彼女（たち）ではなく、彼女（たち）も私ではない」と書いているが、女性たちのイメージとの同一化を否定し、（映画製作という）イメージに関する実践する中で、これらの女性たちに対して美学的に応答する必要性を発見したのだと言える。

映画監督を目指して写真専門学校に通うために18歳で上京した時、浜野はすでに映画業界から締め出されていることに気づいていた。というのも、当時の大手の日本映画スタジオに就職するためには大学卒の男性である必要があったからだ（浜野『女が映画を作るとき』9）。しかし、こうした逆境は映画監督になる意志をさらに強めることになった。当時の映画業界で女性に開かれていた仕事は、「スクリプター（記録係）」やヘアメイクといった仕事に限られていたが、浜野は監督の職にしか興味がなかった（浜野『女が映画を作るとき』10）。彼女自身が後に述べているように「いかにプロデューサーが映画製作の場での最高権力者とはいえ、作品は監督のもの」（浜野『女が映画を作るとき』31）だからだ[7]。

浜野が自身のキャリアについて、当時広まっていた表象の論理を是正するという欲求に突き動かされていたと語るとき、彼女はとにかく少しでも何かを変えるために映画を「監督」しなければならなかったように思われる。浜野は、黒澤明や小津安二郎といった「一九五〇年代の日本映画の黄金時代」の作品に登場するような、「良妻賢母」という国家的なイデオロギーを支持する貞淑な妻、母、娘といった陳腐な原型《アーキタイプ》から女性を取り戻そうとしていた。1950年代の映画に登場するような女性は、浜野にしてみれば、セックス・レスで主体性に欠けていた[8]。同時に、女は器であるという概念、つまり、ウーマンリブの運動家の田中美津と「ぐるーぷ闘うおんな」のメンバーが1970年に唱えていた「便所からの解放[9]」というマニフェストの中で解体しようとしていた「便所である女性」という概念をも是正したいと考えていた[10]。事実、初期のピンク映画には、器である女性を通して、つまり、そういった女性像を「性的暴行《レイプ》」という修辞を通すことで、さまざまな政治的幻想が描かれていた。浜野は1970年の安保闘争の狂乱の中、新宿にたむろしていた際に成人映画を知ったが、女性は「性器」として、つまり「モノ」扱いされている状況に対して、不満をつのらせていた（島崎　86）。

　ここにローラ・マルヴィが1975年の革新的な論文「視覚的快楽と物語映画」で議論された、剽窃的な視線《まなざし》によって獲得された見る「主体」としての男性と、見られる「客体」としての女性のイメージといった対立軸を中心に生ずる衝突をみることができる（Mulvey）。つまり、浜野が足を踏み入れた日本の映画業界では、産業的にも表象的なパラダイムとしても、「映画監督は男性であるべき」という考えがはびこっており、その点で、女性のイメージ（日本においては、映画の歴史よりもさらに長い歴史のある言説）とは相容れないイデオロギーやイメージの価値観、さらには（女性を締め出す）雇用的な因習が共謀していたと言える[11]。

　「女」という立場で自伝を書く時、「女」が当時の映画産業に対して問題提起する様子を浮かびあがらせている。「女」という言葉の選択は、浜野にとっては偶然でも中立な言葉でもなく、女性を描き出すためのものである。浜野はウーマンリブとは一線を画しているが、「女」という立場の主張と言説は、1970年代の日本のウーマンリブの中心にあったものであり、浜野の監督としてのデビューと同じ時期でもあった。セツ・シゲマツのウーマンリブ運動の研究にあるように、日本のウーマンリブにとって「『女』という用語の意図的な使用は、性的にも下層階級的な意味合いを含む差別的な言葉を政治化することを目指していた。ウーマンリブの「女」という用語の主張は、家族制に根づく『主婦』や『母』といったジェンダー的に従順な役割を正当化することを拒否することにつながっていた」（Shigematsu 4）のだ。ウーマンリブにとって、そしておそらく浜野にとっても「女」は「自身の性を力の形式とし、解放の手段にする主体」（Shigematsu 68）を意味していた[12]。

　性は、浜野やリブにとってのみ重要だったわけではない。むしろ、性の重要性は１９６０年代と７０年代の日本文化において、政治的表現の特権的な領域でもあった。ピンク映画はまさにこの時期に登場した。それは政治闘争がよりセクシャルなものをブルジョア的な体制を批判するために利用し、日本映画のスタジオ・システムが家庭を中心として大衆国家消費文化に道をゆずる経済的なブームの最中に現れたのだった。このことは映画館がその観客を失っていくことを意味したかもしれないが、スタジオ・システムの崩壊は、ピンク映画のようなインディペンデントの生産システムという別の可能性をも生み出した。

　ピンク映画はしばしばソフトコアなポルノとして了解されているが、ジャスパー・シャープが論じているように、内容というよりも、その生産と表現文脈によって規定される（Sharp）。浜野自身が説明するように、ピンク映画は低予算で制作され、多くの場合３５ミリフィルムを使い、短期間で撮影される。近年では多くの映画館が閉館に追い込まれているが、ピンク映画は今でも専用の映画館で上映されている。またピンク映画はしばしば同時代に作られた日活ロマンポルノと比較されるが、後者はアン・マクナイトが「成人映画のブルジョア嬢《レイディ》」（Mcknight 8）と呼ぶように、より洗練された映画製作を可能にする比較的多額な予算が割り当てられている。浜野自身は、ピンク映画をひとつのジャンルとみなし、ロマンポルノは「商標」として考えているようだ。ロマンポルノの洗練度と比べると、ピンク映画は「アウトサイダー独立プロ」であり、「ゲリラ的な業界」（浜野『女が映画を作るとき』９）と述べている[13]。

　浜野が映画監督になろうと決意した時は、ちょうどピンク映画がインディペンデント映画として登場した時期であり、浜野は監督としてキャリアを始めることができた。当初、浜野は助監督や脚本家として働きはじめ、後に監督兼プロデューサーになったが、依然としてピンク映画は「見られる女性」のイメージを作り続けていた(14)。また、ピンク映画はスタジオ・システムの企業モデルを反復することなくアウトサイダーとして機能していたとはいえ、主に男性からなるパラダイムの内部で作動していた。さらに、テレビの登場によりテレビ・スクリーンに集まる家族と「映画の観客」に分断された時にさえ、後者は「エロティシズムと暴力」を好む「社会生活のなかに自分が充ち足りているとは感じにくい主として独身の若者たち」だったと映画評論家の佐藤忠男は述べている（佐藤　422）。佐藤は「女性の姿がほとんど見られなくなった映画館のなかでは、ブレーキを失ったかたちで、エロティシズムと暴力の刺激はエスカレートする。攻撃的、破壊的、破滅的な衝動がそこで一気に拡大される」（佐藤　422）と印象的に振りかえっている。

　こうしてピンク映画の中に、産業構造、映画監督、観客、様式、そしてイメージがともに作動しながら、ジェンダーの対立構造を更新し維持するような力の連携を見出すことができるだろう。さらに言えば、これを性別分業の再視覚化《リヴィジョニング》＝変更と理解する方がより正確だろう。そこでは、労働者、監督、オーディエンス、劇場、イメージといったそれぞれの領域が、生産者（モノや空間、意味／欲望の生産者）を（客体としての）女性のイメージとは対極に位置する「男性」としてジェンダー化する働きを担っている。よって、通常、性別分業は一般の労働力の中で男性の役目を一家の稼ぎ手とし、女性に対して期待されている家庭内労働から区別することであるが、映画産業、特にピンク映画のような産業が、いかに性別分業を複製し、また比喩的にも文字通りにも、性別分業を手本としているだけでなく、形作っているかを理解しないと弊害を生むことになるだろう。

3　浜野の「再生産」という戦略

こうして日本映画界を性別分業の観点から理解しようとする立場からはじめるならば、どのように、そしてなぜ日本映画のシステムが再生産労働を戦略的反応として要求していたかを説明するのに役立つだろう。フリードヒリ・エンゲルスが『家族・私有財産・国家の起源』で議論したように、「歴史の決定的な力が、即時的な生の生産と再生産であり」（Engels 4）、それをマルクス主義的フェミニストのシルヴィア・フェデリーチのように「人間の再生産はすべての経済的・政治的システムの基盤である」（Federici 5）と読みかえるならば、「性別分業はそれ自身を維持するために、自らに生を与え更新しつづけている」（Federici 5）。それだけでなく、浜野のようにその体制を解体しようとするならば、再構築や再形成が必要であり、自らの反＝再生産が必要になる。この点について、筆者は、再生産とは「活動や関係性の絡み合いによって、我々の性や労働が日々、再構築されていること」（Federici 5）というフェデリーチの考えに従っている。再生産に注目するフェデリシや他のマルクス主義的フェミニストの説明においては、女性の家庭内労働（「女性の仕事」）は再要求されることで労働に見合った価値として再定義しているが、[15]筆者はフェデリーチのいう「再生産労働」の概念とその「身体的そして感情的な（労働者の）仕事をする能力を『回復する』」（Federici 93）点を、浜野のイメージの政治学を理解するための補助線としている。しかしながら、再生産＝生殖と考えたり、女性という本質化された生物学的な理解をしたりするのではなく、ここでは浜野の文脈において「再生産労働」という言葉を使うことで、浜野の自らの仕事に対するアプローチを構成している精神的・映画的なプロセスをも示そうと思う。それは、さもなくば彼女を女性としてのみ見てしまうひとつのシステムから、彼女自身を救済し、更新し、復元することで、映画の中に自らの生を与える目的を持った仕事＝労働を書き込む作業である。

というのも、これまでの議論を考慮にいれると、映画的な主体性とその「生」は、男性としてジェンダー化されていており、そのために浜野は女性の視線の構築を中心として自らの映画を作り上げる必要があった。つまり、この行為は、映画の中で（浜野を含む）女性を服従させる男性的な視点に基づいた視覚性の構造に対する明らかな抵抗であると言える。「主体的に欲情し」、「主体となってセックスする女」（浜野『女が映画を作るとき』３４）である解放された女優たちを主演として活用し、女を「主体とする作品」を作ることが浜野の目的であった。[16]さらには、浜野はこれを「生き生きした」女性という表現を使って、主体と生をつなげただけでなく、性は主体にとって生の活力であることを示す近道としても描いた。[17]筆者が２０１３年にインタビューしたとき、浜野は死ぬまで映画を作り続ける欲望と、老人たちのセックスを描いた映画を作る欲望を結びつけて語っていた。後者は、後に「一般」映画——これまでに浜野は五つの一般映画を制作した——である７０歳代のセックスと欲望を描いた『百合祭』（２０１１）として結実している。

浜野の高齢世代に対する取り組みは、単に日本の高齢化社会についてだけでなく、ある身体を無生物として消し去り、そして破棄することついて思考する契機としても機能している。例えば、浜野があるインタビューで語っているように、高齢の女性を「ババア」と呼ぶ言説は「性＝生殖」という「今どき、誰も考え」ることがない概念（「ババア」という言葉には、生が終わりかけている非生産的な主体という概念が埋め込まれている）を維持してしまう[18]（浜野「人生百年時代⁉」３５）。浜野のピンク映画のキャリアは、１９６０年代に父と見た映画の中の、旧態然とした、そして今日も依然として変わらないようなこうした性の概念と闘争することで作られてきた。年を重ねるにつれて、浜野は誰も見たいとは思わない同世代の女性の性を探求しようとする欲望を見出した（浜野『女が映画を作るとき』８４）。このことは「人は枯れない、女も枯れない」（浜野『女が映画を作るとき』８５）という自らの確信に基づいている。彼女の『百合祭』のプロジェクトは女性も人間であることを明らかにすることだった。このような人間性の見方は生が存在するということだけでなく、生を引きつづき未来に向けて営んでいくということを意味する。７０歳代の性を再表象すること、それはつまり、性とは生であり、「性は生きる力」なのであることをはっきりと示すことである。浜野が「人は死ぬまでエロスを楽しむ権利がある」（浜野「人生百年時代⁉」３５）と言う時、浜野は自身の生に対する未来をも提供しているのだ。

浜野の映画において、性は、主体性を行使する重要な位置を占めているのにもかかわらず、自伝の中では単に彼女のピンク映画の始まりに言及するだけに終始し、膨大な作品群を構成する数百本の映画については詳しく語っていない。とはいえ、自伝のいくつかの章は「一般」映画の制作について詳しく書かれている。これはおそらくピンク映画が、他の映画以上に「暗闇」で見るといったことに依存しているからだと考えられる。つまり、ピンク映画は制作も鑑賞も匿名であることと、使い捨てられることを中心に作られている。B級さらにはC級映画として、歴史の浅いピンク映画産業は、比較的価値の低い映画として捉えられてきたため、初期のピンク映画はほとんど残っていない。[19]また、撮影現場では、ピンク映画の監督は主に契約をまっとうするのが仕事だと考えられており、その「映像作家」に文化資本が与えられることもほとんどない。[20]マイケル・アーノルドや阿部・ノーネスを筆頭として複数のピンク映画の学者が述べるように、ピンク映画の劇場の空間は観客が映画のスクリーン自体を見ること以外（見られない限り）は何でもできるような場であると述べている（Arnold 364, Nornes ed. 12–14）。したがって、ジャンルとしても産業としても「ピンク映画は、唯一『性』とまともに向き合えるジャンル」（浜野『女が映画を作るとき』４０）であり、ピンク映画は、相反し矛盾する多くの領域を同時に表現しており、浜野の再生産労働にとって重要な場となっている。

4　視覚制度《ヴィジュアル・レジーム》に対する挑発

　自伝には書かれていないが、浜野のピンク映画の中で再生産されている技術は、彼女の企《プロジェクト》てに関する労働の構成要素となっている。ここで浜野は再生産に関わる問題に体系的に立ち向かっている。それは再生産を生殖としてではなく、行為者《エージェンシー》と主体性を通して規定された性を再演するものとして作り変えている。ジャーナリストの亀山早苗が浜野のピンク映画の技法的特徴を三つ挙げているが、それらは（1）「女性の股間のアップ」、（2）「パンフェラ」（下着の上からするフェラチオ）、そして（3）「ザーメン返し」（亀山 122）である。これらの特徴は、浜野のピンク映画の随所で、批評的な形で繰り返されているが、それはピンク映画だけでなく、支配的な視覚的制度《ヴィジュアル・レジーム》に対する再構成を挑んでいると了解できる。このことは男性的まなざしを転覆させたり、女性が客体として見られることを阻止したりすることを意味していると考えられるかもしれないが、それよりもむしろ、女性の快楽として考えられるものを中心として作り上げていると考えたほうがよいだろう。こうして、浜野の映画の中にも、男性の凝視《まなざし》を中心として構造化された視覚性と関連するイメージが見い出せる。

　とはいえ、浜野のピンク映画は、男根に関する積極的な無関心、つまり男根を見せるよりも、脇においやることによって特徴づけられている。[21] このことは、浜野の映画は女性の股間を上げて中心に置くアングルを使い、股間を見上げるショットを強調していることの説明になる。また、このことは女性の身体の性感帯を重視する浜野のピンク映画のより大きなパラダイムの例証ともなっている。浜野の映画が示すのは、女性の胸を焦点化することは男根的視覚制度、または異性愛を規範とする構造と共謀する可能性があり、胸のような性的対象化された身体の一部に執着した「見られる女性」の象徴として、男性的な欲望を想像する異性愛的な構造とも連携していることである。

しかし、浜野のサウンドトラックはつねに女性の快楽を追い求め、それを経験することに重きが置かれている。よって、浜野の映画の中では、クローズアップされた胸は、カメラから可能な限り距離をなくしてフレームに収められ、つねに女性の性的な興奮の音と重ね合わされることで、快楽の中心を符号化《コード》されているのだ。[22] さらに、男根は映されないが、繰り返し臀部の近接撮影によって性器へと近づくために、カメラが求めているものがペニスではないことを何度も思い出させる。ここに浜野のピンク映画における介入＝交渉が認められるだろう。ジャスパー・シャープは彼女の映画を「色目でみるタイプのポルノ」（Sharp 298）と名づけており、カメラの背後にいる女性を感じにくいと言う。なぜなら、最も人気で有名なシリーズ『やりたい人妻たち』のような映画は「自らの欲望をコントロールした男を食らうような官能的な妻たちの姿を極限」まで持って行き、「彼女たちの太ももの間で、うつぶせでぐったりとなったパートナーたちの上で身を捩る」ような「脅迫的とも言えるほどの女性の性」を提示する一方で、カメラは彼らの恍惚的な表情と彼らの身体のありえないような動きをとらえ続けている」（Sharp 298）からである。[23] 浜野の映画は最大限にまですべてを提示しようとするが、その脅威はピンク映画という馴染みのある視覚文法の中でそれを行っているのではない。あくまで、女性の映画を提示しているのである。

リンダ・ウィリアムズの一九八九年の著作『ハードコア』は、今ではポルノ映画の視覚的領域について規範的な説明として理解されていることを打ち立てた。それは、ポルノ映画の欲望は「最大限の視覚性」（Wiliams, *Hard Core*, 48）であることだ。彼女によれば、ハードコア・ポルノにおいて、この欲望は「射精シーン《マネーショット》」または、陰部が露出した「挿入シーン《ミートショット》」によって象徴され、それはすべてを可視化する中でも、特にその身体（性器、特に男根）を可視化しようとする。ハードコア・ポルノは「男性または女性の身体をさりげなく見せようとするのではない。それはモノ自体の告白的な、非自発的な発作の窃視的な記録を通して、執拗に知識を求めている」とウィリアムズは言う（Wiliams, *Hard Core*, 49）。このことは勃起や射精を提示することで明らかにされる傾向にあり、それ自体が男根的規範におかれた性のひとつの「真実」を構築し、再強化している。映画に対するウィリアムズの初期の研究が限定的に使っていた用語にもかかわらず、彼女がジャン＝ルイ・コモリから借用した「視覚性の狂乱」という言葉は、ポルノを幅広く表現するために使われてきた。とはいえ、マイケル・アーノルドが説明するように、これまで陰部が露出した「挿入シーン《ミートショット》」は決してピンク映画の根本的なイメージではなく、またピンク映画も性器同士のセックスを見せることを焦点化していたわけではなかった。(24)

ミリアム・サスによるとピンク映画の視覚的な文法は、日本の映画規制団体である映倫の検閲から生まれているという。「パンフェラ」の存在と、ハードコアの性行為よりも性具《ディルド》が氾濫しているため、サスはピンク映画をソフトコアと了解するよりもハードコアに対する執着《オブセッション》として読むべきであり、ピンク映画は、ハードコア・ポルノのように、「検閲されたハードコア」(Sas 301)を可視化していると主張している。

性の論理は、大部分はハードコア・ポルノから取り入れられた最大限（許容される）視覚性と「突いたり、挿入したり」する形の性を目指して描かれている（中略）このことは性が男根的で、「突いたり」し、目的論的な状態にとどまっていることを意味する。つまり、セックスには（たいてい下着の上からの）オーラルセックスや（疑似）挿入（女性が上になることが多い）といった様々な例が含まれる。(Sas 302)

浜野はあくまで可視化することにこだわり、何度も検閲の限界を試したりしているが、(25)彼女が描くセックスを「突いたりする」セックスや男根的だと理解することは公平でも正確でもないだろう。たとえ「パンフェラ」が浜野の映画の中で多く登場し、俳優たちのペニスを覆う白いブリーフの下着の鮮明さが男根に対する関心を引きつけようとも（この点でサスは正しいが）、ジャーナリストの亀山が挙げた視覚的（そして批評的に、聴覚的）なモチーフの特徴の一覧を考慮すると、映画が伝える愛おしく愛撫される男根は抑制された男根の姿なのだ。[26] 浜野の女性の登場人物たちは、決して晒されることのない男根に快楽を見出している。男根は目の前に現れることも射精することもない。たとえ下着の白さがペニスの存在を示そうとも、それは決して勃起した様子で提示されることはない。女優たちの手によって積極的にその動きを封じることで、その男根的な権力は脆弱化されるのだ。異性愛者のフェラチオのシーンでは、その純白さがペニスを何度も覆いに来る赤いリップスティックの色を吸収するキャンバスとしてのみ機能し、ジェンダー的汚染として符号化《コード》されている生理の赤い血を思わせる。この血は、サスが浜野の映画の中に見るハードコア・ポルノ的な男根的秩序を根本的に打ち破っていると言える。

先に言及したシリーズ『やりたい人妻たち』の中で、亀山がいう技術がまとめて利用されている例を見ることができる。このシリーズの第一弾『やりたい人妻たち』（２００３）のひとつの中で、ケイ（有名なＡＶ女優鏡麗子が演じている）は、家庭内で不満を感じている友人アヤ（ＹＵＫＩとしてのみ知られている女優が演じている）を性的な快楽の世界に引きずり込む。ケイはフェラチオをされている人物の白い下着に彼女の痕跡を残すだけでなく、のちにはアヤもペニスを執拗に抑制し、自ら好むように自由にコントロールする。確かに、サスが議論するように、手を置くという効果は下着が覆い隠しているものをはっきりさせペニスの輪郭を際立てていると議論できるかもしれない。しかし、ペニスそのものが登場しないことやこうした場面で置き換えられていることは、まさにペニスそのものが封じ込められていることを強調するためだけに用意された戦略としても理解できる。他の場面では、夫の妄想の中で、アヤははじめは自慰をしていて（よって夫を必要としない）、その後は一人ではなく二人の男性にフェラチオをしているという様子を想像しているが、実際のペニスの代わりに肉体色をした性具《ディルド》を使っているものの、下着をつけていない状態でのフェラチオが描かれている。男根の自由な動きはあくまで脅威としてのみ描かれ、それはまれに登場する夫の妄想の中にのみ登場する男性快楽の声によってさらに明白になる。他にもこの映画に登場するセックスの多くは、繰り返される女性のよがり声を通して紡がれており、ときどき聞こえる相手の息やオーガズムの音を凌駕し、遮断し、無力化して、他のフェラチオシーンすべての中で際立っている。つまり、浜野の映画的世界の中では、フェラチオでさえ、女性の快楽に従事しており、自伝の中で述べているように、俳優たちは単に利用される道具や付属物にすぎない。

いわゆる「ザーメン返し」も同様に射精《マネーショット》シーンの文法を作り変えるような機能を持っている。ウィリアムズが言うようにハードコア・ポルノはペニスからの爆発的な射精を視覚化させることに最大の努力をする。しかし、浜野は射精を視覚化することを否定し、そうした男性的快楽を示す液体を元の男性に戻すという仕組みを作り出した。重要なのは単に精液を返すことではなく、むしろゆっくりと慎重に返すことであり、男根的な性の究極の目的に対抗する性的交換の中に、循環的回路を作り出している。クライマックスの音を消し去ることは、セックスの中心的な出来事であるオルガズム（それは女性のオルガズムの瞬間ではなく、ひきつづく女性の快楽の音響によって強化される）を否定する。そして、精液を男性に戻すことは、フェラチオは女性にとって受け取る贈り物ではなく、むしろ女性が参加するやりとりであることを主張する。その沈黙の中に、例えばセラピーを行う目的でセックスを提供する男（先生）の口に向けてケイが下腹部からその液体をゆっくりとたらし、その返却があからさまに不快なことを隠すことができないようなシーンを観るとき、我々はアダルト映画の中のフェラチオ表象の文法だけでなく、スクリーンの外側の性のパラダイムの構成をも再検討することを求められているのだ。この批評的回路は誰が「見る」ことを担う人物であるのかという問いだけでなく、セックスの場面において誰がその行為を主張するのかという問いかけもしている。女性による精液の返却は、漏れながらも湿っている静かな液体の存在を提示し、特に歓迎されていない時にこそ、しつこくその場に存在することを主張しているのだ。

この液体性は、事実、浜野の映画の定番的な存在《モノ》であり、彼女のサウンドトラックの中に執拗に存在し、イメージよりも、身体と動きを接近させる機能を果たしている。サスはケイ、アヤ、先生そしてヴォランティアのグループセックス・シーンにおいて二人の身体の間に慎重な距離が維持されていると解釈しているが（Sas 310）、この距離は、カップルであれグループであれ、身体の間で視覚的に維持されており、このことは浜野の映画を通して見られる。挿入やフェラチオのシーンでさえ、男根は映らないが、性行為やその参加者に関係なく、性的労働の象徴として参加しているような舌を、カメラが口の外で可能な限り捉えており、身体に触れようと伸ばした舌先と身体の間に距離が必要になっている。この可視化された距離を埋めるために、浜野のピンク映画は唾液的な発話によって満たされている。それはすべての孔《あな》から湧き出る液体的な生産を強調し、粘膜の間を通るものやこぼれでるものを強調する。ここで注目すべきは、この液体性は先に述べたサウンドトラックの刻印ように、女性的な性に対する興味であることだ。このことは浜野の考える「女性的な性」の中心的なものであり、自慰のシーンにも執拗にそして等しく登場する液体の音がその証左である。

１９９９年の映画『巨乳三姉妹肉あさり』ほど労働市場によるセックスの経済と再生産が統合されるさまが明白にあらわれている映画はない。この映画で浜野は、新宿にある東京都庁舎の建物の姿をローアングルから撮られたエスタブリッシング・ショットで描くことで、国家とジェンダー化された労働の再生産を関連づけている。この日本の男根的象徴のもとで、三人の姉妹たち――長女の刀子《とうこ》、次女の珠子《ともこ》、三女の鏡子《きょうこ》たち――が肉団子弁当をサラリーマンの官僚たちに売っている。それは男性オフィス・ワーカーたちの労働を可能にする食べものだけでなく、暖かく美しい彼女らの笑顔を通して、彼らのセクシュアルな想像の装置をも供給している。食べ物を売る姉妹たちとセクシュアルな欲望への容易な転移は、彼女たちの別の経済的機会である彼女らの夜の仕事である「モンナ・リーサ」というバーの経営をも可能にしている。(27) 男たちが「モンナ・リーサ」の割引券を使ってバーに訪れると、彼らは三姉妹が「女」として現れることに直面し、汗を多量にかきながら言葉を失う。サービスルームで女性たちが身体を預けると、男たちはまるで魚のように飛び跳ね、動けなくなったり、子どものようにふるまったりする。このダミーとしての男性身体の概念は、経済的に強制されているというよりも、鏡子のめったにみせないが、しかしはっきりとした意志によって強調され、太一（『鉄道員《ぽっぽ屋》』、『リリィ・シュシュのすべて』、『希望の国』など「一般映画」で知られる吉田祐健が演じる）にフェラチオをする時でも、彼女は経済的な関係ではなく、ロマンティックな感情を持っている。しかし、そうした彼女の感情にもかかわらず、フェラチオをうける彼の身体は動かないままである。女性の動きや感じている身体とは対照的に、機械的でロボットのような男性の身体は、単に俳優をダミーとして使うことで男性中心主義を批判したり、または還元的な役割転換を表したりしているのではなく、男根を支持し投資する経済システムがいかに機能不全に陥っているかを明らかにしている。先に述べたように、ここでもサウンドトラックがこの男性の視線と共に作用している。それは乱雑として、統御不能である。男たちが女性にほとんど何も与えない時でさえ、長女刀子と次女珠子は性的なサービスを与えることに積極的な興味を示す。サスが『やりたい人妻たち』について述べた女性たちの身体の間の距離はここでは取り除かれている。というのも、この映画の「ザーメン返し」の扱いは、交互にフェラチオをした二人の女性が互いにキスをして顧客の精液を交換しているからだ。これは単に近親相姦のタブーを犯す（そして複数の女性とのセックスという妄想だけでなく、美しく、しかもタイトルが示すように巨乳の女性たちとのセックス）という猥褻なイメージを提供するだけでなく、（男性たちにとっても女性たちにとっても）公的・私的な労働を循環させる再生産性労働の粘着的な視覚性を作り上げているように機能している。

次に続く場面では、三人姉妹の一番下の妹鏡子が、他の二人がセックスをしているあいだ、居心地悪く横に座っており、そこで自らの性器が光源のように輝いているのを夢想する。視覚的には、この場面は『やりたい人妻たち』のアヤの夫の妄想のシーンと同様の文法を有している。鏡子は話すことなく、孤独で暗闇の中でスポットライトに照らされている。鏡子に備わるものは、長女と次女が性的そして再生産労働に参加していることに対する良心的な異議申し立てであり、この場面の論争点をも示している。つまり、鏡子の性器から輝く光は荒々しい生と知識の源であり、姉たち自身も所有しているのにもかかわらず、いまだ認識できず、そして永遠に認識できないであろうものである。このことは次の場面で、長女と次女がベッドに裸で横たわり眠っているシーンで彼女たちの性器からの光源が示されることからも了解できるが、彼女たちは眠っているためそれに気づくことはない。そして、その鏡子の夢の中では、いなくなった母親を呼び、物語は後にその母の不在のために姉妹たちが公的な労働をする必要があることを明らかにする。浜野はこの場面も主要なシーンとして符号化《コード》している。この夢に後押しされるかたちで、鏡子は自立するという夢を追うことになる。それは太一からの１００万円の贈与（その１００万円は会社から消えた金と同額であり、「モンナ・リーサ」の拡張の資金にあてられたものである）によって可能になる。とはいえ、これを経済的な交換と考えるのではなく、鏡子がするフェラチオと太一がその見返りに渡すお金は、贈与という別の経済システムへの参加として了解すべきだろう。このことを理解すると、映画の最後のシーンで、リーダー格である一番年上の姉が映画の冒頭と同じ東京都庁舎の前でパートナーのビジネスマンと一緒に弁当を売っている場面で、あるひとつの見解が提示されていることに気づくだろう。それは、再生産過程の刷新（＝更改）というファンタジーであり、それは搾取と消費の関係ではなく、自らが作りあげ、自律性を持ったことを意味する。映画の結末は、東京、つまり日本の官僚主義の中心ではなく、鏡子が作りあげた孤児院が舞台になっている。そこでは、太一がその施設に向かって歩いているのが見える。このことは、価値そのものが再構成されて市場の外部におかれ、そこでは欲望さえも鏡子を中心として再構成されている。

こうした映画についての議論は浜野の映画全体のほんの一部にすぎないが、一貫して言えるのは、主体としての女性の存在であり、それは欲望を持った主体や生き生きした主体として描かれるだけでなく、立体的で感情を持った声をあげる人物であり、補完的な人物ではなく映画の中心的な人物として提示されている。男根的な経済を無効にするというよりも、既存の経済システムの中から、視覚的な経済を作り出し、それを「イメージの中で可視化されたものと、同時に不可視化されたもの」（Khalip 4）の両方として理解するイメージについての議論に介入する。ポルノ映画の観客だけでなく「挿入シーン《ミートショット》」の不在に順応したピンク映画の観客さえも当然だと考えている男根的体制を挫折させるような成人映画を提供するとき、浜野はいかに映画の権力＝支配技術《テクノロジー》が、男根的な視覚性に徹底的に依存しているかを示す。浜野の映画はこれを全く異なる別の空間で示すのではなく、むしろ彼女自身のイメージの再生産を通すことで可視化している。その執拗に可視化するさまは、反復されるごとにすこしずつ強まり、日本の高度成長を支えた性差分業と成長、発展、そして上昇を目指す男根的労働という遺産へと向けられる。浜野の再生産は、このように労働に関する特権的な戦場として視聴覚的な刻印を強調する。浜野の社会的再生産は維持され、彼女の生を可能にするイメージを（再）生産するために映画へ永遠に戻り続けることを必要としている。それは、資本の論理の中で、決して終わらない、そして終わることもできない労働である。[28]

　ポルノ映画は、浜野が生きることや主体性の獲得に直接結びつけている性的表現の媒体を提供した一方で、ポルノ映画の可視性を構造化する欲望は、可視性を浜野自身の問題にすることにも寄与した。つまり、浜野の映画は表象のパラダイムを変容させるが、ポルノ映画の執拗な可視性へのこだわりは、主体性を打ち立てるよりも、服従の構造とともに作動する認識への欲望を引き起こす超可視性《ハイパー・ヴィジヴィリティ》に依存するメディア環境と共謀している。ハードコア・ポルノが性行為を可視化する、つまり射精シーン《マネーショット》を通して性器的なものを可視化することを望んでいるのに対し、浜野そしてピンク映画がセックスを模倣し《シュミレート》、（そして何度もそれを繰り返す）中で可視化するのは、性的表現を通して主体性の形式を与えるという欲望である。それは自己の形式であり、自伝や筆者のインタビューでも述べられているように、他の方法では決して生存可能でも、目に見えるものでも、存在できるものでもないようなものである。[29]このようにして映画の視覚性の軋轢と可視性の構造が衝突しているのだ。

5　いまだ見られることなく——浜野の自伝的な苦情

とはいえ、再生産を通じて自らについて書くという応答の戦略を初めて公にしたのは、浜野の自伝である。この自伝の中で、映画を撮ることについて、そして物語の中に自己を書き込み、イメージをコントロールする映画作家としての存在を書きあげた。浜野がこれまで作ってきた膨大な映画群は、再生産的性とそれを維持する構造に対する規範——一組の男女という形式や、一夫一妻制、結婚、強制的な異性愛など——と格闘しているが、再生産の問題は、自らを再生産する方法や膨大な作品群、そして自身の物語を反復し構成する中（つまり、自伝を書くということ）に、さらにはっきりと現れている。そこで明らかになることは、自らを可視化する欲求、つまり自らの存在に証拠を与えるという欲求である。彼女の映画作品は視覚性を再考しているが、自伝を書くという生産行為は視覚性についての彼女の企《プロジェクト》てを再構成し、それは同時に「彼女自身」を可視化することである。ここでいう区別はハーマン・グレイが可視性の政治学の「賭け金」として書いたことに関係することであり（Gray 791）、それは疎外化され、貶められた主体がメディア生産の手段を得た時に、社会的な変化が持たされるという希望にかけることである。しかしながら、グレイがその中に見るのは、可視性と認識を求めることは、浜野の自伝が語るように、しばしば代償を伴うものであり、さらなる服従を生み出し支配のテクノロジーとしても機能する。

浜野にとって、可視性への衝動は映画界において女性でいることの問いから生まれている。このことは、男性の観客が女性監督の作品であることで映画への興味を失わないように、浜野の本名である「佐知子」から女性を示す「子」を取ることを忠告された時に初めて認識された（浜野『女が映画を作るとき』41）。この女性であることの問いは、同書の題名によって示されているが、女性にまつわる曖昧さを孕んでいる。つまり、タイトルにある日本語の主体（「女」）が、単数なのか複数なのかは判断できず、よって同書で述べられていることは、浜野の個人的な問題なのか、それとも制度的なものなのか、という問いがある。同書の中でも、同様の葛藤が見られるが、特に上述の女性のイメージとの関連から、女性として認識される問題や困難を取り上げた箇所がいたるところに書かれている。

自伝というジャンルを考慮に入れると、浜野の映画制作の活動を動機づける「転機」を中心として構成されているのは当然といえる。自伝では、自らを同一視する／される挿話が登場するが、インタビューや雑誌など他の自己表象の中では、同一化をあくまで避けており、日本映画産業の不寛容さや、彼女の応答に対して業界が生み出す需要に焦点をあて、浜野が応答しなければいけない個人的で特別な立場を強調している。この緊張関係は、貶められた立場に同一化することの難しさと関係しており、そして彼女の「連帯」に対する疑念にも密接に関係している。この両者は、意外にも女性からうけた暴力の経験と、連合赤軍によるあさま山荘事件の集団的自己破壊的クライマックスといった政治的な遺産とも関連している。映画製作から女性たちが締め出されてきた状況を考えると、浜野は未だに女性の参加が驚くほどに少ない脆弱な業界に足を踏み入れたといえる。[30] この脆弱な業界の状況を考えると、女性として自らを同一化することの困難さを想像することは難しくないだろう。

とはいえ、彼女の自伝には自らを女性として認識する欲望が裏切られた数々の驚きの場面が書かれている。それらは（不当に扱われた時の）「愕然とした」という言葉から（物事が期待通りではなかった時は）「思いがけない」といった見慣れた表現まで多岐にわたっている。こうした言葉は、浜野が20歳の時に若松プロダクション――浜野は若松プロダクションにはスタジオ・システムとは別のラディカルで独立した映画製作のモデルを見出していた――に雇ってもらおうと、何ヶ月も交渉した時の記述には見られない。[31] 当時は「女の助監督なんか要らない」（浜野『女が映画を作るとき』10）、「女は生理があるから、神聖なカチンコは持たせられねえ」といった発言や「女に映画のロマンが解るか?」（浜野『女が映画を作るとき』11）といった発言をまだ聞くことはなかった。映画業界の風潮として、また20歳の女として、こうしたジェンダーに関連したハラスメントは日常茶飯事だったのだろう。

浜野を動揺させたのは、撮影現場で遭遇した性差別《セクシズム》だった。というのも、それは彼女が決して自己として認識することのないイメージとして見られただけでなく、イメージを生産するものとしての立場も無視されたからだ。そこで問題になったのは、男性の同僚が浜野をスタッフとして扱うのではなく、単に「女」として、つまり女性のイメージに還元して関連づけたことだった。浜野は、自分と異なる同一視できない女性のイメージとの間で再び身動きが取れなくなった。この問題は彼女が再現する次の逸話の中によく現れている。ある日、足立正生の『性遊戯（セックスごっこ）』のロケを行っている時に、他に女性スタッフがいなかったため、浜野は主演女優と相部屋にさせられた。まずこれ自体が問題として提示されているが、それはその現場にいたもう一人の女性である女優と同等とみなされたことがショックだった。しかし、本当に侵害的だったこと（浜野が他の場面で「思わぬ出来事」（浜野『女が映画を作るとき』13）と表現すること）は、真夜中に訪れた。女優と主演俳優が浜野のすぐ側でセックスを始めたのだった。深夜でもあり、明日も朝早から仕事があるのでやめてほしいと頼んだにもかかわらず、彼らは笑うだけで、浜野をからかい、その行為を続けたのだった。結局彼女は、廊下で寝ることになった。あまりにも屈辱的に感じた浜野は、翌朝、起きてすぐに、足立に文句を言ったが、足立は逆に俳優に干渉したことで叱責し、浜野に謝罪を求めたのだった。彼女はあまりに衝撃を受けたため、撮影現場から8時間かけて歩いて原宿の若松プロダクションのオフィスまで帰ったという。オフィスに戻ると、若松にもう一度叱責をうけたため、彼女は辞めることにした（浜野『女が映画を作るとき』14—15）。

この話は若松と、さらには浜野が足を踏み入れた1970年代のピンク映画産業に対する批判の中心となっている。しかし、浜野が自伝を出版する以前に『婦人公論』の島崎の記事の中で詳細に述べているように、彼女は絶えず攻撃やからかいの的になっていたのだった。例えば、撮影現場で男たちは浜野の目の前で体を露出したりした（島崎　86）。足立の撮影現場での出来事を「転機」として要約することは、その時に彼女が遭遇した主体化＝従属化について、そして決して共約されることのない女性についての二つの見解の対立について、この出来事が何を語っているかを考えるのに重要である。それは、たとえ短い時間であろうと、浜野を傷つけたり、除外したりするとは予想していなかった直接的な衝突に浜野を引き込んだ話と書かれているからだ。この出来事の中で最も動揺させたのは、女性の笑い声であった。それは、女性であるにもかかわらず浜野を従属させた女性のイメージとして、具現化された表象である。このように、この笑い声とそれによる侮辱は浜野が別の方法でイメージとして位置づけられた人物、つまり表面上は浜野と似ていて同一視されるかもしれないが、同一視されるべきでない人物によってもたらされていることだ。ここで問題となるのは、どちらも真実になる可能性があることだ。その女性イメージは正しくないかもしれないし、その女性は浜野が連帯できない人かもしれないが、その女性も、そして、実際には浜野自身も、なり得るものだった。俳優たちの密通に従属し、彼女の立場に対する足立と若松によるサポートも得られなかった驚きとそのトラウマは、映画制作における政治的なコミットメント、特に女性中心の映画を作ると決意した時、足立の映画の撮影現場で遭遇したその日の矛盾はさらに強調された。つまり、その時以来、浜野は当時の若松や足立が政治を展開する際にレイプの修辞に頼っていたことに抗して、女性中心の映画を作るという視点を明確化させ、彼女の逸話に出てくる女優のように、そして業界と同じぐらい浜野を従属させた女優のように、欲望する主体としての女性を描こうと決心したのだ。女優を利用できる「モノ」として考える業界の見方は、浜野の業界に対する疑念に深く関係している。それは浜野が描き出そうとする性的で主体性を持った女性を打ち立てることをあらかじめ締め出そうとするだけでなく、彼女がその問題を権威となった若松や足立といった監督に向けると、その女優たちを浜野の個人の問題として埋葬してしまうからだ。

自伝の他の部分では、撮影現場のスタッフから性的なアプローチを避けるためにナイフを抱えて寝ていたことや、日本でピルが合法化されるはるか以前に浜野は撮影現場で生理にならないように調整していたことが描かれている（浜野『女が映画を作るとき』１６）。浜野は、他の雑誌やインタビューでも詳細に語っているように、足立の下で働いた最初の経験が女性であることの問いを明らかにした点が重要である。浜野が足立や若松の表象的政治学に批判の矛先を向ける時、彼女は自らの主体性を主張するためにそうしているのである。浜野の映画は、自らが足立の撮影現場で経験したようには、女性を罰することはない。女性中心の映画という浜野の想像力は、初期のピンク映画の中核をなしていた女性の身体に対する暴力が、映画産業の根底にあるだけでなく、１９６０年代の革新的《ラディカル》な政治学を構成する基礎にもなっていることを批判するために機能している。このように浜野は、個人の経験は制度的に、そして産業的にも応答されなければならず、彼女自身が遭遇した問題は制度によって作られていることを主張する。しかし、浜野は女優を自らが生産したイメージの具現化としては認識していない。それは、浜野が女優を主体として受け取ることができないのではなく、女優の快楽があまりに自らに近く、個人的すぎるため、浜野自身の「作家」としての労働を混乱させるおそれがあるからだ。映画製作において、浜野が女性性に関連づけている「ソフト」な性愛《エロス》のつながりは、表象の暴力と映画製作の経験が交わるところから生じている。たとえこの女性性が、浜野が戦っている父権的な女性のイメージと同じくらい投影されたイメージであるときでも、それらが適応させようとする支配的《ヘゲモニック》な関係とは反対に、浜野がつまらないと感じた映画の中の女性の原型《アーキタイプ》からは分離しており、浜野に暴力をふるうことのない女性性を再想像する出発点となっている。自伝の中で語られる物語の中に、問題を解決するための表象的な戦略というより、自らを映画業界の中で必要とされる立場に置く方法を見つけている。[32] それは浜野自身を「映画作家」として可視化し、みずからの救済となりうる映画的イメージをコントロールする力である。

浜野が述べる二つ目の「転機」は、自らの映画監督としての位置を確立してから数年後に起きたが、一度目と似たような機能を果たした。それは彼女が言うところの「驚愕に値する」ことであり、自らの不可視性を意識するようになり、応答をすべき問題となった。一回目の転機のように、この出来事は女性としての位置に関するものであるが、今回はより明白に女性「映画監督」としての問題であった。一回目のトラウマは女性の映画監督に不慣れなパラダイムから生じていたが、今回の場合は女性映画監督という範疇が可能になってから数年後の出来事だった。その出来事とは、浜野は女性監督のひとりとして見られなかったことである。「転機」は1996年の第一回東京国際女性映画祭（当時は、カネボウ国際女性映画週間）で起きた。それはたった六作品しかない田中絹代を、日本で最も多作な映画監督としてこの映画祭が認めたことだった。このことについて、浜野は再び「愕然とした」と書いている。言うまでもなく、多作であることを賞賛するならば浜野こそふさわしい。しかし、この映画祭の告知は、映画監督としての浜野の存在を否定し、過去30年の300本ものピンク映画も考慮に入れられないことを意味した（浜野『女が映画を作るとき』43）。これを聞いて、浜野は日本映画の歴史に「残れない」（浜野「還暦女の逆襲」34）と思い、同時に「映画史の中に自らの足跡さえ残せないと知った」（浜野『女が映画を作るとき』43）と書いている。そして浜野はこれを自らの人生の問題として考えた。ピンク映画を作り続ける限り、無視され続けるだろうと考え「（自らの――筆者註）存在を示すために」（浜野『女が映画を作るとき』43）、浜野は「非ピンク映画」の製作を通して、また自伝を書くことで自らの存在を書き残す決心をした。さもなければ永遠に忘却されてしまうだろうと考えたからだった。(33)

この状況においてはじめて、浜野はピンク映画が自らを目に見えない存在にしてきたと考え、また世間的なタブーである性的な内容が問題だと了解した。しかしながら、田中絹代は映画を撮り始める前から世間に認められた女優であるだけでなく、日本映画の「黄金時代」にスタジオ・システムの内部で、（受賞の時までには）日本映画の巨匠と考えられている人物と並んで映画を作ってきた。(34)こうして田中絹代は映画業界においてすでに確固たる地位を築いてきたのであり、「見られる」ための準備が整っていた人物だった。こう考えると、ピンク映画の内容が問題であると見なすよりも、（撮影スタイルや業界の構造における「ゲリラ的映画」としての浜野の訴えを思い出すことで）ピンク映画の構造を規制体制の外部にあるシステムの問題と考えることができるだろう。

第一回東京国際女性映画祭で浜野が最も多作な女性映画監督として認められなかったという衝撃は、浜野に映画監督として全く認められないかもしれない可能性を突きつけた。２０代にアシスタント・ディレクターとして、そして後に監督になったキャリアの当初から撮影現場で「おかあちゃん」と呼ばれることも黙って受け入れてきた(35)（浜野『女が映画を作るとき』２４）。女性監督としてのキャリアは、その立場から引き起こされたすべての侮辱を受け入れてきたことを思い出させた。例えば、役立たずで、やっかいものと呼ばれ差別され、他のスタッフから性的なハラスメントを受け、女優たちからはいじめられるといったことである。８０年代からは映画を作る立場にいて、しかも自ら制作プロダクション会社を立ち上げ、自らの映画の大部分の脚本を書き、監督をし、プロデュースしてきた（そして映画作家としての地位にたどり着いたと考えていた）。にもかかわらず、この映画祭での出来事は浜野の存在を全く消し去ってしまうものであった。それは自らが映画業界で作り上げてきたと考えている独特な位置を奪ってしまうことを意味していた。ピンク映画が主要なスタジオ・システムの外部に位置する限り、浜野は日本映画の周縁で仕事をしてきたのかもしれないが、短い撮影スケジュールと低予算が要求されるゲリラスタイルの映画製作のおかげで、金や時間を一切ムダにせず３５ミリフィルムで撮影し、何事も思い通りにいかない中で、自らの技術を磨いてきた（浜野『女が映画を作るとき』９）。映画祭での完全なる無視は彼女からそうした技能をもとりあげ、彼女の「作家性」を破壊してしまうものだった。

さらに重要なことは、この出来事は可視性と認識の力関係に密接に結びついた広報宣伝の問題を提示していることである。浜野にとって問題だったのは、田中絹代が最も多作な女性映画監督とされたことではなく、あたかもそれが本当のことであるような告知がなされたことだった。こうした広報によって生が――浜野の生が――消し去られることに愕然としたのだった。この出来事によって、（少なくともピンク）映画をいくら作ろうとも、世間に注目されることはなく、浜野の存在を知らしめることにはならないことが明らかになり、自らが解決策だと考えた映画的再生産の問題点が生じた。世間に認められるという可能性は、見られたいという欲望を生み出し、浜野は誰に見られたいか、どんな人に届けるのかを再定義することとなった。浜野の初期の映画製作の動機がイメージを変容させ、女性としての自己のために生存可能な生を描き出すという欲望から生まれているとすれば、この出来事はポストフェミニズムの危機である。このことは、そうした欲望を崩壊させ、浜野は映画の中で自身の生を持ちたいという欲望と対峙することになったであろう。映画祭での出来事は、女性のイメージを変容させ人間味を持たせるよりも、浜野自身が一人の人間として見られ、ともかく見られるように、女性の枠組みを再更新することを求めるものだった。それは、たとえ浜野が欲望する女性たちのイメージを再生産させようとも、ピンク映画の観客に届けつづけるかぎり、当初よりその生を限定する経済システムの支配《ヘゲモニー》――それは浜野が「女」になることを強要する、終わりなき再生産である――システムを覆せないかもしれないことを意味した。

幾度となく連帯や同意という形式には抵抗し、フェミニズムやウーマンリブにも与せず、女性であることを主張するのは、それが孤独とみなされるときに限定すること。この瞬間に、浜野は、自らの労働と生を可視化するために、この観客――第一回東京国際女性映画祭の観客――を自身の観客にすることが必要だと認識した。もちろん、300もの映画を作り、これらすべての映画に予算をつけることができたという立場にいた事実は、浜野が長い間にわたって観客を獲得していたことを意味する。しかしながら、浜野は、消費する公衆《パブリック》、つまり浜野映画のセックスを欲望する人々だけでなく、彼女を求める公衆《パブリック》、つまり彼女に対して公に主張することができ、映画の中で彼女を認める人々も必要とした。ピンク映画は、それらが肯定される時でさえ、暗闇において見るという行為のために、浜野を匿名のままに留めてきた。しかし、浜野が「一般映画」で巡業するようになると、驚いたことに、浜野のピンク映画をずっと見てきただけでなく、求めてもいる女性たちがいることを知った。映画祭の屈辱から、浜野が公衆の面前で見られる唯一の方法は、ピンク映画以外の映画、映画祭でより広いオーディエンスにむけて上映できる映画を作ることだった。

浜野が「一般」映画を作るという告知は、彼女のキャリアおいて非常に重要な転機となる。というのも、これによって浜野は、公衆《パブリック》、すなわち『女性の苦情』でローレン・バーラントがいう「親密な公衆《パブリック》」を発見することができたからだ（Berlant viii–ix）。この親密な公衆《パブリック》は「すでに同じ世界感を共有する」（Berlant viii–ix）とされる他者との出会いという「安心感（＝救済）」をもたらす帰属の感覚を与えるものである。批評的には、バーラントの親密な公衆《パブリック》という概念は、「集団的にそして構造的に非特権化されている」人々の感情を交渉するメンバーたちを調停＝媒介するテクストの消費と、彼ら自身がまるで孤独ではないと感じる欲望（Berlant ix）を中心として組み立てられている。「批評的」というのは、浜野が自ら同様の交渉を語っており、「一般」映画に進出したことで、この過程において、公衆《パブリック》を参加させるテクストを紡ぐことを目的としているからだ。バーラントの焦点は生産者よりも消費者についてであるが、彼女は「個人的な物語を社会的なものの一部として経験する方法は、たとえ一個人の帰属が極端に限定されており、一時的で、曖昧で、否定的である、もしくは関係する目立ったテクストに無作為《ランダム》に遭遇していたとしても」（Berlant x）、生産者自身が社会的な経験を共有する中で、同様の欲望の網の目に組み込まれており、それも意図的なことと偶発的な発見が混在した形で、関係している可能性を示唆している。浜野にとって、自伝は親密な公衆《パブリック》を確保し、または更新する方法であり、おそらく業界内で連帯を求めた時にうけた多くの挫折（落胆）に取って代わるものであろう。

自伝を発表する以前でさえ、浜野は自らの親密な公衆《パブリック》を開拓していたといえる。それは長期にわたる協力者である脚本家の山崎邦紀のおかげであり、[36] 最初の「一般」映画を、２０世紀初期の作家である尾崎翠の人生と文学についての映画にすることを提案したのだった。浜野が自らの「一般」映画の主題として、多作で、女性で、また完全に忘れ去られてしまうかもしれない作家を選んだことは、浜野が他の女性たちとの関連づけをふたたび交渉していることを明らかにする。表向きは、彼女自身と尾崎に生を与えるという矯正的な目的である。[37] 浜野がこの公衆《パブリック》を獲得できたことは、すでに存在し、さらに拡大する可能性のある親密な公衆《パブリック》とつながることの可能性を見出したためである。つまり、女性文学を取り上げ、映画に翻案し流通させることの中に、意味のある人々を見出すことができたのだ。これはまた日本における地域主義と協同した成果であり、浜野が尾崎の故郷の鳥取県に行き、巨大なスクリーンに表象されたその市民を見るという経験を共有したことによる。それは熱心で献身的な観客を拡げただけでなく、最終的には、映画生産に必要不可欠な物質的な支援も提供した。同様に、支持者の一人である鳥取県出身の女性は、全国から集まった女性中心のグループを組織し、『第七官界彷徨――尾崎翠を探して』（１９９８）が制作できるようにヴォランティアとしての労働をも提供したのだった。このようにして、親密な公衆《パブリック》は単に浜野が探し求めた精神的な支持を再生産するための基盤を提供しただけでなく、「一般」映画の制作と流通を可能にした一連の再生産資本の援助をも保障した。浜野のフェミニズムへの抵抗は、電車の中である若いフェミニストに恥をかかせられた（浜野『女が映画を作るとき』５６）という一つの再生産された話を通して、この時点までの浜野のフェミニズムへの抵抗を説明しているが、この物質的な援助は、浜野がかつて見出すことができなかった「女性間の連帯」（浜野『女が映画を作るとき』５９）の理解へと変わることになった。

6　終わりなき「再生産」

もしマルクスの再生産のモデルが労働する身体の更新を目指すものであり、そしてフェデリーチはこれをジェンダー化された家庭内労働の問いに折り込んでいるとしたら、筆者がここで示したことは、映画という労働が単に労働力を再生産するだけでなく、生そのものを作り上げているということである。こうして私はマルクス主義フェミニストの伝統の中で、労働を通してどのような価値が割り当てられているか、という問いに向き合っている。また、フェデリーチや他のフェミニストと同様に、価値の問いを賃金の問題から移しかえて、労働としての生を営むのに必要である「再生産労働」、つまり更新と救済としての労働形式を考慮している。その際に、ジェンダー化された家庭内労働という焦点を離れ（とはいえ、それも性別分業のシステムを支持してはいるが）、他の場所で生を営むこと、つまり、「価値のある生とは一体どのような意味なのか」を決定しつづける様態を思考しようとしている。浜野は映画の中に自らの生を見つけ出したが、この生が、実現されつづけるためには、つねに自己の更新を求められる生である。たとえそれが救済を与えようとも、映画の中に生を見つける際に、浜野は、映画的な文脈において、そして過去45年ほど働いてきたメディア環境において、「女」であるということの意味によって生み出されてきた、ありえないような緊張関係を体現している。

浜野の映画に対する愛好ぶりを考えると、浜野を主体化＝服従させるようなイメージのなかに庇護を求める以外にいかなる方法があるのか不明だが、このような緊張関係は、おそらく視覚性と認識の構造の中にある更新＝修正の現場をから生まれている。認識を求める可視性の構造を通して、映画的な労働の性的分業の不平等さについて述べること、つまり、評価を必要とする可視性の構造を通して映画的な労働の性的分業の不平等さについて述べようとする際に（浜野の存在を知らしめる何百もの映画制作量を繰り返し表明しようとする際に）視覚的な刻印によってそれを行うことは、主体の価値が依然として可視性というレンズを通して決定されることを反復してしまう。しかしながら、浜野が語っているジェンダーの撹乱は、認識の問題であるかもしれないものの、視認性《レジビリティ》の問題を呈しているわけではない。つまり、彼女が闘争し、またその中で活動しているジェンダーの階層的な支配体系はそうした女性主体を見るだけで消え去るものではない(38)。とはいえ、自身のために、貶められた主体として彼女自身が生きるために、今のように自らを更新つづける他にどんな方法があったというのだろうか。

浜野の企て《プロジェクト》、労働、「生」は、スチュアート・ホールがルイ・アルチュセールに関する批評的な注釈である「意味作用、表象、イデオロギー」で、「既存の用語やカテゴリーに対する新しい意味のまとまりを獲得しようとする試みであり、その意味作用の構造の中にある位置から切り離す（非分節化する）意味作用である」（Hall 112）と述べた、一種のイデオロギー的闘争に基づいた〈反映画〉を作り上げている。ちょうど支配的なイデオロギーが思い通りの結果になるために自らの再生産を必要とするように、この〈反労働〉、つまりイデオロギー的な闘争も再生産を必要とする。少しでも条件をつけ、その条件を維持するためには、たゆみない努力を要する、矛盾を多く含む再生産の労働が必要である。しかしながら、主体性が視覚性の構造を通して調停される限り、個人と集団との間の（先に述べた）緊張、つまり、自己認識と連帯の構造を締め出すものは、おそらく残存しつづけるとも言えるだろう。

註

（1）シャープは、浜野が別名の「背後に隠れる」のは、浜野の「膨大な生産量が業界作品の質を落とすという他の監督たちからの批判を避けるためである」（Sharp 297）と書いているが、浜野は1年で「約１５０本製作される成人映画のうち１２本ほど、ゴールデンウィークや正月に決まって上映されるほどに人気があり、「専門館は隣接していることが多いので、同じ監督名だと客が分散」するので「二つの名前がどうしても必要になった」（島崎　87）と説明している。

(2) 時間の経過や浜野のキャリアに伴い、当然ながら製作数も変化しているが、必ずしも時間のながれのように一定の割合で数字が増えているわけではない。2015年11月12日に『アウト・デラックス』という深夜番組に登場した際に、浜野は400本以上の映画を制作したと述べている。2012年の『婦人公論』のインタビューでは、400本近くとされていた。このすぐ後に、2013年夏の浜野の映画を記念する第1回東京国際映画祭では、350本と述べられている。2005年の自伝を含め、これ以前の発言では、300本とされることが多い。

(3) これはスピヴァックが「価値のテキスト性」（Spivak 225）と呼ぶものである。

(4) 視覚性とセレブリティの「輝き」のパラドックスについての議論の中で、チェン（Cheng）は、体験を再び語る《リハーサル》ことを「再浮上させること《リサーファシング》」と呼んでいる。チェンの例で言えば、有色の女性たちが客体化されているさまを作り変える（という幻想）である。本章は、チェンとホラート（Cheng and Holert）やのチェン（Cheng）などで議論されている可視性と視覚性の区別に基づいている。

(5) 浜野は自らをフェミニストとは考えていないが、「再視覚化＝変更《リヴィジョニング》」を映画的な戦略として考える読みの実践については、メレンキャンプ、ウィリアムズ、ドーン（Mellencamp, Williams, and Doane）を参照。

(6) アメリカのネオリベラリズムの政治とイメージの政治学（特に有色の人々）の文脈だが、社会学者で文化理論家であるグレイ（Gray）は、可視性の政治学の限界について、つまり是正する手段としてその約束を果たすという可視性の政治学の限界を思考する批評モデルを提示している。

(7) 1960年代の日本映画を席巻した映画監督たち（吉田喜重や大島渚や篠田正浩など）は、それ以前の世代（黒澤明や小津安二郎など）の映画に対する応答として「作家性」を否定したが、映画が監督のものであるという考えは浜野が映画を作り始めたときには根強く残っていた。吉田については斎藤を参照。

(8) 浜野はこうした女性の原型《アーキタイプ》について「女が映画監督になるということ」と自伝（浜野『女が映画を作るとき』32）で書いている。2011年1月に筆者が初めて浜野に会った時、浜野は、父親と一緒に見た映画の中で出会った日本人女性の脱性化《デセクスト》されたイメージとは対照的な、ヨーロッパのヌーヴェルヴァーグの女性らに魅了されたと語っていた。

(9) 同時に、2013年6月23日に武蔵野市ジェンダー平等週間プロジェクトの折りに、筆者が浜野にインタビューした際に、浜野の考え方と1970年代初期のウーマンリブの考えは似ているのではないかと尋ねたところ、浜野は、ウーマンリブが「便所からの解放」を求めていたのに対し、彼女はその中で「泳ぎ切ること」を考えていたと語った。ウーマンリブの記録はこの点においても重なっていることを示唆しているが、浜野のリブや女同士の連帯に対する抵抗は、1960年代、70年代の日本における構造的、歴史的な「女」の位置に見つけられる。

(10) この点については、浜野にとってもあてはまるように、若松プロダクションの初期の映画作品に最も当てはまる。

(11) しかし、浜野は自伝においてこれを問いとして考察している。同書の最後章において（2005年に書かれたことを思い出してほしい）、「映画監督は男の世界か?」と問う。映画監督の深作欣二（1970年代の『仁義なき戦い』や近年の『バトル・ロワイアル』で知られる監督）は、こうした位置の代弁者として登場する。1994年の日本映画監督協会で浜野とパネルをともにした時、深作は（1960年から始まった）新人賞が一度も女性監督に与えられていない理由として「映画は男の仕事だから」（浜野『女が映画を作るとき』189）と述べたという。浜野が説明するところによれば、この後で、深作は浜野を気に入り、亡くなる直前まで浜野についてのドキュメンタリーの制作をしていた、という。

(12) 「女」の政治学については、Setsu Shigematsu を参照。

(13) ノーネス（Nornes）を参照。

(14) 「見られること」については、マルヴイ（Mulvey）とウィリアムズ（Williams "When the Woman Looks"）を参照。

(15) こうして賃金を与えられる労働を「労働」として認識することから離れている。フェデリーチはこの見方をマルクスから学んでいる。

(16) 主体という用語の使用は、戦後における主体性の議論、つまり1950年代のドキュメンタリーの言説が回帰し、そして1960年代にヌーヴェルヴァーグの映画監督たちが再び取り組んだ、戦後における主体性の議論を指している。コシュマン（Koschmann）を参照。

(17) 浜野の「生きる」という価値の強調は自伝の随所に見られる。例えば、最初の「一般」映画『第七官界彷徨——尾崎翠を探して』（1998）においては、必然的な主題として尾崎翠という作家を取り上げている。浜野の映画は、尾崎を惨めで年老いた女中と見なすような誤った解釈を是正し、結婚ではなく、自らが望んだ生を全うのために「自分らしく生きようとした」（浜野『女が映画を作るとき』55）人物として提示している。

(18) 浜野にとって、「ババア」という言説は、女性嫌悪的な映画文化の暴力を指しており、彼女が例として出すのは、クリント・イーストウッドや高倉健といった高齢の俳優を尊敬し使いつづける一方で、高齢の女性を葬り去るような文化である。浜野の『百合祭』における映画的な介入がその重みを持ち、また時期を得たものであったのは、ちょうど映画の制作年に、悪名高き東京都知事の石原慎太郎が次のような感情を害するような発言をしたことだ。石原によれば、文明が生み出した最悪で、「最も有害な生き物は「ババア」（中高年の女性に対する蔑称）であり、生産力（生殖力）のないまま生き続ける女性など無駄で罪だというのだ。さらには、男性は八十歳や九十歳になっても子供を作ることができるが、一方で、更年期以降の女性はできないといい、そうした女性たちが生き続けることは、地球にとって有害であるという発言だった」（Takemaru 82–83）。

(19) これに関して、若松プロダクションの作品は唯一の例外である。浜野が製作数を説明するのに３００本や４００本と述べるのは、まさにこの保存・収集の問題があるからである。というのも、浜野の初期の映画（１９７０年代からのもの）は失われており、浜野自身も手に入れることができないからだ。１９８４年あたりからビデオ・テープの導入（とほぼ同時期の浜野の会社「旦々舎」の創設）により、それ以降の作品は入手可能になっている。

(20) サスは浜野の作家性に対して批判するためにこれを引用している（Sas 296）が、浜野が自らを映画に書き込むさまは作家としての原動力に値する。

(21) 浜野はゲイのピンク映画も作っているが、この論文の中心的な議論は女性についてであるため、ここではその議論には立ち入らない。

(22) サスは、これについて言及し、浜野の女性のイメージへの愛撫的な接写は「クイア・マテリアリズム」（Sas 315）だと述べている。

(23) シリーズ『やりたい人妻たち』は浜野の別名である的場ちせ名義でリリースされている。

(24) しかし、１９８０年に市場に出回るようになったアダルトビデオは「挿入シーン《ミートショット》」を大胆にも記録したが、見せることができなかったため、かわりにポルノの視覚的な痕跡を、意図的にピンぼけさせたり、モザイク処理したりして、露出オーバーの動いている姿や色に変えている」（Arnold 381–383）。アーノルドは、この検閲の問題を通して、アダルトビデオの性行為の非表象性について議論している。

(25)　これにはタブーとされた陰毛騒動に対する積極的な関与も含まれる。浜野は、女性が身につけているレースの下着を女性たちに使うことで一方では陰毛を隠蔽しながらもその存在を示し、性器を掴む手によって陰毛を隠している。『人妻不倫願望』（1988）のような作品では、ニセの夫婦によるセックス相手の交換《スワッピング》が容易に家族構造を娯楽として解体してしまう物語であるが、浜野は、1本の陰毛を中空の中で撮影することで、イメージの中で可視性と不可視性の従来の表現の約束事と戯れながらも、陰毛への執着《オブセッション》を脱身体化することで示している。

(26)　ジョナサン・エイブルが戦後日本の下着のについて論じたエイベル（Abel）を参照。エイブルは日本ポルノ映画の下着に対する執着《オブセッション》は「性的、商品的な代理と欲望の対象そのもの」（Abel 173）として機能すると議論している。

(27)　この名前において、バーは文字通り女性の神秘性を利用している。

(28)　結局のところ、フェデリーチが書くように「資本主義は永遠に再生産の危機を招く」（Federici 104）。

(29)　これらの概念は大島渚が一九七六年「実験的ポルノ映画の理論」において議論した点と対をなしている。大島は「映画は欲望を可視化するといったのは誰だか覚えていないが、少なくとも私にとっては、映画は映画監督の欲望を可視化している。けれども、映画の中に直接その欲望が現れるわけではない。それは様々に込み入った形で現れるのだ。映画の中に私の欲望が現れるという恐れは、私自身の映画製作をより慎重にしてきたのではないか。実は、私は自身の欲望を隠すために映画を作ってきたのではなかったか。隠すという行為がより欲望を鮮明にしてしまったのだ」（Michelson 257）。大島の引用は英語版より訳出した。

(30)　日本映画監督協会は2014年に女性監督のメンバーが3・5％に上がったことを誇らしげに発表している。

(31)　若松プロダクションは、映画監督の若松孝二が日活スタジオを離れた後に設立した会社である。若松は、日活スタジオ時代に制作を始めたセックスと暴力に満ちた映画で知られるようになった。

(32)　浜野自身は「売れっ子」として人気になった理由を、観客にとって魅力的になるよう女性の身体を撮影できる技術にあるとしている。その際に自らの師匠である本木荘二郎、特に彼女の胸や股の接写の影響を挙げている（浜野『女が映画を作るとき』23）。

(33)　浜野の作品が女性監督らによる反映画のグローバルな試みにいかに適合するかについては、ホワイト（White）を参照。

(34)　木下恵介は田中の脚本家として、石井輝男と今村昌平は助監督として働いた。

(35)　この母親としての仕事への言及は再生産労働の体制と要求を指し示している。それは、彼女がまわりの人に補助的な労働を提供することを要求する呼びかけとして機能する。
(36)　浜野は自身よりも山崎のほうがフェミニスト的でありとし、1984年に旦々社を立ち上げられたのは、彼の支援のおかげだとしている。
(37)　自伝には浜野による尾崎についての興味深い議論がもっとあるが、中でも特筆すべきは、浜野が尾崎の「実際」の話を世に出そうとしていたのと、尾崎の全集が出版された時期がちょうど同じだったことである。
(38)　チェンとホラート（Cheng and Holert）での修辞的な問いである“Do You See It? Well It Doesn't See You!”は「我々は、はっきりと見えていると思っていることに対して盲目でいられるのだろうか」（Cheng and Holert 1）という問いと響き合う。

引用文献リスト／映画作品

亀山早苗「浜野佐知――ピンク映画の反逆児」、『婦人公論』、1364号（2012年）、117―123。

グループ闘う女「便所からの解放」、井上輝子他編『新編日本のフェミニズム1――リブとフェミニズム』（岩波書店、1994年）所収、39―57。

斉藤綾子「女性と幻想――吉田喜重と岡田茉莉子」、四方田犬彦編『吉田喜重の全体像』（作品社、2004年）所収、69―135。

佐藤忠男『日本映画思想史』、三一出版、1970年。

島崎今日子「〈人物クローズアップ〉301本目の「脱がない映画」まで――女監督・浜野佐知のピンクの彷徨」、『婦人公論』、1023号（1998年）、84―87。

浜野佐知「「人生百年時代!?」の愛と性、そして生」、『暮しと健康』2008年9月号、34―35。

――「女性が映画監督になるということ」、『暮しと健康』2008年7月号、42―43。

――「「還暦女の逆襲」パワー」、『暮しと健康』2008年8月号、34―35。

――『女が映画を作るとき』、平凡社、2005年。

――『巨乳三姉妹肉あさり』、浜野佐知（的場ちせ）監督、1999年。

――――『第七官界彷徨――尾崎翠を探して』、浜野佐知監督、１９９８年、ＶＨＳ（旦々舎、２００１年）。

――――『人妻不倫願望』、浜野佐知監督、１９９８年。

――――『やりたい人妻たち』、浜野佐知（的場ちせ）監督、２００３年。

――――『百合祭』、浜野佐知監督、２００１年、ＶＨＳ（旦々舎、２００１年）。

Abel, Jonathan. "Packaging Desires: The Unmentionables of Japanese Film." *Perversion and Modern Japan: Psychoanalysis, literature, culture*. Eds. Nina Cornyetz and J. Keith Vincent. London: Routledge, 2010. 273–307.

Arnold, Michael. "On Location." Nornes 363–393.

Berlant, Lauren. *The Female Complaint: The Unfinished Business of Sentimentality in American Culture*. Durham: Duke UP, 2008.

Cheng, Anne Anlin. "Shine: On Race, Glamour, and the Modern." *PMLA* 126.4 (2011): 1022–1041.

Cheng, Anne Anlin and Tom Holert. "Do You See It? Well it Doesn't See You!" *e-flux journal* 65 (May–Aug. 2015).

Doane, Mary Ann, Patricia Mellencamp and Linda Williams, eds. *Re-vision: Essays in Feminist Film Criticism*. Frederick, MD: University Publications of America, 1984.

Engels, Frederick. *The Origin of the Family, Private Life, and the State*. Seattle: Create Space, 2017.

Federici, Silvia. *Revolution at Point Zero: Housework, Reproduction, and Feminist Struggle*. Oakland: PM Press, 2012.

Gray, Herman. "Subject (ed) to Recognition." *American Quarterly* 65.4 (Dec. 2013): 771–798.

Hall, Stuart. "Signification, Representation, Ideology." *Critical Studies in Mass Communication* 2.2 (1985): 91–114.

Khalip, Jacques and Robert Mitchell. *Releasing the Image: From Literature to New Media*. Stanford, CA: Stanford UP, 2011.

Koschmann, J. Victor. *Revolution and Subjectivity in Postwar Japan*. Chicago: University of Chicago Press, 1996.

McKnight, Anne. "The Wages of Affluence: The High-Rise Housewife in Japanese Sex Film." *Camera Obscura* 27.1 (2012): 1–29.

Mulvey, Laura. "Visual Pleasure and Narrative Cinema." *Feminism and Film Theory*. Ed. Constance Penley. New York: Routledge, 1988. 57–68.

Nornes, Abé Mark. "Introduction." Nornes 1–16.

Nornes, Abé Mark, ed. *The Pink Book: The Japanese Eroduction and its Contexts* [PDF]. Retrieved from Deep Blue: http://hdl.handle.

net/2027.42/107423. 2014.

Ōshima, Nagisa. "Theory of Experimental Pornographic Film." *Cinema, Censorship and the State: The Writings of Oshima Nagisa, 1956–1978*. Ed. Annette Michelson. Cambridge: MIT Press, 1992.

Sas, Miryam. "Pink Feminism? The Program Pictures of Hamano Sachi." Nornes 295–330.

Sharp, Jasper. *Behind the Pink Curtain: The Complete History of Japanese Sex Cinema*. Surrey, England: FAB Press, 2008.

Shigematsu, Setsu. *Scream from the Shadows*. Minneapolis, MN: Minnesota UP, 2012.

Spivak, Gayatri Chakravorty. "Scattered Speculations on the Question of Value." New York: Routledge, 1998. 212–242.

Takemaru, Naoko. *Women in the Language and Society of Japan: TheLinguistic Roots of Bias*. Jefferson N.C.: McFarland, 2010.

White, Patricia. *Women's Cinema, World Cinema: Projecting Contemporary Feminisms*. Durham, NC: Duke UP, 2015.

Williams, Linda. *Hard Core: Power, Pleasure, and the "Frenzy of the Visible."* Berkeley: UC Press, 1989.

———"When the Woman Looks." *Re-vision: Essays in Feminist Film Criticism*. Doane et al. 83–99.

第8章

『カルメン』二部作におけるリリィ・カルメンのサヴァイヴァル

久保 豊

高峰秀子は、『カルメン故郷に帰る』（１９５１）から『衝動殺人　息子よ』（１９７９）に至るまで、１２本の木下恵介作品に出演している。なかでも、『カルメン故郷に帰る』と『カルメン純情す』（１９５２）（以下、両作をまとめて言及する際は『カルメン』二部作とする）で高峰は、「オツムの弱い」ストリッパー、リリィ・カルメンの名を日本映画史に刻んだ（長部　２７４）。木下と組んで４年ほどの間に、高峰は非模範的な（しかし純情な）女性を演じ（『カルメン』二部作）、女性に向けられた社会制度の抑圧に苦悩する女学生を経て（『女の園』［１９５４］）、『二十四の瞳』（１９５４）では教育者であり母となり、戦死した教え子のために涙を流すまでに至った。映画学者の斉藤綾子が指摘するように、高峰は『二十四の瞳』において「ドメスティック・イデオロギーに再占有化」された国民的母という役割を担うことになる（斉藤「カルメンはどこに行く」１０８）。その後、木下作品において高峰は母親像の型に流し込まれ、その姿は変化を加えながらも固定化されていったように思われる。

『二十四の瞳』以降、とりわけ『喜びも悲しみも幾歳月』（１９５７）や『二人で歩いた幾春秋』（１９６２）において高峰は、献身的に夫や家族を支える妻／母を熱演した。また、『遠い雲』（１９５５）や『永遠の人』（１９６１）では社会制度の重圧によって人生の選択肢を制限されることや愛する人と結ばれることのできない女性の苦しみを体現した。他方、木下映画において高峰が演じるのは異性との恋愛／婚姻関係にある女性、あるいは何らかの規範に抑圧され悲観する女性だけではなかった。高峰は、彼女にとって初木下作品であった『カルメン故郷に帰る』において、女性に対する抑圧に立ち向かう術を持った女性として登場したのである。

本章はまず木下と高峰の出会いを１９３３年まで遡り、その出来事が木下に与えた影響を確認する。次に占領期とポスト占領期にそれぞれ公開された『カルメン』二部作に関する先行研究を参照しつつ、「カルメン」という女性に付与された「エスニシティ」、「芸術家」、そして「労働者」という三つの側面を検証する。続いて『カルメン故郷に帰る』の分析では、色彩、音楽、演技、受容という四つの観点から、村コミュニティの理想的な女性像から逸脱したリリィ・カルメンが押しつけられる規範の重圧を芸術の力によって乗り越え、生き残る過程を解き明かす。以上の分析から、木下と高峰がリリィ・カルメンというキャラクターを構築していく過程が、木下の作家性において重要なクィアな感性(1)を成熟させる上で果たした役割を考察していく。

1　クリエイティヴィティの起爆剤――木下と高峰の出会い

木下と高峰の出会いは1933年まで遡る。松竹蒲田撮影所の撮影助手に就いて初めての仕事であった『頬を寄すれば』（1933）の撮影現場において、木下は子役時代の高峰の演技を目にした。ある重要なシーンで「ボロボロ涙をこぼした」9歳の高峰の名演技に感動し、木下自身も涙を流したという（高峰『にんげん住所録』118）。木下はそこで高峰と一緒に写真を撮っており、その写真を大事にしていた。高峰はエッセイ「私だけの弔辞」において、時を経てボロボロになったその写真について思い出している。

あれは……私が十二本出演をした木下作品の、どの映画のときか忘れてしまったが、ある日、撮影現場の片隅に置かれたベンチに座ってライティング待ちをしていた私のそばへスッと寄ってきた木下監督が、胸のポケットから一枚の写真をとりだして私に見せた。

（中略）

「秀ちゃん、あの教会の窓のところのクローズアップで、秀ちゃんはほんとうにボロボロ涙をこぼしたでしょ。……僕はカメラの横からそれを見て感動して、僕もボロボロ涙をこぼしたんですよ。そして、そのとき決心したの。僕は将来、絶対演出家になるんだ。そして秀ちゃんの映画を撮るんだって。その決心を忘れないようにと、この写真を写してもらったんですよ。……そんなことがあったこと、秀ちゃんは知らなかったでしょうけどね。この写真は、僕の起爆剤」

木下監督はふふふと笑いながら、私から写真をとりあげ、また上衣のポケットに納めると、ケロリとした顔で歩み去った。（高峰『にんげん住所録』114、117―118）

この高峰の回想に、ある程度の美化や誇張がなされている可能性は否定できない。だが、ここで何よりも重要なことは、木下が映画監督を目指したきっかけが9歳であった高峰の演技であり、それ以来、高峰との写真が木下のクリエイティヴィティの「起爆剤」として機能していた事実である。高峰がこの「起爆剤」を木下の「異常ともいえる『執念』」の象徴として評価する態度は（高峰『にんげん住所録』118）、二人の関係性を再想像するために不可欠なものとなる。なぜなら、『頬を寄すれば』から18年後、木下はこの「執念」のもと、『カルメン故郷に帰る』の主演に高峰を抜擢し、主人公リリィ・カルメンを作り上げたからだ。本作以降、高峰は1950年代から1970年代の木下映画において多彩な女性像を演じるのだが、木下が最初に高峰に当て書きをしたのがなぜリリィ・カルメンという一風変わった役柄でなければならなかったのか。リリィ・カルメンを「オツムの弱い」ストリッパーという設定にし、戦後日本における女性を風刺的に描いたことは、高峰や木下の助監督が示唆してきたような木下の女性嫌いという側面に単純に起因するものではないだろう（高峰『わたしの渡世日記（下）』201）。

その点を考えるうえで有益な糸口を与えてくれるのが、高峰の自伝『わたしの渡世日記』である。子役時代を振り返り、高峰は10歳ごろまで男女の役を「かけもち」していたことを回想する。高峰は「デコちゃん」の愛称で親しまれているが、子役時代には「秀坊」と呼ばれており、映画関係者に男の子として認識されていた印象すら与える。ズボンを履いて坊主頭の「男の子」になったり、スカートを履いておかっぱ頭の「女の子」になったりと、高峰は男女二役を10歳頃までこなした（高峰『わたしの渡世日記（上）』44―46）。

高峰が身体的にも音声的にも曖昧な時期であった子役時代を通し、役に合わせてジェンダーを変化させる経験を積んできたことは興味深い。なぜなら、第一に、たとえ背景に映画製作上の都合があったとしても[2]、高峰はジェンダーを演技の対象としてとらえて実践し、第二に、そのような経験を積んできた高峰の演技に木下は感銘を受けたのだから。木下が成人した高峰を男として扱う場面があったという有名な話は繰り返し引用されてきたが、高峰は「子供のころから自分でも性別の判明しない」状態で生きてきたと自ら語っている（高峰『わたしの渡世日記（下）』201）。木下にとって高峰との出会いは、人間のジェンダーやセクシュアリティの多層性および規範による抑圧を共有し、抵抗の方法を探求するためのターニング・ポイントとなったのではないだろうか。映画学者の木下千花が指摘するように、「高峰が公《パブリック》にする木下との公私にわたる親密さ」は監督と女優という関係を超えて、「規範性への強い警戒心あるいは侮辱を通しての共犯関係」を構築する機会をもたらしたのである（木下　186）。では木下は高峰のジェンダーをどのように捉え、そのイメージをリリィ・カルメンの中でいかに成熟させたのだろうか。

2　『カルメン』二部作における西洋性と芸術性の剥奪

本節ではまず『カルメン』二部作に関する評価を確認していく。『カルメン故郷に帰る』[3]の主人公は、東京でストリッパーとして生計を立てているリリィ・カルメンである。ストリップを本物の芸術だと信じてやまないカルメンは、同僚のマヤ朱実（小林トシ子）を引き連れて、浅間山麓にある故郷の村へ錦を飾りに戻ってくる。カルメンは、昔好きだった音楽教師・田口（佐野周二）や家族との再会に、朱実は雄大な自然と純粋な男性（佐田啓二）との出会いに心を踊らせる。一方、村人たちは最初からカルメンと朱実を「パンパン」とバカにしているが、そのことに気がつかないカルメンと朱実は村人に「芸術」を自信満々に披露し、列車で東京へ帰っていく。

続編『カルメン純情す』の舞台は、GHQによる占領終結後の浅草である。カルメンはストリッパーを続けており、男に捨てられシングル・マザーとなった朱実と共同生活を始める。カルメンは前衛芸術家の須藤（若原雅夫）と出会い、彼の芸術性に対する尊敬は次第に恋心へと変わっていく。その恋心が原因で、カルメンは須藤に裸のモデルを頼まれても務められないばかりか、ストリップ劇場でも脱げなくなり、解雇される。一方、須藤は代議士候補・佐竹熊子女史（三好栄子）の娘・千鳥（淡島千景）と金目当てで婚約しているが、情婦との関係もまだ断ち切れないでいる。須藤のドタバタに巻き込まれたカルメンは、須藤への恋心を諦め、朱実とその子どもと共に雑踏の中に消えていく。

斉藤は、「このカルメン二部作ほどに占領期における肉体言説と解放のシニフィアンとしての女性身体が提示する問題を映画的に表した映画はない」と評価し、リリィ・カルメンを「戦後日本のアイコン」であると主張する（斉藤「カルメンはどこに行く」100）。続けて斉藤は、歴史学者ジョン・ダワーの定義した「敗北の文化」という戦後サブカルチャーを背景に、「女性の身体表象と戦後の解放との密接な関係」がGHQによる占領下日本において構築されていったとし、カルメンは「戦後の混乱、退廃、矛盾の落とし子だった」と結論づけている（斉藤「カルメンはどこに行く」107）。

では、カルメンというストリッパーが産み落とされた戦後サブカルチャーとは一体どのようなものだったのか。戦後サブカルチャーの一つ、カストリ文化は若い日本人男性読者に広く支持されたカストリ雑誌群を刊行した。これらの雑誌群の表紙には官能的な白人女性像が描かれることが多く、日本人男性読者は雑誌内で描かれる「なまめかしい性的対象としての〈西洋〉女性」を通して、「西洋というもの」を考えるようになり、それは「占領軍兵士の大部分が異性との出会いを通じて日本を見ていた」経験と共通する側面を持っていた（ダワー 172―173）。だが、両者の間にはある大きな違いがある。それは、米軍兵士が日本人女性と性的な関係を物理的に享受していた一方、西洋女性に対する日本人男性による視線はあくまでも視覚的メディアを通して心理的に行われていたにすぎないという点である。日本人男性にとっては、たとえ西洋女性を性的対象として見る瞬間があったとしても、自分たちの性的欲望を最終的に満たしたのは西洋女性の接触可能な肉体ではなく、自らによる自慰行為でしかなかった。

西洋女性に対する日本人男性の性的欲望は紙媒体上の表象から、次第に物理的肉感をもったスペクタクルへと向けられていく。1947年1月、秦豊吉の発案のもと、新宿の帝都座五階劇場にて「額縁ヌードショー」という西洋画を模した活人画「ヴィーナスの誕生」が上演された（石田 171）。『カルメン故郷に帰る』において、丸十運送の従業員である岡信平（三井弘次）がカルメンたちを「裸の彫刻」と言い表すように、活人画において演者は動くことはない。だからこそ、カストリ雑誌に描かれた白い肌の西洋女性に対して視線を向ける行為は、白い肌を持った日本人女性の生身の肉体を見る行為へとスムーズに転換し得たと考えられる。かくて「額縁ヌードショー」の誕生後、1948年前までに浅草の下町を中心にストリップ・ショーが流行し、全国へと広まっていった（ダワー 177）。

さらにダワーによれば、こうしたカストリ文化において西洋女性を想起させる白い肌や長身の身体が重宝された（ダワー 176）。額縁ショーの甲斐美和なる長身で白い肌をした日本人女性にはじまり、東劇バーレスクでジプシー・ローズという芸名で白人のような顔立ちと豊満な肉体をもった志水敏子という日本人女性などが絶大な人気を博した（広岡 94―95）。アメリカの有名なストリッパーであるジプシー・ローズ・リーにあやかって付けられた志水の芸名は（ダワー　１７７）、ストリッパーを容姿だけでなく、ステージ上のアイデンティティにおいても西洋化させるための装置だったのだ。ダワーは、こうしたストリップ・ショーを含むカストリ文化が、西洋を模倣した結果創造されたものであり、基本的にそれは占領軍が絶対に侵略できない領域、つまり「日本固有のもの」であったと結論づけている（ダワー　１７８）。ジプシー・ローズの出現とその爆発的人気が示唆するのは、この「日本固有の」領域が、白い肌をした日本人女性のステージネームを西洋風にすることで、自在に演技されるエスニック・アイデンティティを生産し、享受される空間となったということである。

日本の浅間山麓の村に生まれ、「きん」という日本名を出自で与えられながら、現在はリリィ・カルメンという西洋風のステージネームをアイデンティティの基盤とし、それによって「『日本的なもの』と『外来のもの』という二つの異質なものがぶつかり合う」場となったカルメンの混淆的エスニシティを考える上で、彼女の肌の色は重要な意味を持つ（斉藤　１０２）。それには『カルメン故郷に帰る』が日本映画初の長篇総天然色映画(4)であったことが大きく関わっていたと考えられる。『わたしの渡世日記（下）』における高峰による回想は、富士フイルムの国産カラーフィルムを用いた映画撮影の困難をコミカルに描写しているが、その中で特に注目したいのは次の箇所である。「私たち日本人の皮膚の色は、多かれ少なかれ黄色味を帯びている。メークアップ・テストはまず黄色を消すためにピンク色のドーランをベースに塗ることからはじまった」（高峰『わたしの渡世日記（下）』１９１）。同じ日本人といっても俳優それぞれ肌の色が微妙に異なるわけだが、高峰がここで「日本人の皮膚の色」を「黄色味」と表現していることは見逃せない。また、撮影監督の楠田浩之による撮影報告にも同様に黄色味や青味がかった肌色をマゼンタ系統の紅で改善させたとある（楠田　１９）。長部日出雄は「もともと肌が黄色い日本人の顔はカラー映画に不向き」だと指摘するが（長部　２８４）、三人の発言に共通しているのは、肌の黄色味は消されるべき対象であったということだ。当時の色彩映画の技術的限界など考慮すべき点はあるが、占領下日本のサブカルチャーにおいて活人画の甲斐美和やストリッパーのジプシー・ローズの持つ白い肌が人気を博したことを思い出せば、ここで大事なことはハリウッドのテクニカラーにおいて強調される俳優たちの肌の白さを日本人俳優たちの表象にも実現したいとする欲望の無意識の働きがあることである。カルメン役の高峰の肌色がもともと「日本人離れしてきれい」であったと言われているが（長部　284）、劇中においてもカルメンが化粧を直す様子（37分05秒—37分20秒）が描かれており、彼女の白さが人工物であることがコミカルに強調される。ただし、どんなに派手な衣装と肌の白さを誇張しても、カルメンは「おきん」として認識されるのだから完全に「白い肌の西洋人」としてのパッシングが成立しているわけではない。しかしながら、『カルメン故郷に帰る』で提示される「西洋的なもの」が化粧という装置によって着脱可能、すなわちパフォーマティヴなものとなりうる可能性は、『カルメン純情す』においては、音楽によって意味づけられるカルメン・イメージの形成へと引き継がれていく。

第一部ではカルメンの西洋的なステージネームとプロスペル・メリメの小説『カルメン』との連関性が一瞬言及されたに過ぎなかった。これにたいして続編では、ジョルジュ・ビゼーの《カルメン》組曲からいくつかの曲を用いることで聴覚的にカルメン・イメージが喚起されている。映画の冒頭（14秒—3分35秒）、カルメンは歌劇《カルメン》より〈ハバネラ〉に合わせて腰をくねらせ、また〈タンブリンの歌〉ではヘソ出しルックでリズムに合わせ回転するなど、映画観客はストリップ劇場に居合わせる男性客たちとともに彼女のパフォーマンスを目の当たりにする。フェミニズムの観点から歌劇《カルメン》における音楽分析を行ったスーザン・マクレアリによれば、エキゾチックな旋律とリズムで構成される〈ハバネラ〉は、下半身をくねらせるカルメンの踊りを強調し、オペラの登場人物だけでなく、観客たちの「肉体への意識を目覚めさせ」、性的「欲望を呼び覚ます」機能がある（マクレアリ　99）。〈ハバネラ〉のような、「聴く者を焦らし、嘲り」、性感帯を刺激する「くねるような旋律」によって歌劇《カルメン》には娼婦のイメージが特徴付けられるとマクレアリは続ける（マクレアリ　99—100）。音楽によるこのようなイメージ構築は、本来家族を連れた聴衆の集まるオペラ・コミック座向けに制作された《カルメン》組曲にとって不可欠であった。オペラ版は、従順な女性の典型たるミカエラを導入することによって「伝統的な西洋の二分法に則った」構成を可能とし、彼女に「単純で抒情的で心地よい」音楽を与えることで「女性のセクシュアリティのあるべき姿とそうでない姿、処女と娼婦との対比」を強調した（マクレアリ 98―100）。『カルメン純情す』にミカエラに相当するキャラクターは登場しないが――『カルメン故郷に帰る』では田口の妻がミカエラにあたる――音楽に内包された性的コノテーションは、同じ音楽と名前によってエスニシティを超えて、木下のリリィ・カルメンへと受け継がれている。

『カルメン純情す』のカルメンの身体にはもう一つ別の意味づけがなされている。第一部でカルメンが見せる容姿的な華やかさから距離を置き、カルメンは一労働者として描かれている。この点に関して斉藤は、『カルメン純情す』で強調されるプロットの要素として「労働者階級とブルジョワ階級の対比」を挙げ、「カルメンの肉体は、すでに占領直後のカストリ文化の象徴であるストリッパーでなく、終戦を生き延びた労働者の肉体である」と結論づけている（斉藤 105）。確かに、第二部のカルメンにとってストリップは芸術性の追求というよりむしろ労働の一形態に見える。カルメンが労働者であることは、彼女が芸術表現の場であったストリップ劇場から解雇されることで、芸術性を披露する機会を剥奪されるだけでなく、経済的足場を直接的に失うことからも明らかである。ストリップを解雇され、日雇い労働で食いつなぐカルメンや、子どもを育てるためにパンパンになるか必死に悩む朱実の姿にもはや芸術を追求する余力はない。残されているのは、女手一つで子ども二人を育てあげた末自殺を図る『日本の悲劇』（1953）の母親のような女性労働者が抱える苦悩である。

斉藤や佐藤忠男が詳述するように、この映画の背景にはGHQによる占領からの実質的な独立以後の緊迫した政治情勢がある。国内では再軍備をめぐる議論が白熱しており、佐竹熊子女史に象徴される「逆コース」賛同の政治家は軍国主義の復活を目指していた。本作は白黒撮影によって――『日本の悲劇』ほどの痛烈さはないが――当時の政治情勢をありのままに捉え斜めに構えた構図で批判する。このような情勢下において彼女たちに生き延びる手段は残されていない。映画の結末、「カルメン何処へ行く」「カルメン頑張れ！」という字幕が挿入され、雑踏の中へ消えゆくリリィ・カルメンとマヤ朱実をアイリス・アウトが飲み込んでいく。真っ黒になった画面に「第二部終」と表示され映画は幕を閉じる。木下と城戸四郎は第三部の製作に意欲的であったが、日本映画史においてリリィ・カルメンが再びスクリーンに現れることはなかった。高峰は、『カルメン純情す』のあと『女の園』を経て『二十四の瞳』に主演する。「高峰秀子は、カルメンというキャラクターで敗北の文化を背負い、両価的な解放をその過剰な身体に見せたのちに、大石先生という国民的な母となってしまうのだ」と斉藤が指摘するとおり（斉藤「カルメンはどこに行く」１０８）、高峰は理想的な女性像／母親像へと組み込まれていく。

妻となり、母となること。ポスト占領期以降の木下映画において、高峰が演じる女性の多くは子どもを産み育てる。『喜びも悲しみも幾歳月』が最も有効に示すように、子どもと家族の未来をめぐり、高峰は献身的な妻／母であろうと努める。このような妻／母を演じることで高峰は、男女間の生殖を基盤とした異性愛家族の確立と維持の再生産によって成り立つ未来を目指すことになる。言い換えれば、高峰はクィア理論家リー・エーデルマンが批判する「生殖未来主義（reproductive futurism）」（Edelman 41）の担い手を体現する役目を課せられていったように見える。しかし、そうした異性愛規範によって成立する時間性（temporality）に抗う側面をリリィ・カルメンは内包していなかったか。『カルメン純情す』のプロットの大部分は須藤への恋心のために苦悩するカルメンの姿が描かれるが、実際のところ彼女は須藤の芸術家的資質に惚れているだけであり、カルメンのセクシュアリティは曖昧なままである。この曖昧さとジェンダー流動的な高峰の演技が重なるとき、カルメンが「生殖未来主義」を拒絶する態度を示す瞬間を続編の冒頭（４分４３秒―１０分４３秒）に見いだすことができる。

男に捨てられシングル・マザーとなった朱実がアパートに転がり込む場面において、カルメンは母体となることを拒絶する。男に惚れてストリップから剣劇に転向した挙げ句、「不細工」でよく泣く子どもを連れて戻ってきた朱実は「あんただけが頼りなんだもの」と言うが、カルメンは「ふん、お門違いでしょ！　あの人だけが頼りだから、あたい思い切って女剣劇に転向するわ、だって」と朱美を冷ややかに模倣し、タバコをふかす。それはまるでヘテロ男性／女性と浮気したバイセクシュアルの恋人に向かってゲイ男性／女性が言い放つような皮肉である。続けて、カルメンは「そんな赤ん坊、捨てちゃおうよ」と提案するが、「あんたお腹大きくしたことないから、そんなこと言うけど」と朱実は呆れる。それに対して、カルメンは「大きくしてたまるもんか！」と返し、さらには「いっそ首締めちゃおうか」と子どもの命を絶つ策まで立てる。母となることを拒絶し、子どもの命を否定する態度は「生殖未来主義」に対してラディカルに疑問を呈する瞬間である。結局、二人は子どもを捨てることはなく、カルメンがストリップを解雇された後も、女手二つで子どもを育てる術を模索していく。そのような彼女たちの姿は、男女からなる「理想的」な家族像を転覆させる可能性をも秘めていたはずである。

だが前述の通り、二人と赤ん坊の将来はアイリス・アウトによって塗りつぶされる。それはまるでポスト占領期の日本が歩みだそうとしていた未来から閉め出されるような印象さえも与える。1950年代半ばに訪れる「もはや戦後ではない」時間性は資本主義に支えられた経済的回復によって成立するのであり、「生殖未来主義」はその要となる。つまりカルメンたちは、異性愛規範を基盤とする「生殖未来主義」の時間性とは異なる時間性および空間を生きるがゆえに、映画空間からも1952年以降の日本映画史からも消え去ることになったのではないか。

もしカルメンに託された役目が異性愛規範に亀裂をいれることだとすれば、芸術は彼女の武器なのだ。彼女にとってストリップという芸術に身も心も捧げることは、異性愛規範による女性への重圧を回避し、サヴァイヴする手段であったはずである。芸術の実践があるからこそ、彼女は自分の生きる場所を自分の力で選択することができる。しかし、ひとたび芸術の実践の場が失われるとき、カルメンには「ここではないどこか」を目指す方法さえも残されていない。

3　詩と夢が織りなすコミュニティ？——色彩・音楽・演技・受容

本節から『カルメン故郷に帰る』におけるリリィ・カルメンの表象を考察していく。男性の力（解雇）によって芸術実践の場を失う『カルメン純情す』とは異なり、本作の物語空間においてカルメンの芸術性が奪われることはない。しかし、それはカルメンと朱実の帰郷が村人たちに受け容れられることを意味しない。彼女たちは村の空間にとって異質なものであり、それはカラー映画の視覚的性質によって強調されることになる。また音響面でも本作は興味深い試みを行っている。木下は本作を通してフランツ・ペーター・シューベルトの歌曲を物語内／外音楽として用いているのだが、本節ではシューベルトによる音楽が男性優位社会である村のコミュニティにおけるカルメンの行く末を暗示する機能を持つことに着目する。

『カルメン故郷に帰る』でまず目につくのは、「戦争の爪痕や敗戦後の混乱など見られない、どこか戦前の日本を彷彿とさせる平和でのどかな浅間山の裾野」である（斉藤　101）。敗戦後の東京を白黒撮影でリアリズム的に描いた続編と比較すると、『カルメン故郷に帰る』のランドスケープからは戦争の記憶が欠落しているように見える。一方、占領期のカストリ文化を背景に生まれた「戦後日本のアイコン」であるカルメンの派手な衣装と化粧の厚塗りで保たれる白い肌は「『日本的なもの』と『外来のもの』という二つの異質なものがぶつかり合う」ものとしてコミュニティの構成員たちに強烈な衝撃を与える（斉藤　102）。冒頭から17分17秒過ぎてようやくカルメンと朱実が登場するとき、彼女たちのアメリカナイズ（西洋化）された容姿は戦争の記憶を呼び起こす。色彩の観点から比較すると、ファンデーションを厚塗りしたカルメンたちの肌の白さや赤色や黄色の鮮やかな衣装は、村人の肌の色、運動場、馬、村人の衣服、列車などの灰色や茶色がかった色調と比較されるとき、視覚的異質性として村コミュニティの中で際立つ。

コミュニティという言葉は帰属や連帯、ネットワークといった肯定的なコノテーションを有し、国家や社会とは異なる単位である。『想像の共同体』においてベネディクト・アンダーソンは「国民はひとつのコミュニティとして想像される」と論じており、「コミュニティは常に深くて水平的な友愛として想像され」、そして「同胞愛」をコミュニティの構成員の間に喚起させるとした（Anderson 7）。木下映画における「一つの家、あるいは一つの小規模な共同体」[5]に着目した波多野哲郎は、これらの空間は「なんらかの形で外部から遮断され、孤立して」おり、「外部から何かが投げ入れられることから一切のドラマがはじまる」と論じた（波多野 90）。ここでいうドラマのきっかけはカルメンの帰郷である。カルメンが錦を飾るために浅間山へ戻ってくるのは、このコミュニティへの「同胞愛」が背景にあると考えられるが、構成員たちは——ほんの少数をのぞいて——基本的にカルメンと朱実に対して冷ややかな態度をとる。

たとえば笠智衆演じる校長はカルメンを同じコミュニティの構成員とは認めていない。北軽井沢駅で「リリィ・カルメンです。どうぞよろしく」とカルメンが挨拶するショット（18分—18分07秒）を見てみよう。キャメラは画面中心のカルメンにフォーカスし、後景に校長とカルメンの姉・ゆき（望月優子）を映す。校長とゆきの顔にピントは合っていないが、ニコニコとカルメンを見つめるゆきとは対照的に、校長は険しい表情でカルメンの後ろ姿を観察しているのが分かる。丸十のおやじの顔のショットを挟んで挿入されるフルショット（18分10秒—18分19秒）では校長だけが映っていない。カルメンたちがプラットフォームを去ったあとも、校長は物思いに沈み、なんとも表現しがたい表情を浮かべている。カルメンたちの容貌は視覚的に異質なものであり、このシーン以降、校長はカルメンたちと距離を置き、警戒する立場をとる。

他方、カルメンは数年ぶりの帰郷に胸躍らせ、その喜びを歌唱に込める。駅から村へ向かう道中（19分10秒―20分59秒）、カルメンは彼女のテーマソング《カルメン故郷に帰る》を馬車に揺られながら披露する。この曲には、唱歌を思わせる田口の《ああわが故郷》(6)の内容とは対照的に、西欧を想起させる言葉（「アラモード」や「シュバリエ」など）がちりばめられている。《カルメン故郷に帰る》に合わせて、ゆきがバスガイド風に合いの手を入れるのだが、その中に「これよりバスは東洋一の見晴らし台に差し掛かるのでございます」という歌詞があるため、西洋（カルメンと朱実）と東洋（村の人々）が巧妙に音楽とその歌詞で対比される（斉藤 102）。駅のシーンにおいて強調される視覚的異質性に加え、このシーンではカルメンと朱実の聴覚的異質性が強調される。

だがもちろん、カルメンは完全なる西洋人ではなく、彼女の帰属意識は故郷にある。だからこそ、村へ到着したカルメンの「ここには詩と夢がいっぱいなのよ」（22分02秒―22分04秒）というセリフは、父親にも共同体にも受けいれられたいという未来への希望にあふれている。しかし、父親はカルメンの姿に失望し彼女を拒絶するのみだ。二人が一緒にいる場面はたった一度しか出てこない。母の不在に加えて、父からの庇護をも失うカルメンは、その女性性と芸術を金儲けの目論みのために搾取されてしまう運命にある。

それを暗示するのが、カルメンと朱実が登場するシーンにおいて流れるシューベルト音楽である。浅間山を背景にカルメンと朱実が高原で踊る場面（22分14秒―22分43秒）では、《鱒》が流れる。《鱒》は、清流を泳ぐ小魚に対してずる賢い釣り人が水を濁らせる様子を歌った歌曲である。《鱒》の最後には、釣り上げられた哀れな鱒が陸で跳ね回る様子が描かれるのだが、カルメンと朱実が草原の上を踊る様子は、鮮やかな服装と相まって、まさに彼女たちの行く末を暗示している。

次に、白樺の林の場面（26分35秒―29分05秒）を見てみよう。キャメラは左にトラッキングしながら白樺の林を歩くカルメンたちを捉える。画面内には「アイラブユー…」とカルメンが口ずさむ英語の歌が響き渡る。カルメンたちはここで二人の若い村人男性とすれ違う。そのとき、カルメンは立ち止まり、カルメンは「あーら」とわざとらしく言いながら、右手を頬に添える。次に体を中心軸に両腕をハの字に軽く保ち、「かわいいお花」と目線を斜め下に落としながら、軽くスキップするように歩み寄る。次のショットでシューベルトの《野ばら》が流れ始め、黄色い花を摘み採り口づけするカルメンの右半身を中心にバスト・ショットで捉える。カルメンは噛んでいたチューイングガムを指で口から引き伸ばし、再び口内へと運ぶ。チューインガムをつかんだ親指と人差し指を舐めながら、カルメンはフレームアウトする。キャメラはその一部始終を画面後景で見ていた二人の青年たちをフォーカスする。彼らは「なんだありゃ」「パンパンだよ」というやりとりを交わし、カルメンがフレームアウトした方向を見つめる。

ここで注目すべき点は二つある。まず一つは、カルメンのわざとらしい身振りが意識的に芝居掛かっていることである。高峰の身体を通して体現されるカルメンの身振りには「演劇としての人生（life-as-theater）」、つまりキャンプの四要素のうちのひとつである「演劇性（theatricality）」を読み取ることができる。(7)「キャンプ」とは美意識の一種であり、例えばゲイカルチャーにおけるドラァグクイーンやジェンダーファックなパフォーマンスなどにはっきりと表れる。キャンプの難解な定義をめぐり、スーザン・ソンタグに代表される批評家たちが議論をこれまで重ねてきた。多くの主張に共通するのは、キャンプがジェンダーやセクシュアリティの規範や真正性を拒絶し、これらを無力化する過剰でわざとらしい演劇性を評価する感性であるという点だ。白樺林の場面に立ち戻り、カルメンのわざとらしい演劇性を確認してみよう。カルメンは青年たちと言葉をかわすことはないが、彼らの存在に気づいているはずである。そこで彼女は「あーら可愛いお花」という柔らかい言葉と過剰な身振りで「女性」を演じている。ここでの身振りは普段の男っぽいカルメンの言動とは異なる。もう一つは、こうしたカルメンの振る舞いに対する青年たちの反応である。彼らの言葉から推察されるように、芝居としての女性的な身振りは彼らが想定する理想的な女性像からの無慙な逸脱としてしか見られない。村人には彼女の演技や芸術は通じず、ただ娼婦として見られるのみである。

このシーンで流れる《野ばら》の意味は何か。リート形式の《野ばら》は、少年に見初められたバラが摘み取られまいと棘で抵抗する歌である。カルメンが摘み取る野花ではなく、彼女こそいずれ摘み取られる赤いバラであることを、《野ばら》は示唆しているのではないか。実際、『カルメン純情す』の主題歌には、「東京カルメン　そんなじゃないの／バラはバラでもとげがない」という歌詞が含まれる。ストリップをひたむきに芸術であると信じるカルメンは、悪徳興行主や似非芸術家に摘み取られ、搾取される対象となる。続編において純情（恋）を知ったカルメンが、芸術を奪われ（解雇され）抵抗の術を失う物語は、すでに見たとおりである。

そんなカルメンを受け入れてくれる（とカルメンが思い込んでいる）人物が田口である。二人の再会場面（29分06秒―31分36秒）で流れるのは、シューベルトの連作歌曲《冬の旅》の第5曲〈菩提樹〉である。《冬の旅》は全体を通して、失恋した青年が故郷を捨てて放浪の旅に出る姿を描いており、一般的なカルメン像が持つ「放浪者、越境者」のイメージと共鳴する（渡辺　36）。南弘明・南道子の歌曲分析によれば、《冬の旅》では、「第1曲から第4曲まで短調の曲が連続したが、この第5曲に至って希望の光が差し込んで来る」（南　118）。歌詞にも「菩提樹の枝たちが揺れ動いた／若者よ　ここへ来てごらん／ここならおまえの憩いの場が見つかるよ」とある（南　110）。田口はカルメンが昔好きだった相手であり、また二人は歌うことで感情を表現する、いわば芸術家同士である。カルメンの「あんたより他に話相手になれる人いないんだもん」（31分49秒―31分51秒）というセリフは、自分の芸術性を音楽家である田口の芸術性と同一視しているだけでなく、目の見えない田口だけが彼女を身なりだけで判断しない唯一の人間だという信頼感を伝えている。

ただし、田口が「理解者」であるというのはカルメンの思い込みに過ぎない。〈菩提樹〉の最後、青年は「直ちに現実の冷たい冬に引き戻され、再び目的のない旅を続ける」しかない（南　118）。カルメンを導くかに見えるこの歌曲は、過去の夢によって照らし出される現在の絶望を描き出す曲であるからだ。カルメンの家出／上京については牛に頭を蹴られて頭がおかしくなったからという理由付けがあるが、わたしたち観客は彼女がなぜ故郷を出ようと決心したのか、その背景を知らない。カルメンは〈菩提樹〉の青年のように故郷へと戻ってくるが、結末においても依然としてさすらい人のままであり、村人から嘲笑を浴びせられ、列車に乗って再びあてもない旅に出るのである。

その大きな転機となるのが運動会のシークェンスである。ここでは田口によって《ああわが故郷》が演奏される。田口は、「盲目」「貧しい音楽家」という周縁的な位置に反して、村人や献身的な妻（井川邦子、オペラ版「カルメン」のミカエラを彷彿とさせる人物像）から芸術家としての才能を高く評価されている。実際、丸十に手を握られて驚いた朱実の衣装がはずれ、聴衆から笑い声が起こるまで、映画は田口とその家族が《ああわが故郷》を歌う様子をじっくりと見せる。見逃してならないのは、田口の家族が理想的な異性愛規範に則ったものであるだけでなく、障害を持つ夫を支える献身的な妻の「伝統的な女性性」の上に成り立っていることである（斉藤　102）。井川は浅間山麓を舞台にした『わが恋せし乙女』（1946）でも「女性の庇護を要する」戦傷者を支えるヒロイン美子を演じている（長部　178）。『カルメン故郷に帰る』ではこの女性像が継承され、田口の妻は子どもを産み、夫を助ける模範的な女性として登場する。

ここで重要なのが田口である。出征中に負傷し盲目となった彼の瞼に映るのは出兵前に妻と過ごした1年間であり、それはつまり戦争中の記憶である。他の村人がすでに戦後の時空間におり、リリィ・カルメンという「戦後日本のアイコン」と向き合うのに対して、田口にとって瞼の裏に映る故郷の景色とカルメンの姿は戦前から連続するものである。田口は敗戦前の記憶を頼りに村の共同体賛歌たる曲を作り上げ、彼が紡ぐ歌詞と奏でる音楽は映画空間を音響的に満たしていく。運動会の場面の最後、校長によって退場を命じられたカルメンたちは会場のアーチによって村人たちと空間的に分離されるだけでなく、《ああわが故郷》の旋律と村人たちの笑い声によって、音響的にも除け者にされてしまう。運動会のシークェンスは、故郷のどこにも居場所のないカルメンと朱実の苦悩、異性愛規範に甘んじて生きる村人たちの生き方からの孤絶を鮮明すぎるほどに描く。

波多野は「木下的世界では、家・共同体はいつも閉鎖的で、外部に対して無力ではあるものの、その内部では孤立する人間の苦しみを癒す濃厚なシンパシーの空間となっている」と論じる（波多野 90）。前述の運動会のシークェンスによって問題提起されるのは、その「濃厚なシンパシーの空間」は同じコミュニティに真に帰属すると認められる者にしか機能しえないという点だ。そしてカルメンに対する帰属の承認の可否は、本作における音楽と物語の一体性という観点に立てば、誰が何を歌うのかという村におけるジェンダー・ポリティクスの表出によってすでに明らかにされている。理想的な女性像から逸脱するカルメンと朱実はシンパシーを享受することはない。あくまでもそのシンパシーは女性像／母親像の理想を体現する田口の妻に向けられているのだ。彼女が本作において《ああわが故郷》を歌うことを許された唯一の成人女性であることからも、それは明らかであろう。映画の結末、田口家族をフレームの中心に児童たちが踊りながら《ああわが故郷》を歌う構図は、この夫婦がコミュニティの中心であるかのような錯覚すら与える。

4　クィア的受容とキャンプ趣味

ここで『カルメン故郷に帰る』に関する受容の例を確認する。レズビアン・ゲイ・クィア映画に焦点を合わせた

『虹の彼方に』において、小倉東は3人のドラァグクイーンを主人公にしたステファン・エリオット監督の『プリシラ』（*The Adventures of Priscilla, Queen of the Desert*, 1994）を分析した。そのなかで小倉は、『プリシラ』や『オズの魔法使』（*The Wizard of Oz*, 1939）にあたる日本映画として『カルメン故郷に帰る』を挙げている。木下がもしゲイであったらと仮定した上で、小倉はカルメンと田口が抱えるハンディキャップをゲイであることの暗喩として読み取り、ゲイであるが故に「地域共同体」から去ることを選ばざるをえなかった者（カルメン）と「地域共同体」にとどまることを選んだ者（田口）の体験をカルメンと田口の体験に重ね合わせている（小倉　98―99）。マーガレットという現役のドラァグクイーンでもある小倉による解釈は、クィア受容の例が少ない木下映画にとって有意義な例である。(9)

ここで重要なのは異性愛規範の重圧に対して、その規範から逸脱するとされる人々がどのように対応していくのかという点である。木下は村人たちの視線と笑い声に押しつぶされそうになるカルメンたちの様子を真正面から捉え、打開策を思いつき強く立ち上がるまでを見守る。たとえば運動会に続く草原の場面の冒頭、木下はシューベルトの《アヴェ・マリア　エレンの歌　第3番》を使い、母不在の土地で村人たちから阻害されたカルメンたちを母性の音楽で包み込む。他方で、田口の妻のような女性ではないカルメンの女性性を批判する皮肉的な効果も考えられる。ただしここで重要なのは、のしかかる重圧を押しのけるために彼女が立ち上がり、芸術（ストリップ）を披露することを選ぶ瞬間が彼女の真骨頂の始まりとなるということだ。カルメンが《カルメン故郷に帰る》を歌い始めるとき、《アヴェ・マリア　エレンの歌　第3番》をかき消し、望まれる母性像から距離を置く。彼女が歌唱に合わせて手足を大きく振り上げて踊り、一枚一枚と衣装を脱ぎ、正面から当てられる風を切りながら踊るカルメンの表情には自信が溢れている。このシーンに見られる過剰なスタイルにはキャンプを読み取ることができる。キャンプの特徴として「究極な過剰さ、極端な感情性、癖の強い演技、スタイル、観客へのきわめて直接的でセンチメンタルな語りかけ方」が挙げられる（ブランドフォードほか 219）。以下では、見世物小屋でのストリップ場面（1時間12分05秒—1時間15分40秒）で展開される高峰のキャンプ的演技を分析していく。

物語世界内で演奏されるシューベルト作曲の《楽興の時》第3番に合わせて、カルメンと朱実は踊りだす。「あぁーカルメン！」と声高に登場するカルメンがバラの花を観客席に投げ入れると、画面前景から観客席とステージを捉えたロング・ショットへと切り替わる。その後、キャメラはフル・ショットからミディアム・ショットでカルメンたちの踊りと観客席の男性客・女性客をクロスカッティングで見せる。《鱒》や《野ばら》といったシューベルト音楽が暗示してきたように、カルメンたちは男性による性的搾取の対象となっている。だが、カルメンたちのストリップに興奮する男性たちの表情をキャメラは捉えるものの、彼女たちの身体をなめるように見る男性主体のPOV、とりわけクロースアップは回避されている。ゆるやかに始まったカルメンたちの踊りは、丸十によって指揮されるステージ音楽が速くなるにつれて、徐々に激しくなっていく。カルメンたちは腕と脚を激しく上下に動かし、ステージの上を飛び跳ねる。彼女たちの跳躍運動によってステージは揺れ動かされ、演奏家たちの身体も同時に揺さぶられる。楽器を演奏する動きと音楽はもはや一致しなくなる。斉藤がすでに指摘しているように、彼女たちのストリップは脱エロス化されており、過剰な身体運動と衣装によって演出される女性性は、ジェンダーのパフォーマンス性がパロディ化されたものである（斉藤 103）。こうした女性性を過剰に演出するキャンプ的演技＝ストリップ＝芸術だけが、異性愛規範を内面化した社会においてカルメンたちに残された、生き延びるための唯一の手段なのである。

5　彼方へ向かう列車に乗って——芸術性が支える「サヴァイヴァル」

この映画の最後、《ああわが故郷》と《カルメン故郷に帰る》の旋律が再び映画空間を満たす。前者は田口の演奏に合わせて、子どもたちが合唱する。《ああわが故郷》の合唱が終わる瞬間、アップテンポに編曲された《カルメン故郷に帰る》が始まり、列車の上で楽しそうにはしゃぐカルメンたちを映して映画は終わる。これら２曲の終わりと始まりがつながることで、田口とカルメンが一緒に芸術を創りあげていくという楽観的な解釈も可能だろう。しかし、この映画のラストは次のようなより深刻な事態を示唆している。田口は（生活上の）苦境という点ではカルメンの状況と重なるものの、その芸術性は村人から無条件に認められている。加えて、彼は村に溶け込み、献身的な妻とともに、何ら疑問なく村で生きていくことができる。さらには、カルメンのおかげで共同体賛歌の作曲活動も続けることができるようになるが、それは規範から逸脱する者に対する抑圧の強化に加担していることと同義である。たとえ障害を抱えていたとしても、彼が特権的な立場を保証された男性であることに変わりはない。

一方、カルメンは、『銀座カンカン娘』（１９４９）のヒロイン、秋のように共同体賛歌（《銀座カンカン娘》）を高らかに歌うことも、故郷を賛美する歌を作ることも許されない。言い換えれば、カルメンと田口の芸術が交錯されることはなく、彼女の芸術が村の（あるいは東京の）コミュニティに評価される可能性は永久に閉ざされている。カルメンはコミュニティへの帰属意識を示しつつも、決然と村を後にする。彼女はコミュニティの人々が必死にしがみつく規範と価値観と決別し、自らが望む彼方の場所へ向かうために毅然と列車に乗り込むのである。

『カルメン純情す』の結末において、カルメンと朱実はアイリス・アウトによって飲み込まれ、行方知れずになる。このようなポスト・プロダクションによる演出には、敗戦の記憶を象徴するストリッパーがＧＨＱによる占領から解放された日本社会から周縁化されていく未来を暗示する効果がある。他方、『カルメン故郷に帰る』では彼女たちの姿が完全に消し去られることはないが、列車が彼女たちをどこに連れていくのかという問いに対する答えが明示されることはない。第一部と第二部の最大の違いは、カルメンと朱実がサヴァイヴァルの手段としての芸術性を剥奪されるか否かにある。高峰の誇張された演劇性と規範化されたジェンダー二項対立からの逸脱性は両作に見られるが、『カルメン故郷に帰る』ではよりパワフルな形でカルメンの芸術を支えている。また本作においては、カルメンと田口の芸術とは異なる層でシューベルトによる歌曲が物語に影響を与えていることはすでに見てきた通りである。シューベルトの音楽は表層的にはコミュニティを夢と希望に溢れた空間（規範に縛られる必要のない空間）のような印象を与えるが、《鱒》や《野ばら》が示したように、実質的にはカルメンたちが異性愛規範からまったく自由ではないことを音響的に表現している。けれども、カルメンは彼女自身の芸術を通じて規範の重圧を乗り越える。高峰の誇張されたキャンプ的演技によって、カルメンは足をとられることなく自由に跳ね回る力を得て、それを力一杯発揮している。高峰というジェンダー流動的な表現者なしにカルメンは存在しえず、また木下のクィアな感性なしにはカルメンの芸術性がサヴァイヴァルの手段として機能することはできなかっただろう。

註

（1）クィアな感性とは、異性愛規範（ヘテロノーマティヴィティ）を基盤とする近代社会において、その規範に束縛・抑圧される、あるいはその規範から逸脱する者たちに寄り添い、彼らおよび彼らを取り巻く人々の感情の機微や置かれた環境の諸相を十全に理解し、描き出そうとする感性である。以上の作業定義は、木下惠介の作家性のみに限定されるものではないと推測される。木下と同時代のみならず、映画史全体を通して探求されるべき感性である。

（2）『頬を寄すれば』は高峰が出演した初めてのトーキー映画であり、それ以前はすべてサイレント映画、そしてそれ以降は音声サイレントとトーキーが混在していた。貴田庄が指摘するとおり、サイレント映画では女の子が男の子を演じることは的に違和感がなかったから可能だったという意見もあるだろう（貴田　３５）。

（３）額縁ショーやストリップ・ショーは女性の裸体を性的なスペクタクルとすることで成立した。女性たちの中には裸体を晒すことに抵抗した者たちもいたはずである。しかし、石田美紀が指摘するように、「当時、『芸術』は、娘が自身の肉体を性的な見世物として晒さなければならないときに、周囲から言い聞かされ、そして自らに言い聞かす言葉でもあった」（石田　１７１）。性的見世物的なパフォーマンスを「芸術」と信じ込むことで、女性たちは「戦後の混乱」を「矛盾」を抱えながら生き延びたのではないかという石田の分析はおそらく正しい。つまり、カルメンにとってそうであるように、芸術はサヴァイヴァルのための一つの手段なのである。

（４）『カルメン故郷に帰る』のカラー・フィルム技術に関しては、岡田に詳しい。また、フィルム技術の文化的背景については、富田に詳しい。

（５）斉藤綾子は、波多野の木下映画における「共同体」論を佐藤の論考と比較し、女性登場人物に対する「男性主体の投影」の問題を浮き上がらせる（長谷／中村（６２―１１７））。

（６）《ああわが故郷》は田口が劇中に出す歌の名前である。公開当時発売されたレコードと映画のクレジットには《そばの花咲く》とある。議論の便宜上、田口が劇中で歌う場合は《ああわが故郷》と統一する。

（７）キャンプの四つの要素は、皮肉（irony）、審美主義（aestheticism）、演劇性（theatricality）、ユーモア（humor）である。バブシオに詳しい（Babuscio 41-44）。

（８）木下のセクシュアリティについては、黒田、石原、藤田に詳しい。

（９）小倉による受容を援用することで、木下映画に関するクィア的受容の一例を挙げ、またリリィ・カルメンをゲイとして読むことで生成されるカルメンと田口の対比に注目する意図がある。だが、もし実際にカルメンがレズビアンだったとしたら、彼女と朱実の関係性はどのような読みが可能となるだろうか。また、カルメンにとって演じること（カルメンの本名はおきんであり、彼女はすでに別のアイデンティティを演じている）とは一体どういう意味を持つのかについても、今後さらに発展させなければならない議論である。

引用文献／映画作品

石田美紀「芸術に打ち込む娘たち　占領期の高峰秀子」、『ユリイカ』2015年4月号、青土社、169―177。

石原郁子『異才の人木下惠介――弱い男たちの美しさを中心に』、パンドラ、1999年。

岡田秀則「彩られた冒険――小津安二郎と木下恵介の色彩実験をめぐって」、黒澤清／四方田犬彦／吉見俊哉／李鳳宇編『日本映画は生きている　第2巻』（岩波書店、2010年）所収、285―301。

貴田庄『高峰秀子　人として女優として』、朝日新聞出版、2012年。

小倉東「プリシラ」、出雲まろう編『虹の彼方に　レズビアン・ゲイ・クィア映画を読む』（パンドラ、2005年）所収、94―99。

長部日出雄『新編天才監督木下惠介』、論創社、2013年。

木下千花「シミと跛行　高峰秀子と木下恵介」、『ユリイカ』2015年4月号、青土社、186―195。

黒田和雄「木下映画の〈バラの刺青〉」、『キネマ旬報』（黒澤明と木下恵介　素晴らしき巨星）1998年8月3日号（臨時増刊号）、94―98。

楠田浩之「撮影の経緯と結果について――「カルメン故郷に帰る」技術報告1」、『映画技術』第14号、1951年、19―21。

斉藤綾子「失われたファルスを求めて　木下恵介の〝涙の三部作〟再考」、長谷正人／中村秀之編『映画の政治学』（青土社、2003年）所収、62―117。

――「カルメンはどこに行く――戦後日本映画における〈肉体〉の言説と表象」、中山昭彦編『ヴィジュアル・クリティシズム　表象と映画＝機械の臨界点』（玉川大学出版部、2008年）所収、83―126。

佐藤忠男『木下恵介の映画』、芳賀書店、1984年。

高峰秀子『にんげん住所録』、文春文庫、2005年。

――『わたしの渡世日記（上・下巻）』、新潮文庫、2012年。

ダワー、ジョン『増補版　敗北を抱きしめて　第二次世界大戦後の日本人（上巻）』（原著1999年）、三浦陽一／高杉忠明訳、岩波書店、2004年。

波多野哲郎「木下恵介の『家』――木下映画はなぜ忘れられたか」、『キネマ旬報』（黒澤明と木下恵介　素晴らしき巨星）１９９８年８月３日号（臨時増刊号）、８８―９３。

富田美香「総天然色映画の超克――イーストマン・カラーから『大映カラー』への力学」、ミツヨ・ワダ・マルシアーノ編『「戦後」日本映画論　一九五〇年代を読む』（青弓社、２０１２年）所収、３０６―３３１。

広岡敬一『戦後性風俗体系　わが女神たち』、小学館、２００７年。

藤田亘「木下映画における『色』の表象――『惜春鳥』のホモエロティシズム」、『演劇映像』第４５号、２００４年、１４―２７。

ブランドフォード、スティーヴほか共編『フィルム・スタディーズ事典――映画・映像用語のすべて』、（原著２００１年）、杉野健太郎／中村裕英監修・訳、フィルム・アート社、２００４年。

マクレアリ、スーザン『フェミニン・エンディング　音楽・ジェンダー・セクシュアリティ』（原著１９９１年）、市川啓子／小中慶子／小林緑／玉川裕子／西阪多恵子／樋口眞規子訳、新水社、１９９７年。

南弘明・南道子『シューベルト作曲　歌曲集冬の旅　対訳と分析』、国書刊行会、２００５年。

渡辺芳敬「カルメン幻想」、『早稲田大学教育学部学術研究（複合文化学編）』第５７号、２００８年、３１―４２。

『カルメン故郷に帰る』、木下恵介監督・脚本、高峰秀子／小林トシ子ほか出演、松竹製作、１９５１年、『木下恵介生誕１００年　木下恵介コンプリートＢＯＸ』第二集（松竹、２０１２年）所収。

『カルメン純情す』、木下恵介監督・脚本、高峰秀子／小林トシ子ほか出演、松竹製作、１９５２年、『木下恵介生誕１００年　木下恵介コンプリートＢＯＸ』第二集（松竹、２０１２年）所収。

『わが恋せし乙女』、木下恵介監督・脚本、原保美／井川邦子ほか出演、松竹製作、１９４６年、『木下恵介生誕１００年　木下恵介コンプリートＢＯＸ』第一集（松竹、２０１２年）所収。

Anderson, Benedict. *Imagined Communities: Reflections of the Origin and Spread of Nationalism*. Revised Edition. London: Verso, 2006. アンダーソン、ベネディクト『想像の共同体――ナショナリズムの起源と流行』、白石隆／白石さや訳、書籍工房早山、２００７年。

Babuscio, Jack. "Camp and the gay sensibility." *Gays and Film*. Ed. Richard Dyer. London: BFI, 1977.

Edelman, Lee. *No Future: Queer Theory and the Death Drive*. Durham and London: Duke University Press, 2004.

＊本章は日本学術振興会の助成（２６・１０４８）を受けたものである。

第9章

占領期の田中絹代と小津安二郎

——なぜ女は「制裁」されるのか——

紙屋牧子

1　小津映画における暴力のシーンについて

いずれも田中絹代が主演した『風の中の牝鶏』（１９４８）と『宗方姉妹』（１９５０）に共通してある、彼女に対する暴力シーンに注目してみたい。つまりここで取り上げたいのは、『風の中の牝鶏』における、凄惨としかいいようのない階段の落下シーン（１時間１４分５０秒―）、それから、『宗方姉妹』における、平手打ちのシーンである（１時間２４分５０秒―２５分７秒）。この暴力シーンに小津はこだわっていたのかリテイクを繰り返し、周囲のスタッフは田中が泣き出すのではないかとハラハラするほどであったといい（永井　８５―８６）、田中自身もまた、次のように回顧している。

お互いに実に不愉快な、いやなお仕事になってしまったのです。私には、先生が実に意地悪く、辛く当たられたように感じられました。（中略）お仕事ですから我慢して最後までやりましたが、これで、もう二度と小津組には出まい、今までのような気持でおつき合いは出来ないと思ったのでございます。その頃は、先生を憎んでいたと思います。（小津安二郎　人と仕事刊行会　３００―３０１）

『風の中の牝鶏』と『宗方姉妹』はともに酷評された。『風の中の牝鶏』は小津と斎藤良輔による共同脚本であったが、この作品を失敗作と認めた小津が、こんどは野田高梧と組んで茅ヶ崎の旅館に籠もってシナリオを書いて撮ったのが『晩春』（１９４９）であり、『宗方姉妹』をはさんで撮ったのが、『麦秋』（１９５１）であった。つまり、小津映画において最大の女神といってよい原節子がヒロインを演じた「紀子三部作」のうち二作品が、小津映画のなかで際立って凄惨な「暴力」が描かれている田中絹代主演作とまるで互い違いのように撮られているという事実は興味深い。そのようなコントラストの「暗部」側に立たされた田中自身も相当の引け目を感じていたようで次のように発言している。

この俳優はどうにもならないとなったらけんもホロロです。三宅さんや笠さんあたりには肉親的な愛情の上の厳しさですよ。も一つ複雑な、ツバでも吐きかけられるような憎しみ、この二つは、極端にあると思うの。唯の毒舌というようなものじゃない。私は小津の落第生だから知っています。（小津安二郎　人と仕事刊行会　158）

とはいえ、『恋文』（1953）で監督デビューした田中が、二作目となる『月は上りぬ』（1954）を撮る際に、小津が脚本を提供しただけでなく、資金面その他で田中に親身になって協力したことで関係は回復されたようではあるが、小津の死後も田中は自らを「小津映画の俳優としては、私は落第生」（小津安二郎　人と仕事刊行会　299）とする意識が変わることはなかった。

あまりの小津の演出・指導の激しさから田中は映画（テクスト）を越えて「ツバでも吐きかけられるような憎しみ」と感じてしまったのだろうが、しかしそれは、同時代において田中が象徴する何かに向けられていたのではないだろうか。『風の中の牝鶏』の編集を担当した浜村義康の回想によれば、小津は田中が階段を落ちていく場面（実際に演じているのはスタンドインであるが）のフィルムを、わざわざ帯状にして映写機にかけて見続けていたといい、その当時可燃性だったフィルムが熱を帯びて燃えてしまいそうになったために映写技師が止めるまで、およそ15回も繰り返し映写させたのだという（佐藤　113）。

また、『宗方姉妹』を撮るにあたって、その内容はこれまでとは大きく違ったメロドラマを描くという狙いがあり、それが「恐ろしい変貌のように」小津自身が考えているようであったとも評されており（北川　２０—２１）、つまり、『風の中の牝鶏』にしても『宗方姉妹』にしても、世間の評価とは別に、小津自身のなかで他の作品とは一線を画する強い信念のもとで撮られたことが伺えるのである。小津を突き動かすものは何だったのか、『風の中の牝鶏』と『宗方姉妹』に描かれた「暴力」の問題とは何だったのかについて、そして、この２本の映画が同時代的に酷評され、いまだ小津作品のうちで軽視されている理由について、本章では同時代の社会的・政治的文脈にこれら二作品を差し戻したうえで、占領期日本におけるジェンダー／エスニシティの観点から捉え直してみたい。

2　「制裁」を受ける女たち

本節ではまず、『風の中の牝鶏』における暴力について考察したい。傾斜のきつい階段を田中絹代が真っ逆さまに落ちてゆく(1)。目を覆いたくなるような一場面である。図らずも田中を突き落としたかたちとなった佐野周二であるが、慌ててはみたものの、階下で痛ましげに横たわる田中に、決して手をさしのべることはない。今われわれが見て理解できない佐野の態度であるが、しかし当時の決して少なくはない（旧来の価値観を持つ男性と、そうした価値観を内在化させた女性の）観客は、いささか後ろ暗い共感を以ってこのシーンを見つめたのではないだろうか。

この惨劇の経緯はこうである。夫の復員を待つ雨宮時子（田中絹代）が一人息子と共に間借りして暮らす東京の下町の二階屋に、夫の修一（佐野周二）がようやく帰還する。留守中のことを訊ねる修一に対して時子は、息子の入院費に困り売春をしたということを隠しきれずに打ち明ける。修一は苦悩し、時子が客を取った曖昧宿に行って時子の言うように本当に一夜限りの売春だったのか女将に確かめる。女将は「一度ぎりだった」と答える。朝帰りした修一を、憔悴しきった時子が迎えて言う。「すみません、折角たのしみに帰っていらしたのに、あなたにこんな思いをさせて」。その言葉を不愉快そうに聞く修一は再び立ち上がって階段を下りようとする。「どうぞお休みになってください」としがみつく時子を修一は突き飛ばす。「あっ」という声とともに時子が階段を転落する。修一は慌てて階段の途中まで走り下り、「大丈夫か」と訊く。時子はようやく上半身を起こし「はい」と答える。そこへ帰宅した大家のおつね（高松栄子）が驚いて「どうしたんです」と訊く。バツが悪いのか修一の姿はすでに階段から消えている。時子は足を引きずって自力で階段を上がる。二階では修一が頭を抱えて泣いている。

修一の時子に対する態度は、われわれには理解し難いほど厳しく、かつ極めてナーバスなものである。映画評論家の登川直樹は「復員した夫が留守中の妻の過ちをたたみ込む様にして白状させるところは二十の男みたいだと学生がいったのを思わず私は笑ったが、最後を思えば笑いごとではなかった」（登川　13）と述べており、この発言からは、同時代の男性観客にとっても階段の転落シーンが残酷なものとして受け止められたことを示唆してはいるが、一方で、映画評論家の安田清夫は次のように批評する。

まだ箪笥などが残っている。これを処分しないで、最終的な方法に、あまりに安易に立ち到っているのである。不自然ではないだろうか。（中略）「あの人が帰って来たときに、少し位は昔のままにしておきかった」と言って、箪笥を売らなかった弁解をするが（中略）男が何を一番喜ぶかということをも知っていなければならない筈であった。

たとえ生活は困窮したとしても、尚、愛する男のために潔く身を保つこと――男の嬉しさは、これに越すものはない。むしろ、女給生活の経験のある時子であったならば、この男の気持の判らない筈はなかった。（安田　39）

この文章では、女の貞操が何よりも優先されることが前提とされており、貧困のヒロインが息子のために身を挺するという犠牲の精神はここでは評価されるどころか「罪」となっている。したがって、純潔を守らなかったヒロインが夫に階段から突き落とされる（＝制裁を受ける）ことを当然と結論付けている。おそらく、当時の決して少なくはない数の観客はこうした考え方を共有していたと想像されるのである。

一方、『宗方姉妹』において暴力に至る経緯はこうである。ヒロインの節子（田中絹代）はかつて学生だった田代宏（上原謙）と相思相愛だったが打ち明ける間もなく見合いが決まり、三村亮介（山村聡）に嫁いだ。三村家に同居している節子の実妹の宗方満里子（高峰秀子）は姉の日記を盗み読んで節子の若き日の秘めた恋を知る。満里子は三村がひどく泥酔して帰った晩の前日、その日記を見ていたようだと節子に告げる。節子は失職中の三村に代わって、酒場「アカシア」を営み生活費を得ていたが、慣れない稼業のため経営が危うくなる。満里子から手紙をもらった田代は上京し節子と再会し、資金援助を申し出る。節子が田代から資金を借りることを知った三村は節子を詰る。節子は疑いを晴らすために田代の援助を断り店もたたむことを決める。「アカシア」の最終日、満里子が店番をしていると三村がやってきて酒を飲む。満里子は三村を「勝手な人」だと責める。三村がカンター奥の壁にグラスを叩きつけると満里子も一緒になってグラスを幾つも叩きつける（1時間19分55秒―20分26秒）。ある晴れた日、洗濯物を干し終わった節子を三村は唐突に呼んで離婚を切り出す。三村は「おれはお前の気持ちを言ってやってるんだ」と言い（1時間22分24秒―22分26秒）、意表をつかれた節子は泣いて「どんな女だと、あなた思ってらしったの？　おっしゃって下さい！　ね、はっきりおっしゃって下さい！」と三村を詰る（1時間24分42秒―24分50秒）。椅子に座っていた三村は立ち上がり、正座していた節子の顔にいきなり四発ものビンタを食らわせる。さらに「貴様！　よくそんなことをおれに言う！　よくそんなことを言えるな！　貴様のいやなとこはそこなんだ！　貴様、そこがいやなんだ！」と叫び、又三発のビンタを食らわせる（1時間25分3秒―25分6

秒）。

殴られたことで節子の意識の奥に伏在し続けていた田代への感情は顕在的なものになる。節子はすぐさま宏のもとへ駆けつけ、互いの気持ちを確認し合う。つまり、三村の疑念は正しかったことになる。『宗方姉妹』は小津にとって唯一の新聞連載小説の映画化であるが、大佛次郎の原作には、「平手打ち」の場面はない。『風の中の牝鶏』の場合、時子が階段を突き落とされる伏線として、修一が投げつけた缶詰が音を立てて落ちてゆく場面があり、この後に起こる惨劇を予感させもするが、『宗方姉妹』の場合、三村の暴力は不意打ちで、真っ正面からとらえた合計七発もの「平手打ち」は他に類をみない残酷な暴力シーンである。しかし本当の恐ろしさはその先のことである。三村はその後、心臓麻痺で死ぬ。田代と再婚するつもりだった節子は三村の死に不可解なものを感じ、田代に別れを告げる。おそらく節子は一生、三村の死に対する「罪」の意識を抱き続け、恐らくそのために、田代と結ばれることは生涯、叶わないのである。

3　貞操をめぐる受難と救い／赦し

『風の中の牝鶏』における暴力は、肉体的であれ精神的であれ不貞という罪を負った女に対する男の「制裁」である。永年に渡り小津とコンビを組んだ野田高梧は、『風の中の牝鶏』について、「実を言うと、僕は「風の中の牝鶏」という作品を好きでなかった」と述べている（小津安二郎　人と仕事刊行会　１０）。では、野田の言う『風の中の牝鶏』に描かれた「現世的な世相」とは何だろうか。現世的な世相を扱っている点やその扱い方が僕には同感出来なかった。

雑誌『映画春秋』１９４８年5月号には、『風の中の牝鶏』のシナリオが映画の公開（9月１５日）を待たずして掲載されているのだが、そのシナリオの2ページ後に『夜の女たち』の広告が掲載されているのを見れば、その「現世的な世相」が浮かび上がってくるだろう。映画評論家の津村秀夫は、「［小津の帰還後――筆者註］第二作の『風の中の牝鶏』もかんばしい出来ではなかった。田中絹代の未亡人のパンパン生活を描いたもので、苦心の作だった割には光沢が出ず」（小津安二郎　人と仕事刊行会　203）と、『夜の女たち』と『風の中の牝鶏』を完全に混同してしまっているが、『夜の女たち』における田中のパンパンのイメージがそれだけ強烈だったためもあるだろう。なお「パンパン」とは、敗戦直後の日本における米兵相手の街娼を指し、次第に米兵以外を相手とする街娼に対しても用いられるようになった言葉である。(2)

ところで、『風の中の牝鶏』が公開される一年前、ひとりのパンパンの存在が世間に衝撃を与えたことがあった。1947年4月、NHKの藤倉修一アナウンサーが19歳のパンパンに街頭インタビューし、その録音がラジオで全国に放送されたのである。パンパンの源氏名は〝ラク町のお時〟。未だ若い現役の街娼の生々しい声を採録したこの街頭インタビューはたちまち話題となり、様々なメディアで取り上げられた。世間に騒がれ、注目されたことをきっかけにお時は売春から足を洗ったとのことであるが（「有楽町有情　2」21）、〝ラク町のお時〟の本名は時子、つまり、『風の中の牝鶏』の田中絹代と同じ名前である。小津映画における役名へのこだわりを考えるならば、当時の多くの日本人に衝撃を与えた（ダワー　138）、19歳の娼婦との関連性を無視できないだろう。

『風の中の牝鶏』の約3か月前に公開された『夜の女たち』（1948）は、田中絹代が戦争未亡人からパンパンへと転落するさまを描いた作品であるが、広告写真の田中は、肩を露わにした洋服、派手な化粧、煙草をふかすスタイルでパンパンに成り切っている。1948年5月末にクランクインした『風の中の牝鶏』が製作されていた頃は、世間では『夜の女たち』、それから『肉体の門』（1948）といった「パンパン映画」が注目を集めていた時期だった。(3)『夜の女たち』では娼婦、『風の中の牝鶏』では貞淑な妻の一夜限りの過ちという違いはあるが、いずれも田中絹代が演じるヒロインの売春が主題となっている。

『風の中の牝鶏』の時子と『夜の女たち』のヒロイン大和田房子（田中）は、夫の復員を待つ子持ちの主婦という身の上で、本来、生活に困窮しても売春の誘いには決して応じることのない貞淑な妻として設定されているところは共通している。しかし、時子の夫は帰還し、生死をさまよった一人息子も無事に快癒するのに対して、房子の夫は戦死し子も病死してしまう。やがて傷心の房子は仕事を世話してくれた男の愛人となり、しかし男が実妹（高杉早苗）とも関係していることを知って自暴自棄になりパンパンに成り果てる。房子と時子の結末の違いは紙一重である。

しかし、『風の中の牝鶏』と『夜の女たち』で女の「性」の扱い方は大きく異なる。『夜の女たち』において、女たちの売春という行為は（検閲の影響もあって）物語上、最終的には否定されるものの、一方では、女性の（性の）解放という意味合いを含んでいる。房子がパンパンになったきっかけは男の裏切りであったにせよ、売春によって自活する房子は、パンパン集団の顔役となって「不義理」な男に依存しない自由な生活を謳歌する時代の英雄を体現してもいる。つまり、自らの「性」に関して自己決定権を持つと考える「新しい女」という側面が、『夜の女たち』においては強調されているのである。『夜の女たち』は、同時期公開のパンパン映画『肉体の門』と競うように製作されているのだが、『肉体の門』のヒロインである浅田せん（轟夕起子）に至っては、売春という稼業を誇りにすら思っている。せんは、「貞操」とは肉体ではなく精神のうちにこそ存在し得るものであり、その「貞操」を守るために客の男から金銭をもらうのだと主張する。

ここで、こうしたヒロイン像が成立する背景を簡単におさえておきたい。占領期において、連合国軍最高司令官総司令部（ＧＨＱ）は民主主義政策のひとつとして「女性解放」を推進させた。敗戦直後の混沌とした日本で戦中に抑圧されていた欲望が建前としての戦後民主主義と織り混ざり、女の「性」もまた続々と解放（＝商品化）されていった（「民主主義」を建前とした、女性のヌードや艶聞を売りにした多数の「カストリ雑誌」の刊行やストリップ劇場の濫立）。一方で、進駐してくる米兵のため終戦直後の１９４５年8月に設立された特殊慰安施設（ＲＡＡ）が性病の蔓延によってわずか半年で閉鎖となり、設立時に公募された慰安婦たちは職を失い、多くの場合、基地周辺で米兵相手のパンパンとなった。そうしたパンパンを自らの「性」を謳歌する「英雄」として描いたのが１９４７年３月に雑誌『群像』に発表された田村泰次郎の小説「肉体の門」で、これが大ヒットしたことにより、世間では「肉体文学」ブームが巻き起こっていた。「肉体文学」の影響下でうまれた「パンパン映画」のヒロインもまた基本的には女の「性」の解放を体現する存在なのである。

　しかしながら、自由な性を謳歌するヒロインたちはやがて、愛する男の存在や性病の恐怖によって限界を知り、改悛することになる。その際にヒロインたちの前に必ずキリスト教的な「機械仕掛けの神《デウス・エクス・マキナ》」が出現し、「受難」を経て、彼女たちの不貞という罪が赦されるというのが、１９４８年に流行した「パンパン映画」の定型である。免罪のプロセスにおいて欠くことのできない「受難」というのは、例えば、『夜の女たち』と『肉体の門』において共通して挿入されているリンチの場面のことである。

　『夜の女たち』では、男に騙された末に売春婦と成り果てた義妹の久美子（角田富江）に衝撃を受けた房子（田中）が、久美子を連れて売春から足を洗おうとして仲間たちに制裁を受ける場面であり、『肉体の門』においては、主人公せん（轟夕起子）の妹分であるマヤ（月丘千秋）がせんたち売春婦の掟（金銭を貰わない性交渉の禁止）を破ったことで受ける制裁の場面である。これらの激しい暴力の場面は、キリスト教を強く意識させる。『夜の女たち』においては、房子と久美子のイメージが統合されるステンドグラスの聖母子像が（１時間１２分３４秒―１３分１６秒）、『肉体の門』においては、さらに直接的に、ロザリオを首からさげ、まるで磔になったイエス・キリストのような姿でムチ打たれるマヤ、それにイエスの受難劇を描いた絵がフラッシュバックで重ね合わされるのである。これらの表象を、筆者は「機械仕掛けの神」として読み解き１９４８年の日本映画に出現した占領期特有のひとつの現象としてすでに論じた（紙屋「占領期「パンパン映画」のポリティックス」）。『肉体の門』でせんの身体に十字架の影が差していたように、『風の中の牝鶏』にも、実は、キリスト教的表象は出現する。『風の中の牝鶏』では時子が売春を決意して鏡台に向かう場面で、まるで彼女の「罪」を予告するかのように、上半身にはっきりと十字架の影がさしているのである（２１分３０秒―２２分）。さらに、ラストで夫の修一の背中で重ね合わされる時子の手は、しっかりとクリスチャンの「祈り」（右手と左手の指を交互に組んだポーズ）のかたちとなっている（１時間２２分２３秒―２２分３７秒）ことも見逃してはならないだろう。

しかし、『夜の女たち』や『肉体の門』では、「機械仕掛けの神《デウス・エクス・マキナ》」または「脱性化」された男たちによってヒロインたちが救われるのに対して、『風の中の牝鶏』では、性的身体を持つ男によってヒロインがとりあえずの赦しを得るのは大きな違いだろう。

4　女たちが受ける「罰」――敗戦国「日本」の表象

これまで述べてきたように、小津が『風の中の牝鶏』で田中絹代が階段を落下する場面にこだわり、『宗方姉妹』では、山村聡が田中をひっぱたく場面に執着していたことは疑いようがない。夫の亮介に殴られた節子の表情に小津はこだわり、田中に２０回近いテストを繰り返させたあげく、満足いく結果が出ないことに苛立ち、「時差ボケがまだ直っていないんじゃないのか！」と吐き捨てるように叫び、また「アメリカから帰った絹代は、気持や根性まで変っちゃった」と周囲に愚痴を述べていたともいう（永井　８６）。この逸話は、先に述べた、小津が『風の中の牝鶏』の階段の落下シーンを繰り返し見ていたという編集の浜村義康の証言（佐藤　１１３）とも重なって

ことができない。

――田中自身が個人攻撃と感じていたように――どうしても脳裏に浮かんでしまう「制裁」という言葉を払拭することができない。

『宗方姉妹』の製作当時、田中絹代は世間から「制裁」を受けていた。『宗方姉妹』の製作が公開される約10か月前、田中絹代は1949年10月から翌年1950年1月にかけてアメリカを訪問しているのだが、その帰国後、世間からの厳しい視線にさらされることになるのである。その様子をある雑誌は、「映画界始まって以来の騒ぎ」であり、また田中自身に対しては、「妙にアメリカかぶれの風があり、一時は前途を危ぶまれた」と書いている（「映画一代女田中絹代の場合」頁数記載なし）。

映画評論家の水町青磁は田中のアメリカ訪問について次のように述べている。

彼女の真摯な挙措と愛すべき人柄とに政治的意味を持たせる気持ちは毛頭ありませんが、彼女があちらで歓迎される事によってアメリカが戦後日本を、いかに受取っているかを、いさゝかでも知ることが出来るとしたら、自ら無意識の内に、外交使節的な役割を受け取って行ったとも云えましょう。けれど今回の彼女の場合は、特にわれわれがアメリカ行きを推挙したのでなく、彼女自身の映画に於ける功績が結果したのであることを忘れてはなりません。（中略）だから日本の映画観客一同は「よくやってくれました。どうぞ、い、旅を！」と彼女の行を壮んにしたのであります。（水町　31）

この文章には、戦勝国であるアメリカへの人気女優の旅に対して、あくまで好意的な憧憬の眼差しが述べられている。しかし田中が帰国してみると事態は一変してしまう。出発時には和装に古風な結髪姿だった（「田中絹代さんにアメリカの流行を訊く」43）田中が、帰国時には洋装にパーマをかけたショートヘア、サングラスという姿でパンアメリカン航空のタラップに降り立ち、出迎えた記者たちに手を振った後、オープンカーに乗って銀座をパレードしたのを、多くのメディアは好意的には捉えなかった。

パレードの様子はニュース映画にもなったが、その批評記事には、「[田中の]投げキッスはぞっとするほど不潔な印象だった」と厳しい言葉が述べられている（「ニュース映画評」2）。アメリカ滞在中の田中には、ハリウッドで使用するメーキャップ製品を扱っていた化粧品メーカーであるマックス・ファクターでハリウッド式のメーキャップを施されるという機会があったのだが（「田中絹代さんにアメリカの流行を訊く」43）、その際に撮影された写真が、当時の映画雑誌に掲載されている。しかし着物姿で金髪のカツラを被ったこの姿を社会学者の南博は、「近来稀に見るグロテスクな漫画」と評した（南 91）。

田中絹代のアメリカ訪問とその後の態度は、恐らくは清純派女優から演技派の大女優への脱皮へのプロセスの一つとして映画会社が仕掛けたことと思われるが、古風で可憐なイメージで人気女優となった「大和撫子」の田中が、突如ハリウッド女優のようなふるまいの女＝「アメリカかぶれ」へと変貌したことを、世間は激しくバッシングした。「田中絹代帰朝第一回作」として公開された映画『婚約指輪《エンゲージリング》』（1950）は、未亡人の田中が若い青年の三船敏郎との大恋愛の末、だが結局はプロポーズを断るという、「二夫に見えず」の価値観を持った貞女の役を演じたものの、批評では、田中の洋服とメーキャップばかりが注目され、「まったく失笑もの」と評された（「娯楽」2）。このような田中への批判が集中していた時期に公開された映画『傷だらけの男』（1950）(4)にもまた、あからさまに、田中の〝アメリカかぶれ〟問題が反映している。主人公（長谷川一夫）は古風な着物姿の女性を理想像として思い描いており、それを知った恋人（長谷川裕見子）は、華麗なドレスを脱ぎ棄て、母の形見の着物を着て恋人の前に現れる。彼女の姿には、日本人形のイメージが不可思議なほど執拗に重ね合わされる。(5)

『婚約指輪《エンゲージリング》』に続いて公開された『宗方姉妹』ではそれを意識してか、田中は一貫して和服姿を通しており、それに対して妹役の高峰秀子は常に洋服を着用し、流行のスタイルを意識している。また、高峰が演じる満里子が酒や煙草も嗜み、自ら男性に告白するような積極的な性格かつ現代的な娘として設定されているのに対して、田中が演じる節子は、夫にひたすら忍従する古風で地味な女性として設定されている。新しい文化（＝アメリカ文化）に憧れる満里子に節子は「新しいということはいつまでたっても古くならないことだ」と諭すのであるが（50分6秒―51分33秒）、この言葉が他ならぬアメリカから帰国したばかりの田中自身を戒める言葉として発せられているのは間違いないだろう。

田中絹代は、バッシングされていた時期のことを、「まだ敗戦の痛手はいえぬ、貧しく乏しい生活の時代でした。そんななかで、私のはでな帰朝者ぶりは、世間の反感を買うにじゅうぶんだったのでしょう」と振り返る（田中 365）。しかし、何故ここまで世間は田中を手ひどく批判したのだろうか。

それは、田中絹代の身体に、敗戦国「日本」の姿が表象されているからである。(6) どちらかと言えば和風美人の田中が、あっさりとアメリカ文化に染まった姿を、多くの人々（旧来の価値観を持つ男性と、そうした価値観を内在化させた女性）が、「アメリカに貞操を売った日本女性」として（意識的・無意識的に）捉え、反感を抱いたのである。先にも触れた社会学者の南博は、米兵を売春の相手とするパンパンを「アメリカ的日本人略して米日人」としたうえで、田中をその米日人（つまりパンパン）の花形と厳しく批判している（南 91）。

渡米する前の田中はまぎれもない日本のトップ女優であった。渡米の前年1949年度の田中の所得が、映画女優では1位にランキングされていることからも（「スタア課税所得ベスト・テン」80）これは裏付けられよう。しかしながら、映画業界はこうした世間のリアクションに懲りることなく、田中に続いて山口淑子を1950年4月に渡米させているのだが、何故、男優ではなく、あくまで女優だったのかについて考えなければならないだろう。ここにもまた、日本（敗者＝女性的存在）とアメリカ（勝者＝男性的存在）との関係性を読み取ることが可能であり、占領期におけるジェンダーとエスニシティの問題が露わになっている。

占領終了直後の「血のメーデー事件」（1952年5月）が起きた日、米兵と一緒に歩いていた女性が、（その風貌から、パンパンとみなされたのか）群衆に罵倒されたショックで、その場にヘタリこんでしまったという出来事が報道されたことがあった（神崎 76）。この一件について神崎清は、「メーデーの日のパンパン攻撃が、屈辱的な占領期間にたいする民族の怒りの爆発的な表現であることは、まちがいなかった」（神埼 76）と述べている。

多くの人々は、敗戦国の女であるパンパンと、その客である米兵の両者について、殆どの場合、パンパン側の問題としてばかり捉え（捉えざるを得ず）、もう片方の問題は透明化された。それは、勝者であるアメリカを批判する手段は日本の側にはなかったということもあるだろうが、周縁の存在である女の貞操観念の問題へと落とし込むことで、敗戦という屈辱から逃れる（忘却する）ことが可能となったという側面もあるのではないだろうか。

5　男たちの「罪」——何が暴力を発動させるのか

いまいちど、『風の中の牝鶏』と『宗方姉妹』のテクストに戻って考えたい。『風の中の牝鶏』にしても『宗方姉妹』にしても、ヒロインが真に赦されているわけではないのではないか。『風の中の牝鶏』における夫の修一の妻の時子への「おい忘れよう、忘れてしまうんだ…ほんの過ちだ。こんなことに拘っていることがなお、俺たちを不幸にするんだ。忘れちゃうんだ…俺は忘れる。お前も忘れろ。もう二度と言うな、二度と考えるな」（1時間19分20秒—19分45秒）という台詞は、妻が犯した不貞という罪を赦しているわけではなく、不貞を忘却（しようと努力）することによって、どうにか心の折り合いをつけたことを示している。『宗方姉妹』における夫の三村は、死ぬことによって、節子の心の中に生き続ける——つまり、節子が心の奥に秘めていた田代への恋心を赦さず二人の仲を阻む――ことを選択したように見えるのである。実際に、節子は「どこかで三村が見ている」（1時間45分7秒―45分13秒）ように感じられると田代に言って彼に別離を告げる。

ここで強調されているのは男たちの「無力」さである。修一は、時子を許すことができないが、その罪が赦されるべきだということも知っている。売春で家族を養っているという若い娼婦の小野田房子（文谷千代子）に同情し、勤め先を探したりもするが、妻の時子を目の前にすると、どうしようもない敗北感（と言ってよいだろう）が湧き起こり、その無力さを露わにするばかりである。なお、田中絹代は理性では解決することができない（と彼女自身が感じたであろう）敗戦後の男たちの複雑な感情を、ポスト占領期になってから初監督することになる『恋文』（1953）における主題としている。この映画の物語は、主人公の真弓礼吉（森雅之）が復員後、必死に探し続けた昔の恋人である久保田道子（久我美子）に再会できたにも拘わらず、道子が生活のために米兵のオンリー（愛人）となり、子までもうけていたということを知った途端、道子に対して氷のような眼差しを向ける。礼吉の自分に対する無言の怒りや、その心奥にある蔑みに激しく動揺し、我を失った道子は、錯乱状態のまま夜の街をさまよった挙げ句、自動車に轢かれてしまう。生死をさまよう道子のもとへ向かう礼吉の表情からは、だがしかし、相変わらず道子の貞操に対する苦悩の表情が読み取れるのである。[7]

一方、『宗方姉妹』における三村は敗戦後ずっと就職できずにおり、酒ばかり飲んでいる。生活費は専ら妻の実家と妻の飲食店経営に頼るという、文字通り無力な存在である。自らの暴力によって節子が田代のもとへ赴くことが分かっていたかのように、節子と田代が互いの気持ちを確かめあったその直後、酒に酔った状態で二人の前に現れ、就職が決まったと告げて去っていく（原作では三村の就職が決まったことが明確に示されているが、映画ではそれがまるで彼の嘘であったかのように、あえて曖昧にされている）。三村と田代の男性ふたりがひさしぶりに再会するこの場面で、大連で出会ったという白系ロシア人のナターシャという女性が話題となるが、この会話は節子の介入を許さない男性ふたりだけに分かる秘め事（手風琴が上手だったというナターシャは、おそらくは商売女か芸人なのだろう）のようにも聞こえ、そしてコロニアルな視線があくまで郷愁を誘うものとして、さらりと呼び戻されていることに注目しなければならないだろう（1時間29分32秒―29分46秒）。

節子と田代のもとから去った三村は場末の飲み屋でしたたかに飲んだ後、雨の中、傘もささずにずぶ濡れになって帰宅し、心臓発作で死ぬ（1時間33分―38分57秒）。すでに指摘されているように、小津の映画で雨が降ることはきわめて異例である（蓮實 155―178）。この雨は、自宅の二階で倒れた三村の部屋の襖にも文字通りゆらめく暗い影となって写り込み彼の死を暗く縁取っている（1時間29分38秒―40分7秒）。なお、原作には雨の場面は存在しない。つまりそれは、三村に何か異常な事態が起こっていることを示唆しており、自暴自棄になった三村のほとんど自死に近いものとして表現されているとみて間違いないだろう。したがって節子は、「あんなに急に仕事がみつかるなんて…あんなに急に…」（1時間39分38秒―40分7秒）と、三村の最期が「ただの死に方ではなかったような気がして」、田代との再婚に躊躇する。そしてその「暗い影」を背負い続けたまま（1時間45分20秒―45分47秒）、生き続けねばならないのである。

『風の中の牝鶏』や『宗方姉妹』における夫たちの姿は、自らの罪（の意識）を女性に押しやったうえで、最終的にはあいまいな態度（明確にそうとは言い切れない事実上の「自死」あるいは忘却の提案）を選択して、それをなかったことにしようとするものである。それはアメリカを主とする連合国に対する敗戦（あるいは帝国主義的植民地主義の敗北）の責任または屈辱をあいまいにやり過ごそうとする男性たち（とそれに未だ従属する女性たち）の態度を暗に示すものではないのか。(8) 否、むしろ、男性たちが最終的にそうしたあいまいな態度を選択する直前に、無力な男性たちの抱くやり場のない敗北感は、より無力である（と男性たちによって欲望されている）女性たちを標的として、瞬間的に発散されるかたちで押し付けられているのであり、それこそが二つの凄惨な暴力の場面、そこにおける「制裁」のうちに、生々しく現れてしまっているのではないか。

小津自身はおそらく、田中絹代に対する演技指導の言動に示されているように、こうした暴力の発動に半ば無自覚に加担しつつ、その裏に潜む男性の卑劣さを露わにしてしまっている。本来ならば隠蔽されるべき、観客が目をそむけたくなるような男性の暴力あるいは卑劣さの露呈こそが、『風の中の牝鶏』と『宗方姉妹』の同時代における酷評とその後の（小津作品としての価値の）軽視へと、あるいは繋がっているのではないだろうか。

註

（1）実際には小津映画には珍しくスタンドインを用いているが一見して判断はできない。

（2）パンパンの語源には諸説があるが、その一つに、太平洋戦争中の南島における米兵の娼婦に対する呼称が日本に持ち込まれたとの説がある（思想の科学研究会 117）。

（3）「パンパン映画」成立の背景とその流行については拙論「占領期「パンパン映画」のポリティックス 一九四八年の機会仕掛けの神」を参照のこと。

（4）当初の新聞広告に1950年3月14日公開と告知されていたが、監督のマキノ正博がヒロポン中毒で倒れ公開が遅れ、4月9日となった。

（5）『傷だらけの男』と田中絹代のバッシングの連関性については、拙論「『傷だらけの男』（1950年、マキノ正博）におけるアメリカニズムをめぐる葛藤」を参照されたい。

（6）占領期日本を表象する女の身体について論じたものにはイズビッキ、丸川、斉藤らの先行研究がある。

（7）文谷千代子が演じた若い娼婦の小野田房子という役名は、『夜の女たち』（1948）の田中絹代の役名である大和田房子を意識しているように思われる。

（8）敗戦を終戦、占領を解放とするような言い換えも、こうした態度に属すものとみなすことができるだろう。

引用文献／映画作品

イズビッキ、ジョアン「自由の表象——降伏後の日本映画における女性の身体」、杉山聡美訳、『日米女性ジャーナル』第23号、93—130。

「映画一代女　田中絹代の場合」、『世界芸能画報』1953年7月号、頁数記載なし。

小津安二郎　人と仕事刊行会『小津安二郎　人と仕事』、蛮友社、1972年。

紙屋牧子「占領期「パンパン映画」のポリティックス　一九四八年の機会仕掛けの神」、岩本憲児編『占領下の映画　解放と検閲』、（森話社、2009年）所収、151—186。

紙屋牧子「『傷だらけの男』（1950年、マキノ正博）におけるアメリカニズムをめぐる葛藤」、『演劇研究：演劇博物館紀要』第38号（2015年）、41—53。

神崎清「日本女性の国際性と売笑性　パンパンをめぐる民族感情について」、『改造』1952年7月号、76。

北川冬彦「「宗方姉妹」の演出と小津安二郎」、『映画新報』1948年8月号、20—21。

「娯楽」、『読売新聞』1950年7月4日夕刊、2。

斉藤綾子「カルメンはどこに行く——戦後日本映画における〈肉体〉の言説と表象」、中山昭彦編『ヴィジュアル・クリティシズム——表象と映画＝機械の臨界点』（玉川大学出版部、2008年）所収、83—126。

佐藤忠男『小津安二郎の芸術　上』朝日新聞社、1978年。

思想の科学研究会編『共同研究 日本占領軍事典』（『共同研究　日本占領軍その光と影』別冊）、現代史出版会、1978年。

「スタア課税所得ベスト・テン」、『新映画』1950年5月号、80。

田中絹代『私の履歴書　女優の運命』、日本経済新聞社、2006年。

「田中絹代さんにアメリカの流行を訊く」、『装苑』1950年5月号、43。

ダワー、ジョン『敗北を抱きしめて　上　増補版』、三浦陽一／高杉忠明訳、岩波書店、2004年。

登川直樹「試写室」『映画世界』、1948年12月号、13。

永井健児『小津安二郎に憑かれた男　美術監督・下川原友雄の生と死』フィルムアート社、1990年。

「ニュース映画評」、『朝日新聞』1950年1月24日夕刊、2。

蓮實重彦『監督　小津安二郎』筑摩書房、1983年。

丸川哲史「肉体の磁場」、『冷戦文化論　忘れられた曖昧な戦争の現在性』(双風舎、2005年) 所収、73―100。

南博「アメリカ的日本人――日本人の卑屈さについて」、『世界評論』1950年5月号、91―94。

水町青磁「映画を知るもの皆この人を愛す　映画使徒田中絹代をおくる」、『映画世界』1950年1月号、31。

安田清夫「作品批評　風の中の牝鶏」、『映画評論』1948年12月号、39。

「有楽町有情　2」、『東京朝日新聞』1980年10月3日朝刊、21。

『風の中の牝鶏』、小津安二郎監督、1948年、DVD［デジタルリマスター修復版］(松竹、2009年)。

『夜の女たち』、溝口健二監督、1948年、DVD (松竹、2014年)。

『肉体の門』、マキノ正博監督、1948年。

『宗方姉妹』、小津安二郎監督、1950年、DVD (東宝、2004年)。

『婚約指輪《エンゲージリング》』、木下恵介監督、1950年、DVD (松竹、2012年)。

『傷だらけの男』、マキノ正博監督。

『恋人』、田中絹代監督、1953年、DVD (テック・コミュニケーションズ、2003年)。

初出一覧

第5章　「ドイツ＝トルコ映画の現在」、大阪大学大学院言語文化研究科編『「文化」の解読（6）――文化受容のダイナミクス』（2006年）。

「2010年代前半のドイツ＝トルコ映画における女性像――『よそ者の女』、『おじいちゃんの里帰り』、『ピリ辛ソースのハンスをひとつ』」、大阪大学大学院言語文化研究科編『「文化」の解読（16）――文化と権力』（2016年）。

第6章　「日本人・李香蘭帰る　被占領期の山口淑子を巡る試論」、『日本映画学会第4回例会プロシーディングス』（http://jscs.h.kyoto-u.ac.jp/proceedings-reikai-4.pdf）

映画学叢書（全10巻）

監修：加藤幹郎

A5判・上製

＊映画とネイション	杉野健太郎編著
＊映画の身体論	塚田幸光編著
＊映画のなかの社会/社会のなかの映画	杉野健太郎編著
＊交錯する映画 ——アニメ・映画・文学——	杉野健太郎編著
＊映画とイデオロギー	杉野健太郎編著
＊映画とテクノロジー	塚田幸光編著
＊映画とジェンダー/エスニシティ	塚田幸光編著
映画の時間・空間	塚田幸光編著
映画の暴力とトラウマ	塚田幸光編著
映画史の諸問題	杉野健太郎編著

（＊は既刊）

http://www.minervashobo.co.jp/

《編著者紹介》

塚田　幸光（つかだ・ゆきひろ）

1971年　茨木県生まれ。
　　　　立教大学大学院文学研究科博士後期課程満期退学。博士（関西学院大学）。
　　　　ハーバード大学ライシャワー日本研究所客員研究員、サウスイースト・ミズーリ州立大学フォークナー研究所客員研究員（BioKyowa Award）、韓国済州大学校特別研究員、防衛大学校総合教育学群外国語教育室准教授などを経て、
現　在　関西学院大学法学部・大学院言語コミュニケーション文化研究科教授。映画学、表象文化論、アメリカ文学専攻。
主要業績　『シネマとジェンダー――アメリカ映画の性と戦争』（臨川書店、2010年）、『映画とテクノロジー』（編著、ミネルヴァ書房、2015年）、『映画の身体論』（編著、ミネルヴァ書房、2011年）、『アーネスト・ヘミングウェイ――21世紀から読む作家の地平』（共編著、臨川書店、2011年）、「大衆とフォト・テクスト――ニューディール、エイジー、文化の政治学」（藤野功一編著『アメリカン・モダニズムと大衆文学』［金星堂、2019年］所収）［論文］、「イメージの異境――『パリ、テキサス』とアメリカ的風景の変容」（森有礼・小原文衛編著『路と異界の英語圏文学』［大阪教育図書、2018年］所収）［論文］、「ニューシネマ・ターザン――フランク・ペリー『泳ぐひと』と映像の性／政治学」（細谷等・中尾信一・村上東編著『アメリカ映画のイデオロギー』［論創社、2016年］所収）［論文］、「グッバイ、ローザ――フォークナー、ニューディール、「老い」の感染」（金澤哲編著『ウィリアム・フォークナーと老いの表象』［松籟社、2016年］所収）［論文］、「ターザン、南海へ行く――エキゾチック・ハリウッドの政治学」（森田雅也編著『島国文化と異文化遭遇』［関西学院大学出版会、2015年］所収）［論文］、「福竜《ラッキー・ドラゴン》・アンド・ビヨンド――エドガー・A・ポオとニュークリア・シネマの政治学」（村上東編著『冷戦とアメリカ』［臨川書店、2014年］所収）［論文］、「ゲルニカ×アメリカ――ヘミングウェイ、イヴェンス、クロスメディア・スペイン」（映画学叢書、杉野健太郎編著『交錯する映画――アニメ・映画・文学』［ミネルヴァ書房、2013年］所収）［論文］、「睾丸と鼻――ヘミングウェイ・ポエトリーと「老い」の身体論」（髙野泰志編著『ヘミングウェイと老い』［松籟社、2013年］所収）［論文］などがある。

映画学叢書
映画とジェンダー／エスニシティ

2019年5月10日　初版第1刷発行　〈検印省略〉

定価はカバーに
表示しています

編著者　塚田幸光
発行者　杉田啓三
印刷者　藤森英夫

発行所　株式会社　ミネルヴァ書房
607-8494　京都市山科区日ノ岡堤谷町1
電話代表　(075)581-5191
振替口座　01020-0-8076

©塚田ほか，2019
亜細亜印刷

ISBN978-4-623-08151-6
Printed in Japan

監修者紹介

加藤幹郎（かとう・みきろう）

1957年　長崎市生まれ。
　筑波大学大学院文芸・言語研究科博士課程単位取得満期退学。京都大学博士。京都大学大学院人間・環境学研究科教授、ミシガン大学客員教授、カリフォルニア大学バークリー校、カリフォルニア大学ロサンジェルス校、ニューヨーク大学、ハワイ大学マノア校フルブライト客員研究員などを歴任。

現　在　京都大学名誉教授。

主要業績　『荒木飛呂彦論――マンガ・アート入門』（ちくま新書、2014年）、『列車映画史特別講義――芸術の条件』（岩波書店、2012年）、『日本映画論　1933―2007――テクストとコンテクスト』（岩波書店、2011年）、『表象と批評――映画・アニメーション・漫画』（岩波書店、2010年）、『映画館と観客の文化史』（中公新書、2006年）、『映画の論理――新しい映画史のために』（みすず書房、2005年）、『ヒッチコック「裏窓」ミステリの映画学』（みすず書房、2005年）、『「ブレードランナー」論序説――映画学特別講義』（筑摩書房、2004年）、『映画の領分――映像と音響のポイエーシス』（フィルムアート社、2002年）、『映画とは何か』（みすず書房、2001年、吉田秀和賞）、『映画ジャンル論――ハリウッド的快楽のスタイル』（平凡社、1996年）、『映画　視線のポリティクス』（筑摩書房、1996年）、『鏡の迷路――映画分類学序説』（みすず書房、1993年）、『映画のメロドラマ的想像力』（フィルムアート社、1988年）、『アニメーションの映画学』（編著、臨川書店、2009年）、『映画学的想像力――シネマ・スタディーズの冒険』（編著、人文書院、2006年）、『わたしは邪魔された――ニコラス・レイ映画講義録』（共訳、みすず書房、2001年）、『知りすぎた女たち――ヒッチコック映画とフェミニズム』（共訳、青土社、1992年）、コリン・マッケイブ『ジェイムズ・ジョイスと言語革命』（訳書、筑摩書房、1991年）などがある。

執筆者紹介（＊は編著者）

＊塚田幸光（つかだ・ゆきひろ）**第3章**

編著者紹介欄参照。

清水知子（しみず・ともこ）**第1章**

筑波大学大学院博士課程文芸・言語研究科修了。博士（文学）。ハーバード大学ライシャワー日本研究所客員研究員（フルブライト研究員）、ベルリン自由大学客員研究員、早稲田大学メディアシティズンシップ研究所招聘研究員、山梨大学助教授などを経て、現在、筑波大学人文社会系准教授。比較文学、文化理論、メディア文化論専攻。主な著作に、『文化と暴力――揺曳するユニオンジャック』（月曜社、2013年）、「パロディとしての〈父〉の誘惑」（『思想』［2018年９月号］所収）［論文］、「「人間の終焉」のあとで――動物、芸術、人工知能」（白川昌生・杉田敦編『芸術と労働』［水声社、2018年］所収）［論文］、「風刺と宗教――ポスト世俗化時代のデモクラシー」（塩原良和・稲津秀樹編『社会的分断を越境する』［青弓社、2017年］所収）［論文］、「性／生の可能性を問う政治哲学――ジュディス・バトラーの思想」（齋藤元紀・増田靖彦編『21世紀の哲学をひらく』［ミネルヴァ書房、2016

年］所収）［論文］、「ジジェク：21世紀のコミュニズム——ペケット的なレーニンとともに」（市野川容孝・渋谷望編著『労働と思想』［堀之内出版、2015年］所収）［論文］、スラヴォイ・ジジェク『ジジェク自身によるジジェク』（訳書、河出書房新社、2005年）ジュディス・バトラー『アセンブリ——行為遂行性、複数性、政治』（共訳、青土社、2018年）などがある。

小原文衛（こはら・ぶんえい）**第2章**

金沢大学大学院文学研究科修士課程修了。修士（金沢大学）。金沢大学文学部助教、金沢大学人間社会学域国際学類准教授を経て、現在、公立小松大学国際文化交流学部准教授。映画学、アメリカ文学、精神分析理論専攻。
主な著作に、『路と異界の英語圏文学』（共編著、大阪教育図書、2018年）、「ゾンビの詩学——〈追跡〉と〈籠城〉のモチーフについて」（『*IVY*』［第49巻、2015年］所収）［論文］、「*JAWS*（1975）の〈欲動〉論」（『金沢大学歴史言語文化学系論集』（言語・文学篇）［第5号、2013年］所収）［論文］、「純粋なる欲動——*Alien*（1979）再考」（『*Kanazawa English Studies*』［第28号、2012年］所収）［論文］、ピーター・ブルックス『精神分析と物語』（訳書、松柏者、2008年）、M・H・エイブラムズ著『ポスト構造主義との対話』（共訳、平凡社、1996年）などがある。

吉村いづみ（よしむら・いづみ）**第4章**

名古屋大学大学院国際開発研究科博士後期課程単位取得退学。修士（名古屋大学）。愛知県立大学、名城大学にて非常勤講師を経て、現在、名古屋文化短期大学生活文化学科教授。イギリス映画史、視覚文化論、身体論専攻。
主な著作に、「白い身体、黒い肉体——『青い山脈』と『キクとイサム』における占領のイメージ」（映画学叢書、塚田幸光編著『映画の身体論』［ミネルヴァ書房、2011年］所収）［論文］、「映画と社会浄化運動の接点——イギリスの映画検閲と公衆道徳国民協議会」（『映像学』［第100号、2018年］所収）［論文］、「ジャンルとしての『顔もの』（facials）——英国サイレント映画における顔の表現」（『日本顔学会誌』［第16巻第2号、2016年］所収）［論文］、「R・W・ポールが捉えた英国——イギリスにおける記録映画（1896–1900）の題材について」（『名古屋文化短期大学研究紀要』［第40集、2015年］所収）［論文］、「イギリス映画の統制——映画法（1909年）の背景と、関連する様々な規制・法令について」（『名古屋文化短期大学研究紀要』［第38集、2013年］所収）［論文］、「栄光のエンブレム」「JM」『WORLD CINEMA ⑤』［勉誠出版、2004年］所収）［論文］、「最後の晩餐」（『WORLD CINEMA ④』［勉誠出版、2003年］所収［論文］）などがある。

山本佳樹（やまもと・よしき）**第5章**

大阪大学大学院文学研究科博士後期課程満期退学。現在、大阪大学大学院言語文化研究科教授。ドイツ文学、ドイツ文化、映画学専攻。
主な著作に、「ドイツにおける西部劇の変容——ジャンルとイデオロギー」（映画学叢書、杉野健太郎編著『映画とイデオロギー』［ミネルヴァ書房、2015年］所収）［論文］、「ハンス・カストルプの映画見物——トーマス・マンと〈映画論争〉」（映画学叢書、杉野健太郎編著『交錯する映画——アニメ・映画・文学』［ミネルヴァ書房、2013年］所収）［論文］、「記憶のなかの国——再統一後のドイツ映画が描く東ドイツ」（映画学叢書、杉野健太郎編著『映画のなかの社会／社会のなかの映画』［ミネルヴァ書房、2011年］所収）［論文］、「ナチ「天才映画」のなかのシラー——プロパガンダ映画のアンビヴァレンス」（映画学叢書、杉野健太郎編著『映画とネイション』［ミネルヴァ書房、2010年］所収）［論文］、『戦後ドイツ文学とビューヒナー——ビューヒナー・レーデを読む』（共編著、ビューヒナー・レーデ論集刊行会、1995年）、『幻想のディスクール——ロマン派以降のドイツ文学』（共編著、鳥影社、1994年）、「『魔の山』の第七章」（片山良展ほか編著『論集トーマス・マン——その文学の再

検討のために』［クヴェレ会、1990年］所収）［論文］、ゼバスティアン・ハイドゥシュケ『東ドイツ映画――デーファと映画史』（訳書、鳥影社、2018年）、ザビーネ・ハーケ『ドイツ映画』（訳書、鳥影社、2010年）、『デュレンマット戯曲集 第2巻』（共訳、鳥影社、2013年）、『デュレンマット戯曲集 第1巻』（共訳、鳥影社、2012年）、クラウス・クライマイアー『ウーファ物語――ある映画コンツェルンの歴史』（共訳、鳥影社、2005年、ダウテンダイ＝フェーダー翻訳賞受賞）などがある。

羽鳥隆英（はとり・たかふさ）**第6章**

京都大学大学院人間・環境学研究科博士後期課程修了。京都大学博士（人間・環境学）。日本学術振興会特別研究員、早稲田大学坪内博士記念演劇博物館助手、新潟大学人文学部助教などを経て、現在、新潟大学人文社会科学系特任助教。日本映画論、日本文化論。
主な著作に、『日本映画の大衆的想像力――《幕末》と《股旅》の相関史』（雄山閣、2016年）、『寄らば斬るぞ！新国劇と剣劇の世界』（編著、早稲田大学坪内博士記念演劇博物館、2014年）、「恨みは長し60年――昭和初年の幕末映画をめぐるメロドラマ的想像力」（映画学叢書、杉野健太郎編『映画のなかの社会／社会のなかの映画』［ミネルヴァ書房、2011年］所収）［論文］などがある。

キンバリー・イクラベルジー（Kimberly ICREVERZI）**第7章**

カリフォルニア州アーバイン校博士課程修了。Ph.D.（UC アーバイン）。ボストン大学比較文学学部、ウーマン・ジェンダー・セクシュアリティ学部、映画・テレビジョン学部、エマソン大学映像・メディア芸術学部（Visual and Media Arts）講師、ハーバード大学ライシャワー日本研究所ポスドクター研究員などを経て、現在、カリフォルニア大学サンディエゴ校クリティカル・ジェンダー・スタディーズ学部（Critical Gender Studies）、および文学部講師。日本映画学、フェミニスト理論、映画理論専攻。
著作に“Living as an *Onna* in Japanese Cinema: Pink Filmmaker Hamano Sachi's Reproductive Labor.” *Feminist Media Histories: Sex and the Materiality of Adult Media* Vol. 5. No. 2（2019）［論文］、“Psychoanalysis and Contemporary Theory.” *Feminist Media Histories: Genealogies of Feminist Media Studies* Vol. 4 No. 2（2018）［論文］、“Cinema of Actuality: Japanese Avant-Garde Filmmaking in the Season of Image Politics.”（Review Essay）. *The Sixties: A Journal of History, Politics and Culture* Vol. 7 No. 1（2014）［書評］などがある。

鈴木 繁（すずき・しげる）**第7章翻訳**

カリフォルニア州立大学サンタクルズ校博士課程修了。Ph.D.（カリフォルニア大学サンタクルズ校）。コロラド大学ボルダー校、リーハイ大学（ペンシルベニア州）などで客員教授を経て、現在、ニューヨーク市立大学バルーク校准教授（Associate Professor）。比較文学、映画学、カルチュラル・スタディーズ、コミックス／マンガ・スタディーズ専攻。
主な著作に、「監視社会の夢遊病者――電子テクノロジーと都市空間」（映画学叢書、塚田幸光編『映画とテクノロジー』［ミネルヴァ書房、2015年］）［論文］、『物語』の力を蘇生させること――3・11以降の女性による自主制作のオンライン・マンガ」（大城房美編『女性マンガ研究――欧米・日本・アジアをつなぐMANGA』［青弓社、2015年］所収）［論文］、“Yōkai Monsters at Large: Mizuki Shigeru's Manga, Transmedia Practices, and (Lack of) Cultural Politics.” *International Journal of Communication.*（USC Annenberg Press, University of Southern California, 2019）［論文］、“*Gekiga*, or Japanese Alternative Comics: The Mediascape of Japanese Counterculture.” *Introducing Japanese Popular Culture.* Eds. Alisa Freedman and Toby Slade.（Routledge, 2017）［論文］などがある。

久保 豊（くぼ・ゆたか）**第8章**

京都大学大学院人間・環境学研究科博士後期課程修了。博士（人間・環境学）。日本学術振興会特別研究員 DC1、京都大学、京都造形芸術大学にて非常勤講師を経て、現在、早稲田大学坪内博士記念演劇博物館助教。映画学、映画史、クィア・スタディーズ専攻。

主な著作に、「喪失と対峙する——震災以後の喪の映画における移動性」（『〈ポスト3. 11〉メディア言説再考』［法政大学出版局、2019年］所収）［論文］、「記憶の体熱——ハイバイ『て』にみる感情移入の経路」（『現代日本演劇のダイナミズム』［早稲田大学演劇博物館、2019年］所収）［論文］、“Queering Film Location and the Byakkotai: Kinoshita Keisuke's Queer Sensibility and *Sekishunchō* (1959)”（*Reconstruction: Studies in Contemporary Culture, Vol.16. 2*［2016］所収）［論文］、「天女のくちづけ——『お嬢さん乾杯！』における原節子」（『ユリイカ』［2016年２月号］所収）［論文］、「『夕やけ雲』（1956）における木下惠介のクィアな感性——少年同士の情動表象をめぐって」（『映画研究』［第10号、2015年］所収）［論文］、「切り返し編集による男性間の親密性表象——木下惠介『海の花火』をクィア映画として読む」（『人間・環境学』［第24巻、2015年］所収）［論文］、“The Function of the Semi-Private Sphere in Home Moviemaking and Exhibition”（*CineMagaziNet!, No. 18*［2014］所収）［論文］、「カレン・ニューマン、前世を思い出せる男——アピチャッポン・ウィーラセタクンによるインスタレーション」（夏目深雪・金子遊編著『アピチャッポン・ウィーラセタクン——光と記憶のアーティスト』［フィルム・アート社、2016年］所収）［翻訳］などがある。

紙屋牧子（かみや・まきこ）**第9章**

日本大学大学院芸術学研究科博士後期課程単位取得退学。東京造形大学・武蔵野美術大学・玉川大学等非常勤講師、東京国立近代美術館フィルムセンター客員研究員等を経て、現在、国立映画アーカイブ・特定研究員。映画学、映画史、ジェンダー表象、映画保存。

主な著作に、「羽田澄子——大連生まれの記録映画作家にとっての「内」と「外」」（和田博文・黄翠娥編『〈異郷〉としての大連・上海・台北』［勉誠出版、2015年］所収）［論文］、「占領期「パンパン映画」のポリティックス——一九四八年の機械仕掛けの神《デウス・エクス・マキナ》」（岩本憲児編『占領下の映画——解放と検閲』［日本映画史叢書、森話社、2009年］所収）［論文］、「最初期の「皇室映画」に関する考察——隠される／晒される「身体」」（『映像学』［第100号、2018年］所収）［論文］、「弛緩／硬直する骨、腐敗／蘇生する肉——鈴木清順「浪漫三部作」における裏返る生と死」（『ユリイカ』［2017年5月号］所収）［論文］、「民主主義の女神は自転車に乗って——原節子にみる「性」の解放と抑圧」（『ユリイカ』［2016年２月号］所収）［論文］、「“皇太子渡欧映画”と尾上松之助——ＮＦＣ所蔵フィルムにみる大正から昭和にかけての皇室をめぐるメディア戦略」（『東京国立近代美術館研究紀要』［第20号、2016年］所収［論文］）、「「聖」なる女たち——占領史的文脈から「母もの映画」を読み直す」（『演劇研究』［第37号、2013年］所収）［論文］、「「自転車に乗る女」のメディア表象——三浦環から原節子へ」（『演劇研究』［第36号、2012年］所収）［論文］、「『ハナコサン』（一九四三年、マキノ正博）の両義性——「明朗」な戦争プロパガンダ映画」（『美学』［第63号、2012年］所収）［論文］などがある。

人名索引

カ行

サ行

タ行

ヤ行

ラ行

ワ行

映画タイトル索引

タ行

ナ行

ハ行

マ行

ヤ行

ラ行

わ行

欧文

映画用語集

アイライン・マッチ　eye-line match

撮影上および編集上の約束事の一つ。例えば、ある人物が画面外に位置する何かを見ているショットの後に、見られている事物のショットが続くとする。このとき、見ている人物の視線の方向と矛盾しないキャメラ・アングルで、見られている事物を映し出すことによって、ショット間のなめらかな連続性を保つこと。→キャメラ・アングル　→コンティニュイティ編集　→ショット／切り返しショット　→180度システム

アイリス　iris

シーン転換のための編集技法の一つ。画面上でレンズの絞りのような形状のマスクを開くことによって映像を提示したり（アイリスイン）、閉じることによって消去したりする（アイリスアウト）。一般に、アイリスインは次第に見えてくる映像の大きさを強調し、アイリスアウトは映像の細部を注視させる機能を持つ。→シーン　→ディゾルヴ　→フェイド　→ワイプ

アフレコ　post-synchronization

和製英語アフター・レコーディングの略。映像の撮影・編集がなされた後に、画面上の動きに同期させて音声（とりわけセリフ）を録音すること。1930年代初頭、同時録音が困難な状況下で撮影されたシーンへの追加録音や、言語の発音に問題のある俳優のセリフの吹き替えのために編み出され、現在も用いられる手法。

アングル　angle　→キャメラ・アングル

ヴォイスオーヴァー　voice-over

画面外から聞こえる声によって、語り、解説、主観的な考えなどを伝える手法、あるいはその声そのもの。その声は、画面内の人物による発話とは同期しない。フィクション映画であれば、多くは、主人公や観察者的な登場人物の声が過去の出来事を振り返るように語りながら、画面に重なる。あるいは現在形で心情を吐露し、いま目の前で起こっている出来事を説明する場合もある。一般にはナレーションとも呼ばれる。

エスタブリッシング・ショット　establishing shot

シークェンスの冒頭近くにあり、場所・時間・状況といった情報をあらかじめ提示するショット。通常、ロング・ショットで撮影されるが、さまざまなキャメラ・アングルで捉え直されることもある。状況設定ショット。 →キャメラ・アングル　→ロング・ショット

カット　cut

(1) 編集段階では、2本のフィルム片をつなぎ合わせること。

(2) 完成した映像作品においては、フェイド、ディゾルヴ、ワイプ等を使用することなくある映像から別の映像に直接的に切り替わること。 →フェイド　→ディゾルヴ　→ワイプ

画面比率　aspect ratio

画面の横幅対高さの関係。従来の標準的画面比率（アカデミー・アパーチュア）は1.33対1（すなわち4対3）。 →ワイドスクリーン

キャメラ・アングル　camera angle

被写体に対してキャメラの置かれる位置。通常のキャメラは、アイレベル（目の位置）にセットされる。

切り返しショット　reverse shot　→ショット／切り返しショット

クレーン・ショット　crane shot

中空を縦横無尽に動くことのできるクレーン上から撮影されたショット。例えば、群衆のロング・ショットから徐々に近づいて行き、その中にいる1人の人物を捉えるショットまでを可能にする。 →ロング・ショット

クロースアップ　close-up

キャメラが被写体に密接して撮影するショット。一般には、人物の顔を大写しにするもの。ほかに物や手などの部位のクロースアップもある。人物の場合、クロースアップは彼／彼女の感情や反応、つまり内面を画面いっぱいに提示することができる。 →ミディアム・ショット　→フル・ショット　→ロング・ショット

クロスカッティング　crosscutting

異なる場所で起こっている2つ以上の別々の出来事を、それらの出来事を交互に切り替える編集によって、並行して提示すること。しばしば、これらの出来事は同時に進行してサスペン

スを産み出すなど互いに作用し合う関係にある。並行モンタージュ（parallel montage)、並行編集、並行カッティングとも呼ぶ。

興行　exhibition　→製作／配給／興行

古典的ハリウッド映画　classical Hollywood cinema

主に、1930年代から50年代にかけてハリウッドで製作された物語映画のモード。アリストテレス以来の「始め・中間・終わり」を持つプロット（筋）の基本形を踏まえ、古典演劇における三統一（プロット、時、場所の統一）の法則を受け継ぐ。基本構造は、明確な目的を持った主人公による中心のプロットが問題の解決へと向かう、プロットの統一、そのプロットが連続したあるいは一貫して継続した時間内に展開する時の統一、そのプロットが限定された場所で展開する場所の統一であり、三つの統一を貫く重要な概念は因果である。プロットを提示するために映像も音声も突出することなくプロットに奉仕する。その代表的な技法にはコンティニュイティ編集などがある。現在の主流映画にもその基本構造は見出される。→コンティニュイティ編集

コンティニュイティ　continuity

(1)　ショットからショットへと、動作や出来事が連続して見えること。
(2)　(1)を維持するための各ショット各テイクの記録。日本では、通例、コンテと呼ばれる。
→コンティニュイティ編集

コンティニュイティ編集　continuity editing

ショットからショットへと、動作や出来事が連続して見えるよう工夫された編集技法。時間や場所を一貫させ、論理に従いながらなめらかにつなげることによって、ショットとショットのつなぎ目を目立たなくし、直線的でわかりやすい物語を産み出すことに貢献する。

サウンド・トラック　sound track

本来は、映画フィルム上で映像を記録する領域の脇を走る、音声（セリフ、効果音、音楽など）を記録するための録音領域のこと。転じて、記録された音声や映画音楽を指すこともある。

作家　auteur

演出上のスタイル（独創的な個人様式）を持つ映画監督のこと。厳密に言えば脚本の作家は脚本家であり、映像の作家は映像監督であろうが、批評上の用法として、通常、映画作品の監督をその作品の「作り手＝作家」と見なす。既に1920年代のフランス映画論壇で監督を作家と

して扱う試みがなされたが、一般には、1950年代フランスの批評家たちによって作家としての監督が論じられて以来の呼称。そこには価値判断的な意味が含まれ、たとえハリウッドの主流映画の監督であってもそう呼ぶことが可能である。つまり、作品に署名と呼べるような刻印を定着させることができる映画監督が作家と見なされる。このように個人のスタイルに着目する批評手法を作家主義と呼ぶ。

シークェンス　sequence

一般に、映画の物語上連続した複数のショットやシーンで構成された、ひとかたまりの区分。しかし、シーンとの区別は非常に曖昧である。 →ショット　→シーン

CGI Computer-Generated Imagery

コンピュータによって創出される映像。日本でCGと呼ばれるもの。

シーン　scene

一般に、単一の場所で起こった単一の出来事を、単一の、あるいは複数のショットで映し出した区分。しかし、シークェンスとの区別は非常に曖昧である。 →ショット　→シークェンス

視点ショット　point-of-view shot　→見た目のショット

シャロー・フォーカス　shallow focus　→ディープ・フォーカス

ジャンプ・カット　jump cut

ショットのつなぎ方の一手法。二つの隣接するショットを観客が連続的ではなく非連続的と感じられるようにつなぐ方法。二つのショット間のアングルが180度以上あるいは30度以下のつなぎ（カット）のこと。時間の経過や空間の移動に注視させる効果を持つこともある。つなぎ目のないなめらかな連続性を是とするコンティニュイティ編集に用いられるマッチ・カットに対して、ミスマッチ（・カット）と呼ばれる。 →アングル　→コンティニュイティ編集　→ヌーヴェル・ヴァーグ　→180度システム

照明　lighting　→ライティング

ショット　shot

キャメラを止めずにひと続きのアクションを撮影したフィルムの最小単位のこと。一般に、

ショット、シーン、シークェンスの順で区分が大きくなる。→シークェンス →シーン

ショット・サイズ、ショット・スケール shot size, shot scale

フレームのなかの被写体の大きさ。クロースアップ、ミディアム、フル、ロングの順で小さくなる。→クロースアップ →ミディアム・ショット →フル・ショット →ロング・ショット

ショット／切り返しショット、ショット／リヴァース・ショット shot/reverse shot

対峙する人物と人物、あるいは人物と事物などを撮影する際に最も頻繁に使われる撮影上および編集上の手法。例えば、ふたりの人物が向かい合って会話する様子を表現する場合、通常、画面には聞き手の肩越しのショット（あるいは聞き手の見た目のショット）で捉えられた話し手が映し出され、話し手が替わるたびにショットは交互に切り替えられる。→アイライン・マッチ →見た目のショット →180度システム

スーパーインポーズ superimposition

同一フレーム内で一つの映像の上にもう一つあるいはそれ以上の映像を重ねること。記憶を甦らせる際や時間の推移、モンタージュ理論における視覚的比喩など多様な表現に用いられる。多重露光。日本における「字幕スーパー」の用語はスーパーインポーズド・タイトル、つまり多重露光で重ねた文字の意。→モンタージュ

スタジオ・システム studio system

ハリウッドにおいて少数のスタジオが製作・配給・興行のすべてを支配した1920年代から1950年代までの垂直統合システムを指す。→製作／配給／興行

製作／配給／興行 production/distribution/exhibition

産業としての映画の三つの部門。それぞれ、映画を創造する（製作）、完成した映画を流通させる（配給）、完成した映画を観客に対して上映する（興行）各プロセスのこと。

ディープ・フォーカス deep focus

キャメラの捉える視野全体に焦点を合わせて撮影する方法。前景から後景までのすべての面を鮮明に見せ、画面に深い奥行き感を与える。パン・フォーカス。これとは対照的に、焦点の当たっている面のみを鮮明に見せる方法をシャロー・フォーカスと呼ぶ。

テイク　take

⑴　あるショットのあるヴァージョンを撮影する際に、キャメラを継続的に回すこと。

⑵　撮影されたあるショットのヴァージョンの一つ。通常、そのうちの１テイクを選んで作品に用いる。

ディゾルヴ　dissolve

シーン転換のための編集技法の一つ。徐々に消えていく前の映像に重なって次の映像が次第に現れてくる。このとき、二つの映像は多重露光となる。→アイリス　→スーパーインポーズ　→フェイド　→ワイプ

ティルト　tilt

キャメラを（水平軸を回転軸として）垂直方向に縦回転させること。上方への動きをティルト・アップ、下方への動きをティルト・ダウンと呼ぶ。→パン

トーキー　talkie

1927年に登場したサウンド映画の別称。それまでのサイレント映画に対して用いる用語。

トラヴェリング・ショット　traveling shot　→ドリー・ショット

トラッキング・ショット　tracking shot　→ドリー・ショット

ドリー・ショット　dolly shot

撮影用に敷いたレール上を走る台車やタイヤ車に固定したキャメラで撮影された移動ショット。トラッキング・ショット、トラヴェリング・ショットとも呼ぶ。

長回し、ロング・テイク　long take

文字通り、長く持続する１ショットのこと。

ヌーヴェル・ヴァーグ　nouvelle vague

1950年代末から60年代にかけて起こったフランスにおける新しい映画製作の動き。新世代に対して既に用いられていたヌーヴェル・ヴァーグという呼称がこの動きに結びつけられ用いられるようになり、定着した。厳密には芸術運動ではなく、スペクタクル路線あるいは文芸路線に舵を切っていた当時の映画産業の姿勢に失望した若い映画批評家や映画愛好家たちがそれぞれ同じ時期に「作家」として自身の作品を作り始めた動きの総称である。従って共通の理念と

いうべきものはない。強いて共通点を挙げるならば、低予算製作、街頭ロケ、同時録音、手持ちキャメラの使用、明確な目的を持たずに行動する主人公、「始め・中間・終わり」というプロットの基本構造の無視、ジャンプ・カットの多用などによるコンティニュイティ編集を中心とした透明性の放棄などである。映画の内容と形式の両面に革新をもたらし、その後の内外の映画作品に大きな影響を与えた。 →古典的ハリウッド映画　→コンティニュイティ編集　→作家　→ジャンプ・カット

配給　distribution　→製作／配給／興行

パン　pan

キャメラを（垂直軸を回転軸として）平行方向に横回転させること。パンは、パノラマ（panorama）の略。 →ティルト

180度システム　180° system

撮影上の約束事の一つ。例えば、会話するふたりの人物をショット／切り返しショットを想定して撮影する場合、2人を結ぶ想像上の線（イマジナリー・ライン、アクション軸）を越えないようにキャメラを配置すること。空間関係を混乱させず、ショット間のなめらかな連続性を保つためのルール。 →コンティニュイティ編集　→ショット／切り返しショット

フェイド　fade

シーン転換のための編集技法の一つ。通常、暗い画面が次第に明るくなって映像が現れること（フェイドイン）、画面が次第に暗くなって映像が消えていくこと（フェイドアウト）の二つがある。 →アイリス　→ディゾルヴ　→ワイプ

フラッシュバック／フラッシュフォワード　flashback/flashforward

物語の時系列を変更する手法。時間を遡り、過去の出来事を提示する方法をフラッシュバック、未来の出来事を提示する方法をフラッシュフォワードと呼ぶ

フル・ショット　full shot

フレーム内に人物の全身がちょうど入るくらいの大きさで撮影されるショット。 →クロースアップ　→ミディアム・ショット　→ロング・ショット

プロダクション・コード　production code

映画作品における性・暴力などの表現に関する自主検閲規則。1930年、全米映画製作者配給

者協会（MPPDA）によって制定された。映画製作倫理規定。規定当時のMPPDA会長の名を取ってヘイズ・コードとも呼ばれる。1968年に、現在のレイティング・システムの基礎となるレイティングが正式に導入されるまで続く。 →レイティング・システム

プロパガンダ映画 propaganda film

ある特定のイデオロギーや政治信条などを人々に広めることを第一目的として製作された映画。

並行モンタージュ parallel montage →クロスカッティング

ヘイズ・コード Hays Code →プロダクション・コード

編集 editing

撮影したフィルムを選択し、切ったり並べ替えたりすること。

見た目のショット、視点ショット point-of-view shot

映画中の特定の人物の視点から撮られたショット。それは、観客がその人物のパースペクティヴから出来事をいわば主観的に体験することを促す。主観キャメラ、一人称キャメラ。

ミディアム・ショット medium shot

人物の上半身全体（腰の下まで）が映る程度の大きさで撮影されるショット。ミドル・ショットとも呼ぶ。 →クロースアップ →フル・ショット →ロング・ショット

ミドル・ショット middle shot →ミディアム・ショット

モンタージュ montage

仏語で「組み立て」の意。⑴一般には、各ショットをつなぎ合わせて編集するプロセスと同義。⑵1920年代にソヴィエトで実践された編集法。一般には、エイゼンシュテインによって体系化されたモンタージュ技法を指す。物語に従ってショットとショットを連続させるのではなく、一見、相剋するショット同士を弁証法的に並置することによって新たな概念を産み出すとされる。テーマ・モンタージュ、弁証法的モンタージュ。⑶スーパーインポーズやジャンプ・カット、ディゾルヴ、ワイプといった特殊な手法を駆使して時間や場所を凝縮する編集技法、あるいはその技法を用いたシークェンスを指す。⑷特殊な手法を用いないまでも、卓抜な編集操作によって、観客にインパクトを与えるよう構成されたシークェンスを指す。 →ジャン

プ・カット →スーパーインポーズ →ディゾルヴ →ワイプ →コンティニュイティ編集

ライティング lighting

照明。撮影のために光を調整し統御すること。

リヴァース・ショット reverse shot →ショット／切り返しショット

レイティング・システム rating system

映画作品における性や暴力の表現の度合いによって観客を規制する制度。各国ごとに異なるが、アメリカでは、プロダクション・コードに代わって1968年に正式に導入された。例えば現在のアメリカでは、G（一般向け）、PG（17歳未満は保護者同伴推奨）、PG13（13歳未満には保護者の注意が必要）、R（州によるが概ね17歳以下は大人同伴）、X（州によるが概ね17歳以下は禁止）など。プロダクション・コードより緩やかなこの規制は、その後の映画作品の表現に大きな自由を与えた。 →プロダクション・コード

ロング・ショット long shot

人物や背景を遠方から撮ったショット。長回し（ロング・テイク）と混同しないように注意。
→クロースアップ →ミディアム・ショット →フル・ショット

ロング・テイク long take →長回し

ワイドスクリーン widescreen

画面（スクリーン）の高さを1とした場合の横幅が通例、（ヨーロッパのスタンダードである）1.66より大きいスクリーンのこと（アメリカでの標準的画面比率は1.33対1［4対3］）。現在、アメリカで最も一般的なワイドスクリーンの比率は1.85対1。多くの型式があるが、歪曲レンズを使用するタイプと、使用しないタイプがある。 →画面比率

ワイプ wipe

シーン転換のための編集技法の一つ。前の映像を拭い去るように次の映像が現れる。 →アイリス →ディゾルヴ →フェイド

執筆　小野智恵